中华译学馆

莫言题

中华译学作言传字与

以中华为根译与学并重
弘扬优秀文化促进中外交流
拓展精神疆域驱动思想创新

丁酉年冬月许钧撰罗卫东书

中华译学馆·中华翻译家代表性译文库

许 钧 郭国良 / 总主编

方 平 卷

何辉斌 邹爱芳 / 编

ZHEJIANG UNIVERSITY PRESS
浙江大学出版社

总　序

考察中华文化发展与演变的历史,我们会清楚地看到翻译所起到的特殊作用。梁启超在谈及佛经翻译时曾有过一段很深刻的论述:"凡一民族之文化,其容纳性愈富者,其增展力愈强,此定理也。我民族对于外来文化之容纳性,惟佛学输入时代最能发挥。故不惟思想界生莫大之变化,即文学界亦然。"[1]

今年是五四运动一百周年,以梁启超的这一观点去审视五四运动前后的翻译,我们会有更多的发现。五四运动前后,通过翻译这条开放之路,中国的有识之士得以了解域外的新思潮、新观念,使走出封闭的自我有了可能。在中国,无论是在五四运动这一思想运动中,还是自 1978 年改革开放以来,翻译活动都显示出了独特的活力。其最重要的意义之一,就在于通过敞开自身,以他者为明镜,进一步解放自己,认识自己,改造自己,丰富自己,恰如周桂笙所言,经由翻译,取人之长,补己之短,收"相互发明之效"[2]。如果打开视野,以历史发展的眼光,

---

①　梁启超.翻译文学与佛典//罗新璋.翻译论集.北京:商务印书馆,1984:63.
②　陈福康.中国译学理论史稿.上海:上海外语教育出版社,1992:162.

从精神深处去探寻五四运动前后的翻译,我们会看到,翻译不是盲目的,而是在自觉地、不断地拓展思想的疆界。根据目前所掌握的资料,我们发现,在 20 世纪初,中国对社会主义思潮有着持续不断的译介,而这种译介活动,对社会主义学说、马克思主义思想在中国的传播及其与中国实践的结合具有重要的意义。在我看来,从社会主义思想的翻译,到马克思主义的译介,再到结合中国的社会和革命实践之后中国共产党的诞生,这是一条思想疆域的拓展之路,更是一条马克思主义与中国革命相结合的创造之路。

开放的精神与创造的力量,构成了我们认识翻译、理解翻译的两个基点。在这个意义上,我们可以说,中国的翻译史,就是一部中外文化交流、互学互鉴的历史,也是一部中外思想不断拓展、不断创新、不断丰富的历史。而在这一历史进程中,一位位伟大的翻译家,不仅仅以他们精心阐释、用心传译的文本为国人打开异域的世界,引入新思想、新观念,更以他们的开放性与先锋性,在中外思想、文化、文学交流史上立下了一个个具有引领价值的精神坐标。

对于翻译之功,我们都知道季羡林先生有过精辟的论述。确实如他所言,中华文化之所以能永葆青春,"翻译之为用大矣哉"。中国历史上的每一次翻译高潮,都会生发社会、文化、思想之变。佛经翻译,深刻影响了国人的精神生活,丰富了中国的语言,也拓宽了中国的文学创作之路,在这方面,鸠摩罗什、玄奘功不可没。西学东渐,开辟了新的思想之路;五四运动前后的翻译,更是在思想、语言、文学、文化各个层面产生了革命性的影响。严复的翻译之于思想、林纾的翻译之于文学的作用无须赘言，而鲁迅作为新文化运动的旗手，其翻译动机、翻译立场、翻译选择和翻译方法，与其文学主张、文化革新思想别无二致，其翻译起着先锋性的作用，引导着广大民众掌握新语言、接受新思想、表达自己的精神诉求。这条道路，是通向民主的道路，也是人民大众借助掌握的新语言创造新文化、新思想的道路。

回望中国的翻译历史，陈望道的《共产党宣言》的翻译，傅雷的文学翻译，朱生豪的莎士比亚戏剧翻译……一位位伟大的翻译家创造了经典，更创造了永恒的精神价值。基于这样的认识，浙江大学中华译学馆为弘扬翻译精神，促进中外文明互学互鉴，郑重推出"中华译学馆·中华翻译家代表性译文库"。以我之见，向伟大的翻译家致敬的最好方式莫过于（重）读他们的经典译文，而弘扬翻译家精神的最好方式也莫过于对其进行研究，通过他们的代表性译文进入其精神世界。鉴于此，"中华译学馆·中华翻译家代表性译文库"有着明确的追求：展现中华翻译家的经典译文，塑造中华翻译家的精神形象，深化翻译之本质的认识。该文库为开放性文库，入选对象系为中外文化交流做出了杰出贡献的翻译家，每位翻译家独立成卷。每卷的内容主要分三大部分：一为学术性导言，梳理翻译家的翻译历程，聚焦其翻译思想、译事特点与翻译贡献，并扼要说明译文遴选的原则；二为代表性译文选编，篇幅较长的摘选其中的部分译文；三为翻译家的译事年表。

需要说明的是，为了更加真实地再现翻译家的翻译历程和语言的发展轨迹,我们选编代表性译文时会尽可能保持其历史风貌,原本译文中有些字词的书写、词语的搭配、语句的表达,也许与今日的要求不尽相同,但保留原貌更有助于读者了解彼时的文化,对于历史文献的存留也有特殊的意义。相信读者朋友能理解我们的用心,乐于读到兼具历史价值与新时代意义的翻译珍本。

许 钧

2019 年夏于浙江大学紫金港校区

目　录

导　言

　　方平(1921—2008),我国著名文学翻译家、比较文学专家、莎学家。生前为上海译文出版社编审、外国文学编辑部主任、中国作家协会会员,曾任北京大学、上海师范大学、青岛大学客座教授,兼任国际莎士比亚协会执行委员会委员、中国莎士比亚研究会会长、中国翻译工作者协会理事、中国外国文学学会名誉理事、上海作家协会理事、上海外国文学学会理事、上海比较文学学会理事、鲁迅文学奖文学翻译评审组主任。香港翻译学会于2001年授予方平名誉会员称号。鉴于方平为中国翻译事业做出的重大贡献,1997年中国作家协会授予方先生全国优秀文学翻译彩虹奖荣誉奖。

一、翻译历程与成就

　　方平,原名陆吉平,出生于上海,祖籍苏州。1939年毕业于上海大经中学高中部。后来考取上海美专,但因家境贫寒,无力入学。早在1947年,他就在《文汇报》《文萃》《诗创造》等进步刊物上发表散文和诗歌,并出版了诗集《随风而去》。良好的文字功底为他成为翻译家打下了坚实的基础。1948年,他考入浙江兴业银行,先后被分派至南京、厦门分行工作。在业余时间,他坚持进行文学创作和文学翻译。

　　新中国成立后,方平由银行转到出版社工作,从事外国文学的编辑、翻译和研究工作,先后任文化工作社、新文艺出版社编辑和上海译文出版社编审。他翻译出版的第一部译著,就是莎士比亚叙事诗《维纳丝与阿童妮》。作为"世界文学译丛"之一,这部译著由文化工作社于 1952 年出版。20 世纪 50 年代,他还翻译出版了《抒情十四行诗集》《捕风捉影》《威尼斯商人》《亨利第五》等。此外,他还与王科一合译了薄伽丘的《十日谈》。方平一生翻译了很多著作,但他自己最喜欢的译作还是 50 年代的两部作品——《十日谈》和《抒情十四行诗集》。① 这两部译作都很受欢迎,其中《抒情十四行诗集》甚至在"文革"期间还有手抄本。方平曾提到,想不到在"文革"中,"这个早已绝版的小册子并没有完全被人遗忘,我发现它印在当年的读者心里,而且出现了手抄本,甚至有根据手抄本的转抄本"②。

　　20 世纪 60 年代,方平先生的学术热情非常高。他参加了《莎士比亚全集》(人民文学出版社,1978)的校译工作。他校订了朱生豪翻译的八部莎剧,还补译了《亨利五世》的散文译本。本来方先生计划将莎剧全部重译,但"文革"爆发了,他的事业受到了严重的干扰。即使在"文革"期间,方先生也未放弃莎剧的翻译和研究。他曾说:"我怀着一种犯罪感,私下断续译了三部莎剧(有的停留在不成熟的初稿),那种恐惧的心理,就像封建专制统治下的小媳妇,冒着伤风败俗的罪名,内心发抖,在黑暗里偷偷地去和自己过去的恋人私会。"③方平对当时心态的描述非常形象。

　　"文革"结束后,方平接连出版多部外国文学研究著作,主要有:《和莎士比亚交个朋友吧》(莎士比亚研究论文集,四川人民出版社,1983)、《三个从家庭出走的妇女——比较文学论文集》(外国文学出版社,1987)、《一条未走的路——弗罗斯特诗歌欣赏》(上海译文出版社,1988)、《为什么顶楼上藏着一个疯女人——〈简·爱〉〈呼啸山庄〉研究及其他》(上海译文出版社,1994)、《爱情战胜死亡——白朗宁夫人的故事》(传记,大陆、台湾两

---

① 　方平. 搞翻译要像袭人那样一心一意//陈朝华. 最后的文化贵族(第 2 辑). 广州:南方日报出版社,2008:131.
② 　方平. 爱情组诗:白朗宁夫人十四行诗集. 重庆:四川人民出版社,1990:113.
③ 　方平. 莎士比亚全集(第 10 卷). 上海:上海译文出版社,2014:467.

地出版,1996)、《谦逊的真理》(外国文学、翻译论文集,辽宁教育出版社,1998);他的翻译著作也不断出版,形成了一个长长的目录,主要有:《莎士比亚喜剧五种》(上海译文出版社,1979)、《大屠杀》(合译,上海译文出版社,1980)、《奥瑟罗》(上海译文出版社,1980)、《十日谈》(选本)(上海译文出版社,1981)、《战争与回忆》(第1册)(合译,人民文学出版社,1981)、《呼啸山庄》(上海译文出版社,1986)、《李尔王》(上海译文出版社,1991)、《伊索寓言》(上海译文出版社,1991)、《青春》(上海译文出版社,1997)。

随着大作送出,方平受到了国内外学术界的重视。莎学权威刊物《莎士比亚季刊》在1984年第35期的《1983年世界莎士比亚论著目录注释》中第一次收录了我国莎士比亚论著目录注释,包括方平的一部著作和三篇论文,这标志着以方平为代表的中国莎学论著引起了世界莎学界的关注。1999年9月24日,他被推选为中国莎士比亚研究会会长,成为继曹禺先生之后的第二任会长。同年,方平出任国际莎协执行委员,系中国进入国际莎协担任执行委员的第一人,这引起了国内莎学界和主要媒体的高度重视。

方平早在1952年就开始用诗体翻译出版莎士比亚的叙事诗,在1953年又以诗体翻译了莎剧《捕风捉影》,并且在"译者的话"中积极提倡以诗体进行翻译。方平的翻译事业虽然在"文革"中遭到严重的破坏,但他始终以翻译莎士比亚作品为使命。1989年4月,关于英语诗歌翻译的座谈会在河北省石家庄市举行。方平在会上做了重要发言,他发表了《莎士比亚诗剧全集的召唤》的演讲,强调了翻译诗体莎士比亚全集的紧迫性。他说:"理想的莎剧全集应该是诗体译本,而不是那在普及方面做出贡献,但是降格以求的散文译本。"①他的愿望非常美好,但出版这么大型的全集必须有大量的资金投入。幸运的是,在1993年的武汉大学国际莎学会议上,河北教育出版社表示愿意投入资金,于是双方签订了出版合同。在年逾古稀之时,方平终于有机会实现自己最宏大的愿望。得益于之前的丰

---

① 方平. 他不知道自己是一个诗人. 武汉:湖北教育出版社,2002:316.

富积累,方平在几年时间中独立完成了全集中的 23 部剧作,合译 3 部剧作,独译叙事诗 1 种。他还邀请了阮坤、汪义群、覃学岚、屠岸、屠笛、张冲 6 位专家一起翻译,并且把已故翻译家吴兴华的《亨利四世》(上、下)收入全集。2000 年,由方平主译和主编的《新莎士比亚全集》终于得以出版。

在方平版《新莎士比亚全集》出版之前,汉语界已经有了四套莎士比亚全集的散文体译本。第一套是人民文学出版社 1978 年出版的 11 卷本全集,它以朱生豪译本为主体,由方平、章益、方重、杨周翰、张谷若、梁宗岱等补齐;第二套是台湾世界书局 1957 年出版的 5 卷本全集,它以朱生豪译本为主体,由虞尔昌补齐;第三套是梁实秋一人翻译完成的全集,于 1967 年在台湾出版,共 40 册;第四套是译林出版社 1998 年出版的 8 卷本全集,该书以朱生豪译本为主体,由索天章、孙法理、刘炳善、辜正坤补译。这些散文体莎士比亚全集为人们阅读莎士比亚提供了不错的读物,但在文体上与原著的差别比较大。方平等用诗体翻译的《新莎士比亚全集》,是第五套莎士比亚全集,弥补了中国莎士比亚翻译的缺憾。

二、翻译特点与翻译思想

方平曾说:"翻译莎剧最理想的译者应该是文学评论家、莎学研究的学者和具有较强语言表达能力的语言学家。"[1]他本人便是外国文学评论家、莎学家和语言功底良好的诗人,在这三方面都具有出色的能力,因此是莎士比亚翻译的最合适人选之一。方平一生虽然翻译了很多文学作品,但他的主要成就体现于对莎士比亚作品的翻译,他在这个领域找到了"一种寄托"[2]。因此,我们在讨论方平的翻译特点和思想时,主要聚焦于他的莎士比亚翻译。

---

[1] 转引自:刘军平. 莎剧翻译的不懈探索者——记著名莎剧翻译家方平. 中国翻译,1993(5):46.

[2] 方平. 搞翻译要像袭人那样一心一意//陈朝华. 最后的文化贵族(第 2 辑). 广州:南方日报出版社,2008:131.

方平认为,诗歌体翻译的难度远远高于散文体的翻译。他曾说:"莎士比亚戏剧的生命就在于那具有魔力的诗的语言。语言,在一个诗剧中,发挥了更重要的作用(当然,同样地,一个诗剧译本在文学语言上向译者提出了更高的要求)。"①方平还认为诗歌体的翻译非常费时。他曾说:"一诗体译本的工作量(加上前言、考证等)估计将是散文译本的两三倍。"②1929年,朱维基曾以诗体翻译了《奥赛罗》;1934年,孙大雨以诗体翻译了《黎琊王》(即《李尔王》),并于1948年出版。曹禺在1944年出版的《柔蜜欧与幽丽叶》(即《罗密欧与朱丽叶》)也属于诗体。后来卞之琳、吴兴华、林同济、曹未风都出版过诗体莎剧。但这些翻译都是零零星星的,诗歌体全集迟迟难以推出,从1929年朱维基开始尝试到2000年《新莎士比亚全集》出版,整整跨越了71年的时间。

汉语与英语差距大,诗体翻译自然不易,其他语言之间的翻译也很难,就是在欧洲语言之间也非易事。翻译家裘克安研究了多国莎士比亚诗体翻译之后说:"德语和英语比较相近,一般认为A. W.施莱辛格和蒂克的译本最成功。日语和英语相去甚远,坪内逍遥在译完莎著,出了40卷之后,重新译过一遍,改用现当代的日语,但仍为散文译本。俄语和英语差距也大,莫罗佐夫和阿尼克斯特合作译编的莎士比亚全集被认为较好,也只是散文本。意大利语有卡克诺的诗体译本,而法语、西班牙语也只有部分莎剧有诗体译本。"③可见以诗体翻译莎士比亚作品对于各个语种的翻译家来说都是一项巨大的挑战。方平在翻译莎士比亚作品时有着自己的方法和风格。

第一,方平在翻译时较好地解决了莎剧素体诗(blank verse)的格律移植。莎剧的素体诗属于五音步抑扬格(pentameter iambic)。在《爱的徒劳》的第一幕第一景中有这样一行诗:Have sworn | for three | years'

---

① 方平. 戏剧大师翻译的戏剧. 中国翻译,1984(8):11.

② 方平. 莎士比亚全集(第10卷). 上海:上海译文出版社,2014:465.

③ 裘克安. 莎士比亚全集诗体中译本出版随想. 中国翻译,2002(3):79.

term｜to live｜with me. 这一行有 5 个音步(foot)，每个音步都有 2 个音节，前面一个是轻音，后面一个是重音，两者一起构成抑扬格。对于汉语来说，这是一种全新的诗歌格律。最早尝试着用 5 个音组翻译莎士比亚诗行的是孙大雨。他在 1934 年尝试着以这种形式翻译了《李尔王》，而且他在 20 世纪 50 年代还写了一篇名为《诗歌底格律》的文章论述他的翻译方法。卞之琳、吴兴华、林同济、曹未风等都采用了这种方法。人们一般称这种方法为"以顿代步"。例如，有人将《爱的徒劳》的上述诗行译为"已经｜发誓｜与我｜三年｜同住"①，这里 5 个音组与莎剧的 5 个音步相对应。

　　方平为了忠实地体现莎剧的风格，也主张"以顿代步"。他一方面坚持全面使用这种方法，另一方面鼓励一定的灵活性。首先，方平没有采用严格的两个字一顿的翻译方法。他主张奇偶参差，即"在诗句中交替使用两字组和三字(或一字)组"②。他将上文中《爱的徒劳》的诗行翻译为"已经｜立下誓，｜三年内｜与我｜同住"③。假如都采用严格的两字组，就会显得单调，而且每个剧本往往都有两三千行，如果没有变化，当然就会有单调的嫌疑。其次，方平还主张长短错落。《罗密欧与朱丽叶》的第三幕第五景有这样的诗行：What, still in tears? / Evermore show'ring? 方平初译为："还是｜哭个｜不停？/骤雨｜下个｜没完？"后来改为："还是在｜不停地｜哭？/雨还没｜下够？"这样的长短变化更符合诗歌的特点。在某些特殊的情况下，方平甚至主张全部采用全长音组。《罗密欧与朱丽叶》的第五幕第一景有这样的诗句：Give me, give me! O tell not me of fear! 方平翻译为："快给我，｜快给我！｜别跟我｜说什么｜怕不怕！"这里虽然都采用了三字组，与原文的两音节的音步不一样，但读起来的确更有韵味。方平的译法灵活，所以每行字数没有严格地控制在 10 个，"大致

---

① 方平. 莎士比亚全集(第 10 卷). 上海：上海译文出版社，2014：429.
② 方平. 莎士比亚全集(第 10 卷). 上海：上海译文出版社，2014：428.
③ 方平. 莎士比亚全集(第 10 卷). 上海：上海译文出版社，2014：429.

上从十一到十五字之间"。① 文学总是多变的,莎士比亚的素体诗本身也没有千篇一律地采用五步抑扬格,所以译者更没有必要使用完全齐整的格律,否则译文就会显得生硬死板。

五步抑扬格中的音步在方平的译文中已经得到了体现,但一个轻音一个重音的抑扬格并没有移植过来。中山大学王东风教授主张"以平仄代抑扬"②。这种做法的确可以弥补一些不足。但同时兼顾两者,挑战性会有些过大。关于这个问题,方平曾说:"这平仄或四声,运用于诗歌的节奏,似乎更多地偏重方块字的时值(长短缓急),它的量值(抑扬强弱)则是一种必要的,但不一定是同步的配合;再加上词组的构成,一般从一字组到三字组,有长有短,不知是否可以这么说:在格律上,我国诗词主要以长短格的时值来体现;而表现为量值的抑扬强弱则随着欣赏时的情绪上的起伏活跃而自然形成。"③方平对中西格律有一定的独到见解,认为在形式上花太多的时间,未必是好的选择。因此,方平采取了灵活的"以顿代步",忽略了抑扬格的转换,这样可以减少翻译的难度,译文显得比较灵活多变。当然,我们也应当看到,离开了抑扬格,只移植音步,与原来的格律有着较大的差别。

莎剧翻译家梁实秋曾说:"凡原文为'无韵诗'体,则亦译为散文。因为'无韵诗',中文根本无此体裁;莎士比亚之运用'无韵诗'体亦甚自由,实已接近散文,不过节奏较散文稍为齐整;莎士比亚戏剧在舞台上,演员并不咿呀吟诵,'无韵诗'亦读若散文一般。所以译文以散文为主,求其能达原意,至于原文节奏声调之美,则译者力有未逮,未能传达其万一,唯读者谅之。"④朱生豪、梁实秋等都放弃对这种格律的移植,而方平则部分移植了英语格律,这算得上是一种超越。

---

① 方平. 莎士比亚全集(第10卷). 上海:上海译文出版社,2014:439.
② 王东风. 以平仄代抑扬 找回遗落的音美:英诗汉译声律对策研究. 外国语,2019(1):72-82,110.
③ 方平. 莎士比亚全集(第10卷). 上海:上海译文出版社,2014:428.
④ 梁实秋. 丹麦王子哈姆雷特之悲剧. 上海:上海商务印书馆,1938:例言1-2.

　　自白话文运动以来，一直有人主张去掉诗歌的格律，但格律有其自身的价值。布利斯·佩里曾指出，诗人对于格律有天然的喜欢，"他们喜欢戴着镣铐跳舞，甚至所戴的镣铐与其他诗人相同时，他们也创造出自己的运动"①。现代诗人闻一多主张，新诗也应该使用格律。他说："莎士比亚的诗剧里往往遇见情绪紧张到万分的时候，便用韵语来描写……这样看来，恐怕越有魄力的作家，越是要戴着脚镣跳舞才跳得痛快，跳得好。"②戴着镣铐跳舞，对于高水平的舞蹈家，可以跳得更美。方平虽然没有全面移植而是部分地把英诗的格律引进了，但这就是进步。

　　第二，方平还对莎士比亚的诗体进行等行翻译。德国作家施莱格尔诗体翻译的 17 部莎剧，也属于等行翻译，取得了巨大的成功。欧洲语言比较接近，等行翻译相对比较容易，若要等行翻译成中文则要难得多。孙大雨虽然采用了诗体翻译，但他的翻译并不等行。卞之琳在这方面取得了巨大的进步。卞之琳曾说："剧词诗体部分一律等行翻译，甚至尽可能作对行安排，以保持原文跨行与行中大顿的效果。"③方平的莎士比亚翻译也采用了等行的形式。我们可以看看以下《哈姆莱特》著名独白的译文。

　　1. …… To die：to sleep—　　　　　　　……死了——睡熟了，

　　2. No more；and by a sleep to say we end

　　　　　　　　　　就这么回事；睡熟了，如果可以说：

　　3. The heart-ache and the thousand natural shocks

　　　　　　　　　就一了百了——了却心头的创痛，

　　4. That flesh is heir to；'tis a consummation

　　　　　　　　　千百种逃不了的人生苦恼，那真是

　　5. Devoutly to be wish'd. To die，to sleep—

　　　　　　　　　求之不得的解脱啊。死了——睡熟了；

---

① Perry，B. *A Study of Poetry*. Boston：Houghton Mifflin Co.，1920：202.

② 闻一多. 闻一多全集（第 2 册）. 武汉：湖北人民出版社，1994：139.

③ 卞之琳. 莎士比亚悲剧论痕. 合肥：安徽教育出版社，2007：306.

6. To sleep, perchance to dream—ay, there's the rub,

　　　　睡熟了,也许梦就来了——这可麻烦了啊;

7. For in that sleep of death what dreams may come,

　　　　一旦我们摆脱了尘世的束缚,

8. When we have shuffled off this mortal coil,

　　　　在死亡似的睡眠中,会做些什么梦呢?

9. Must give us pause; there's the respect

　　　　想到这里,就不能不为难了——正为了这顾虑,

10. That makes calamity of so long life:

　　　　被折磨的人们,会这么长期熬下去。①

　　在这里,中英文的行数是相等的,这在形式上对译者提出了更高的要求。行数相等不意味着行行对应。这里的英文第7、8行,在汉语中位置互换了。还有些诗行中的部分要素在译文中换到了其他行中,如第2行的"end",在译文中实际上体现于第3行。方平在等行翻译的时候,也采用了比较灵活的方式。

　　如果翻译能够做到行行对应,译文就可以像莎士比亚原著一样进行码标注。方平主编的《莎士比亚全集》中的诗歌卷,一律在正文右边标了行码,"戏剧部分由于存在技术上的实际困难(编者最早的三个莎剧译本都采用行码,对此深有体会),几经考虑,只能放弃行码,十分遗憾,尚请读者予以谅解"②。他之所以没有标戏剧的行码,主要也是因为行行对应难度太大,也没有必要。有意思的是,台湾版的《新莎士比亚全集》把行码给标上去了。虽然并非行行对应,但在查找的时候也有一些方便。

　　第三,方平主张逐字翻译,并尽可能移植原来的句型。方平认为,面对经典作品,逐字翻译有一定的价值,"他(译者)必须对原文字斟句酌,反复咀嚼,以至翻查典籍,吃透原意;对译文同样要认真推敲,务必找出最确

① 方平. 莎士比亚全集(第4卷). 上海:上海译文出版社,2014:250.

② 方平. 莎士比亚全集(第10卷). 上海:上海译文出版社,2014:455-456.

切的词句表达他认为最确切的意义……所谓'文字翻译'和'文学翻译'在实际操作过程中,恐怕是彼此衔接,或者交叉叠合,很难割裂;要达到文学的意境,在文字上下功夫是必由之路"①。他还表示:"如果说,停留在字面上的翻译为'文字翻译',难道深入到字里行间的翻译就不是'文字翻译'了吗?"②他还强调说:"我译莎剧特别注重原文句型结构,尽量设法在译文中保持原来的句型。"③如果真的逐字翻译,并且保留原文的句型,在语言形式上,的确算是忠于原文。我们看看下面的例子。

> For stony limit cannot hold love out,
>
> And what love can do, that dares love attempt.
>
> 砖石 | 休想 | 把爱情 | 挡住在 | 边界外,
>
> 爱情 | 敢于 | 想望的; | 爱情就 | 敢于闯。(方平译文)④
>
> 因为砖石的墙垣是不能把爱情阻隔的;爱情的力量所能够做到的事,它都会冒险尝试。(朱生豪译文)⑤

方平理论上重视逐字翻译,但在实际的操作中,我们觉得这种做法比较难以实行。如果把他的译文与朱生豪的译文比较一下,我们可以有所发现:方平把"limit"译为"边界"比朱生豪的"墙垣"更忠于原文;方平以"砖石"为主语,把原来的形容词变成了名词,将"边界"变成了宾语,但朱生豪仍然保持这个单词的主语地位,句型更接近原著;第二行的翻译,方平在形式上更接近原著,但"敢于想望的"似乎没有"所能够做到的事"忠于原文。可见真正做到逐字翻译并保持原文的结构是很难的。这些形式的要求有时相互矛盾,强调了这点,往往只好牺牲另外一点。方平做了有

---

① 方平. 谦逊的真理. 沈阳:辽宁教育出版社,1998:240.

② 方平. 谦逊的真理. 沈阳:辽宁教育出版社,1998:240-241.

③ 转引自:刘军平. 莎剧翻译的不懈探索者——记著名莎剧翻译家方平. 中国翻译,1993(5):46.

④ 方平. 莎士比亚全集(第10卷). 上海:上海译文出版社,2014:437.

⑤ 莎士比亚. 莎士比亚全集(第8卷). 朱生豪,译. 北京:人民文学出版社,1978:36-37.

益的尝试,但并不像他自己想象的那么成功。

方平的翻译观与梁实秋、朱生豪等不同。朱生豪曾说:"余译此书(《莎士比亚戏剧全集》)之宗旨,第一在求于最大可能之范围内,保持原作之神韵;必不得已而求其次,亦必以明白晓畅之字句,忠实传达原文之意趣;而于逐字逐句对照式之硬译,则未敢赞同。凡遇原文中与中国语法不合之处,往往再四咀嚼,不惜全部更易原文之结构,务使作者之命意豁然呈露,不为晦涩之字句所掩蔽。每译一段竟,必先自拟为读者,查阅译文中有无暧昧不明之处。又必自拟为舞台上之演员,审辨语调之是否顺口,音节之是否调和。一字一句之未惬,往往苦思累日。"①经过朱生豪的处理,上文例子中的译文确更通顺,有时甚至可以传达一种神韵,但总体来看这样的译文与原文还是有较大的距离。方平把这种方法称为"舍形求神"②。

与朱生豪相比,方平更加强调直译。方平认为:"一个译者,尤其是翻译介绍莎剧的译者,应该找到他的支撑点。在长期的翻译实践中,我的翻译原则是:将直译放在第一位,其次也得考虑意译是必要的补充手段。"③方平的直译理论深受卞之琳的"亦步亦趋"翻译方法的影响。卞之琳在翻译莎剧的时候曾说:"原文处处行随意转,译文也应尽可能亦步亦趋,不但在内容上而且在形式上尽可能传出原来的意味。"④受了卞之琳的启发,方平主张"存形求神,神在形中"⑤。他坚信,形式上的追求可以更好地传神,"把莎剧作为诗剧来翻译,意味着对于语言的艺术形式给予更多的关注,更看重形式和内容血肉相连的关系;不满足停留于语言表层的意义上的传达(或者复述),而是力求在口吻、情绪、意象等多方面做到归宿语和始

---

① 朱生豪. 莎士比亚戏剧全集·译者自序//中国翻译工作者协会. 翻译研究论文集(1894—1948). 北京:外语研究与教学出版社,1984:365.

② 方平. 他不知道自己是一个诗人. 武汉:湖北教育出版社,2002:9.

③ 转引自:刘军平. 莎剧翻译的不懈探索者——记著名莎剧翻译家方平. 中国翻译,1993(5):46.

④ 卞之琳. 莎士比亚悲剧论痕. 合肥:安徽教育出版社,2007:307.

⑤ 方平. 他不知道自己是一个诗人. 武汉:湖北教育出版社,2002:11.

发语的对应"①。他甚至相信,通过不断完善各种细节,译文可以到达几乎完美的境地。他说:"比起上半世纪,今天的译文有了普遍提高,字从句顺已是最基本的要求,应该另有更高的追求目标。从全方位信息传递要求于文学翻译,那么它的理想应该是音响发烧友所谓的'原汁原味'吧。"②这个"原汁原味"的理想目标的确立,有利于不断提高翻译的水平,所以方平强调格律的移植,坚持等行翻译,特别重视逐字翻译,尽量保持原来的句型。在这些方面,方平主编、主译的《新莎士比亚全集》可以说是超过了前人。

但方平也意识到,实现目标的难度有些过大。他表示:"昂贵的音响器材确实可以'复制'出几乎乱真的音响效果;可是对于文学翻译要做到原汁原味,进入丝丝入扣、纤毫毕露的境界,谈何容易! 你越是强调给予艺术形式最大的尊重,越是力求把原文从表层到深层的意识、意蕴都涵盖无遗,你越是无奈地感受到语言的障碍有时难以跨越,文学翻译毕竟有它的局限性。"③再现形式本身难度很大,就算原原本本地移植了形式,对于传达原著的"口吻、情绪、意象"等未必是好事,甚至可能有碍于传神。幸亏方平等翻译家并没有一味地追求形似。对比方平版《新莎士比亚全集》和之前的全集可以发现,这套书虽然重视"存形求神",但在求神方面并没有明显的推进。

在亦步亦趋这个问题上,方平也没有走向极端,否则容易失去翻译家的主体性。他在《不存在"理想的范本"——文学翻译工作者的思考》一文中还注意到另外一对矛盾:在逐字逐句的移译过程中,译者实际上始终周旋于亦步亦趋的"从属性"和此呼彼应的"主体性"之间;在这两极之内努力寻找译文和原文的最好的契合点,两者缺一不可。没有"从属性",就不是翻译;没有"主体性",就不是文学翻译。④ 如果真的亦步亦趋,翻译就不

① 方平. 莎士比亚全集(第10卷). 上海:上海译文出版社,2014:459.
② 方平. 他不知道自己是一个诗人. 武汉:湖北教育出版社,2002:357-358.
③ 方平. 他不知道自己是一个诗人. 武汉:湖北教育出版社,2002:358.
④ 方平. 他不知道自己是一个诗人. 武汉:湖北教育出版社,2002:23-33.

是艺术了。

陆游曾说道,"文章本天成,妙手偶得之"。好的作品,特别是美妙的诗句,只是内容和形式的偶然巧合。到了另一门语言中,不能对这种巧合抱有很大的希望。方平的诗体全集《新莎士比亚全集》,在这方面做了不懈的努力,取得了一定的效果,但给后人留下的空间也不小。

由于方平主编的这套莎士比亚全集一律采用诗体,明显与汉语圈其他全集不同,因此他把自己的著作称为《新莎士比亚全集》。这也是《新莎士比亚全集》的第一个新特点。当然,这部全集的"新"并不仅仅体现于此。方平认为,这套书的第二个新特点在于充分尊重莎剧的舞台特性。他指出,"文学翻译是铺开稿纸,面对原著,伏在案头,斗室之内的一种无声作业",而"翻译莎士比亚的戏剧却不同了,耳边会产生'伴音',如闻其声,以至眼前产生'伴像',如见其人"。① 而且他还对舞台指示非常重视,有时甚至加入一些指示,彰显莎剧的剧场特色。这套书的第三个新特点是融入了最新研究成果。每一个剧本都有内容充实的《前言》和《考证》。在这一点上,方平又超越了前人。由于充分吸收了莎学新成果,所以这套全集增加了《两贵亲》这个剧本。2014 年,上海译文出版社出版了方平进一步修订过的《莎士比亚全集》。这套书又增加了剧作《爱德华三世》和诗歌《悼亡》,进一步体现了方平对莎学新成果的重视。而且,这三部作品的收入,也使方平版全集比前面的四套书更加全面,成为更严格意义上的全集。

《新莎士比亚全集》是方平克服了难以想象的困难完成的作品,受到了学界的一致好评。裘克安对此大加赞赏:"现在我们有了中国自己的诗体译本,这是中国莎学界、翻译界和整个文艺界都应该为之高兴和自豪的事。"②学者彭镜禧认为,方平的译作是"完全独立于梁实秋、朱生豪—虞尔

---

① 方平. 他不知道自己是一个诗人. 武汉:湖北教育出版社,2002:343.

② 裘克安. 莎士比亚全集诗体中译本出版随想. 中国翻译,2002(3):79.

昌的译本之外"的新全集,具有重大的意义。① 翻译家蓝仁哲则说:"在我
国莎学领域里,如果说 1978 年人民文学出版社推出的《莎士比亚全集》可
谓一个里程碑,那么,20 多年后《新莎士比亚全集》的问世便是当之无愧的
第二个里程碑。"②朱生豪曾经在给恋人宋清如的信中写道:"你崇拜不崇
拜民族英雄? 舍弟说我将成为一个民族英雄,如果把 Shakespeare(莎士
比亚)译成功以后。因为某国人曾经说中国是无文化的国家,连老莎的译
本都没有。"③这里的某国,指的是日本。假如说朱生豪时代,中国莎士比
亚翻译只能受到日本人的嘲笑,那么《新莎士比亚全集》的出版,日本的翻
译界就应该感到紧张了。日本学者虽然老早就翻译了散文体莎士比亚全
集,可至今还没有诗歌体的全集。

三、有关选目的说明

方平热爱翻译,几乎达到痴迷的地步,主张搞翻译就要"像袭人一样,
侍候老太太和宝玉时都是一心一意侍候的"④。他翻译成果丰富,水平高,
受到了普遍的好评。方平翻译了不少抒情诗,我们在这里选择了 5 首质
量上乘的作品作为上编:华兹华斯的《虹》和《水仙花》,丁尼生的《戈黛伐
贵夫人》,弗罗斯特的《泥泞时节的两个流浪汉》,1 首白朗宁夫人的十四行
诗。方平翻译的《呼啸山庄》和他主译的《十日谈》在当时非常受欢迎,我
们从这个两部小说中分别选了一章作为中编。他的翻译成就当然首先体
现在莎士比亚戏剧的诗歌体翻译之上,所以我们在选择译文的时候也以

---

① 彭镜禧. 迎接《新莎士比亚全集》//方平. 新莎士比亚全集(第 1 卷). 台北:猫头
鹰出版社,2000:10.
② 蓝仁哲. 莎剧的翻译:从散文体到诗体译本——兼评方平主编《新莎士比亚全
集》. 中国翻译,2003(3):42.
③ 转引自:朱尚刚. 中华翻译家代表性译文库·朱生豪卷. 杭州:浙江大学出版社,
2019:导言 3.
④ 方平. 搞翻译要像袭人那样一心一意//陈朝华. 最后的文化贵族(第 2 辑). 广
州:南方日报出版社,2008:129.

莎剧为主,选取了2部脍炙人口的诗剧——《威尼斯商人》和《哈姆莱特》,作为下编。

《虹》《水仙花》《戈黛伐贵夫人》《泥泞时节的两个流浪汉》选自方平、李文俊主编的《英美桂冠诗人诗选》(上海译文出版社,1994年版)。白朗宁夫人的十四行诗选自方平翻译的《爱情组诗:白朗宁夫人十四行诗集》(四川人民出版社,1990年版)。勃朗特的《呼啸山庄》出自方平翻译的《呼啸山庄》(上海译文出版社,1990年版)。薄伽丘的《十日谈》选段来自方平、王科一翻译的《十日谈》(上海译文出版社,2006年版)。《威尼斯商人》和《哈姆莱特》选自方平主译的《莎士比亚全集》(上海译文出版社,2014年版)。在此表示感谢。

需要说明的是,在社会发展的历史进程中,语言文字的使用也是在不断地发展变化的。方平所处时代的语言文字的许多使用习惯到现在也已经有了不少变化,本书所收篇目语言习惯有较明显的时代印痕,且译者自有其文字风格,故不按现行标准、写法及表现手法改动原文。如"想象"写作"想像","斤两"写作"斤量","约莫"写作"约摸","亲昵"写作"亲呢","号啕"写作"号咷","卑躬屈膝"写作"卑躬屈节",等等,我们在编辑中都保留了原貌。且由于原文专名(人名、地名、术语等)及译名与今译不统一者,如"哈姆莱特"(即"哈姆雷特")等,亦不作改动。数字、标点符号的用法,在不影响阅读的情况下,保留原样。

方平的译文值得认真阅读。其特质与价值到底如何,还是请大家细读之后自己判断。

上 编

短 诗

虹[①]

[英]威廉·华兹华斯

每当我看见天边挂彩虹一道，

我的心儿喜欢得直跳；

童年时代就这样，

如今还是这样：进入了壮年；

将来年老后，还会是这样，

否则不如让我死亡！

儿童是成人的父亲；

但愿这对大自然的崇敬，

贯串着今天、明天，我今后的一生。

---

① 我们有"大人者不失赤子之心"的说法，与诗人在本篇所提出的"儿童是成人的父亲"，彼此自有相通之处。在我们看来，赤子之心一尘不染，感情最纯洁，最真诚，所以"不失赤子之心"是对人的一个很高的评价。在华兹华斯的眼里，童心的可贵在于和大自然最亲近。他希望能永远保持童心，也就是希望对于以大自然为象征的一切美好的事物，能永远保持新鲜、敏锐的感觉。华兹华斯能成为英国的一位最优秀的抒情诗人，正因为他道出了"儿童是成人的父亲"这一人生哲理上的感悟。（如无特殊说明，代表性译文的注释均为译者原注。）

水仙花

［英］威廉·华兹华斯

我孤独地游荡,像一朵云,
　　高高地飘浮在山谷的上空,
忽然我望见远处有一大群
　　金黄色的水仙,随着微风
摇摇摆摆,像是在舞蹈,
临着湖水,上面有树荫笼罩。

像夜空的繁星连绵不断,
　　串联成银河,闪闪发光;
沿着水湾,只是向前伸展,
　　茂密的水仙花通向远方
一眼望去只见千朵万朵
在频频点头,舞姿婀娜。

水波跟着水仙,也在欢舞,
　　可水仙比闪光的水波更欢欣,
欢乐的自然与诗人为伍,
　　诗人怎么不打从心底高兴!
我凝神看了又看,却没领悟

这景象留给我的精神财富。

以后每逢我感到心烦，
　　或是百无聊赖，枯守着床铺，
这景色便在我眼前闪现，
　　尽管孤独，却感受到祝福；
于是喜悦充满了我心田，
我也在跳舞，跟随着水仙。

戈黛伐贵夫人①

[英]阿尔弗雷德·丁尼生

---

① 在英国中部的大城市考文垂(Coventry),长期流传着一个美丽的传说:中世纪时期,这个城市在利奥弗里克伯爵治下,赋税沉重,民不聊生;伯爵夫人戈黛伐(Godiva,1048—1080)为民求情,再三恳请减免赋税;伯爵故意为难,说是要得到他的允准,除非夫人赤身裸体,大白天在市区骑马巡行一圈。戈黛伐为了解除民困,克服了羞耻观念,脱下衣服,让长发披身,骑着一匹白马,从闹市经过,事前传谕市民,她一路行经处,家家户户必须紧闭门窗,不许张望。有一轻薄之徒,妄想偷看,当场遭到天罚,瞎了双眼,这"偷看的汤姆"受到众人的唾骂。戈黛伐赤身骑马回来,履行了条件,压在市民头上的苛税,终于被废除。

　　这个传说首先由中世纪僧侣史学家罗哲(Roger of Wendover,约卒于1236年)写入著作,以后成为历代诗歌、戏剧、绘画的题材。从1678年以来,考文垂还经常举行纪念性活动,由年轻妇女披着轻纱,扮演戈黛伐贵夫人,骑着高马,在盛装的市民们簇拥下,列队游行全市。当地许多街道、建筑、商店,很多以"戈黛伐"为名。

　　1940年11月14日夜晚,第二次世界大战期间,德国法西斯出动大批飞机,疯狂地滥炸考文垂,倾泻了三万颗燃烧弹,五百吨高爆炸力炸弹,整个城市成为一片火海,"考文垂"这一地名在英语中成为"毁灭"的同义词。大战结束后,考文垂的居民立即投入重建城市的工作,他们在庄严地举行奠基典礼时,立下了一方基石,上面雕刻着一只从烈火中诞生的凤凰。现在新生的考文垂已建设成为像花园一般美丽的工业城市,在市中心绿草如茵的广场上,矗立着戈黛伐夫人的青铜像(Sir William Dick 作品,1949),她披着长发,裸体,骑着骏马,雕像底座上刻着英国著名诗人丁尼生的叙事诗《戈黛伐贵夫人》(1842)的诗行:

　　　　她骑马而回,冰清玉洁的身子。

　　　　她推翻了苛税,替自己

　　　　建立了流芳百世的美名。

　　丁尼生的这首叙事诗篇幅不长,没有对故事细节多作描述,许多关节都只是轻轻点出,写得简练含蓄,自有它的艺术特色。

在考文垂等候火车,徘徊在桥边,
跟马夫们、脚夫们在一起,我眺望
那三座高高的塔尖①,就在那儿,
为城市的古老传说,我构思了这诗篇。
我们是"时间"最晚播下的种子,
是一代新人,在轮子飞快的前进中
回首过去,以为不值得一顾;
其实并非我们才算得爱人民——
大谈其权利和受压迫,不愿意看到
人们被那沉重的赋税压弯了腰;
这里有一位贵夫人,她胜过了我们,
她经受了,克服了横加于她的考验——
一千个寒暑以前的一位妇女,
戈黛伐,嫁给了粗暴的伯爵为妻;
考文垂就在伯爵的治下。从这城市,
他征收好重的税啊,全城的母亲,
拖带着孩子,哭喊道:"交了税,就饿死!"
夫人去找她的丈夫,只见他一个人
正在大厅上,一群猎狗中间踱步;
他那胡须,向前冲出了一尺,
他那往后竖的头发,一码长。
夫人上前去求情:母亲们在哭泣,
"如果交了税,她们就活活饿死!"
他听了这番话,瞪着眼,有点儿吃惊,
回她道:"你可不愿意为了这种事,

---

① 塔尖,指教堂的尖顶。考文垂以古教堂著称,如"圣三一教堂"有尖塔高 72 公尺,
"基督教堂"有尖塔高 70 公尺。

让你的小指头痛一下吧?""为了这事儿,
我愿意死!"她回答。他大笑了一阵,
赌神罚咒,拉扯上彼得又拉扯保罗,①
接着把她的金刚石耳环弹一下,
"噢,嘻,嘻,嘻,小嘴巴倒会说话!"
"唉!"她说道:"试试我吧,看有什么事
是我不肯干的。"他那颗心呀,粗暴得
就像以扫的手,②这样回她道:
"你给我赤身裸体去城里骑一圈,
我就把税减免了。"说完,一点头,
一脸轻蔑的样子,他迈开大步
就走,带着他前后左右的猎狗。

夫人独个儿留下来,思潮纷涌,
就像从四面八方刮来的旋风,
她内心激烈斗争了一小时,取得
最后胜利的是怜悯。她派了传令官
到闹市吹起喇叭,再大声宣布
那苛刻的条件,可她要为人民松绑;
他们向来爱戴她,因此,即刻起,
到正午,这段时光,谁都别上街,
她一路经过,谁都不许望一眼,
都待在家里,关了门,把窗子紧闭。

---

① 赌神罚咒,还拉扯上彼得、保罗等圣徒,是不敬神明、没教养的表示。
② 《圣经》故事:以扫要杀他的弟弟雅谷,雅谷出逃;成家后回到故乡,求上帝道:"求
你救我脱离我哥哥以扫的手,因为我怕他来杀我,连妻子带儿女一同杀了。"(见
《创世记》32,11)

于是她溜到闺房深处,解开了
那双鹰交扣的腰带(是粗暴的伯爵
送她的礼物),可是有那么一会儿,
喘口气的工夫,她下不了决心,仿佛
一轮夏月,半掩着白云,接着她
摇一摇头,让一头波浪般的
鬈发瀑布般倾泻下来,直落到
她的膝盖;匆忙地把衣裳都脱了,
下了楼,轻步走去,像悄悄移过的
一道阳光,从一根柱子溜到
另一根柱子,她终于来到大门口,
她那头马儿,披着紫衣,黄金的
纹章做装饰,早在门外等候她。

于是她骑马而去,冰清玉洁的身子,
她一路骑去,周围的空气在倾听着,
轻微的风儿几乎不敢喘口气;
水落上的小怪兽,张着大嘴,斜睐着
狡猾的双眼,在张望;狗子的一声叫,
使她的脸蛋火烧般红;那坐骑的蹄声,
把一阵阵惊慌注入她的血脉;
那没眼睛的墙壁可长满了好多的
洞孔、隙缝;在她头上,那奇形怪状的
三角墙,挤在一起,瞪着眼看人;
可是这一切,她一路上都受下来。
最后,她望见了城墙,穿过它那
哥特式拱廊,还望得见城外田野上
接骨木树丛盛开着闪光的白花。

于是她骑马而回，冰清玉洁的身子。
有一个下贱坯，用不知感恩的泥土
做成，偷偷地钻了个小孔，张望着，
哪想到他还没看到他想偷看的，
眼前顿时一片黑暗，那瞎了的眼球，
掉落在他脚下。从此他成了让人
笑骂的话柄。嘉奖美德的上天，
取消了那放肆、滥用的感官；
而她却全不知道，骑马而过。
一霎时，百来座钟楼一一地响起了
洪亮的十二下钟声——为纤毫毕露的
正午报时；就在这当儿，她进入了
自己的闺房，穿上袍子，戴上冠冕，
出来和伯爵相见，她推翻了苛税，
替自己建立了流芳百世的美名。

四

泥泞时节的两个流浪汉①

［美］罗伯特·弗罗斯特

从泥沟里走来了两个陌生人，
一眼瞧见我，正在院子中砍木头。
其中一位，只听他高兴地一声喊：
"使劲砍吧！"叫我不由得松一松手。
我很明白，为什么他留在后面，
却让另一个继续往前面走。
我很明白，他心里有什么打算——
他想干我的活，拿一点报酬。

我劈的是整段整段的榉木，
那一圈大小抵得上砧板一块；
每斧头砍下去都那样着力，

---

① 瞩目远望未来，总有一天，工作不仅是"谋生"的手段，而且也将是"乐生"的手段。弗罗斯特在《泥泞时节的两个流浪汉》一诗中所表达的"生命中的一个目标"——"志趣"和"职业"的结合，"爱好"和"需要"的结合，所谓两种"权利"的结合，其实也就是隐约表达了"乐生"和"谋生"相结合的美好愿望。

诗人借一个具体的、人人都有体会的比喻："就像两只眼睛合成视线一条"，把一个抽象的概念很生动地表达出来了，见出诗人的匠心。全诗共九节，前面八节叙情写景，如谈家常，十分亲切，最后一转，引出一段抽象议论，诗篇于是立即从浅近变得意味深长。

就像劈开石头,没一点破碎。
那样卖力,有节制的人才不干,
他要干的事,比这不知重要几倍。
那一天,我却任着自己的性子,
只顾劈那无关紧要的木柴。

阳光很暖和,风儿可有点冷,
四月的天气是怎么回事,你认清:
当太阳露面,风儿一齐停息,
五月就提前一月,来跟你亲近。
可是,如果你竟敢漏出一句话,①
乌云立时遮蔽了灿烂的天庭。
还刮起了从雪山吹来的寒风,
天气倒退两月,变成了三月中旬。

一只善歌的青鸟轻轻地飞落,
迎风梳理自己的一身羽毛。
他的嗓子不低也不高,免得
惊动了哪朵蓓蕾,开放了花苞。
瞧,天上还飘一片两片雪花,
冬天不过假装一命呜呼,他知道。
除了那一身毛色,它并没和蓝色沾边,②
但它决不干那种事:叫花枝绽笑。

----

① 意即逢到四月里的好天气,千万提起不得;你刚说今天天气多好啊,天马上就
变了。
② 蓝色象征忧郁。

水，在夏天，为了寻找一片水，
得借光一根有魔力的棍棒。①
如今每条车辙都成了小溪，
每个蹄印都积成水潭一汪。
看到水，别提多高兴，可别忘了
还有冰霜，在地层底下暗藏。
只等太阳落山，便偷偷出来，
在水面上张开它的水晶牙床。
当时我真喜欢我手头干的活，
来了这两人，提出他们的要求，
这可叫我格外喜欢这个粗活。
可不，我从没感到过：那把斧头
高举在空中，有这样的分量；
分开的双脚，那样把大地紧抓。
充满活力的肌肉，轻柔地动荡，
散发春天的热力，潮润又光滑。

从林子里来了两条粗笨的大汉，
天才知道，昨晚他们在哪儿找窝。
但离开伐木场，不会多么久，
满以为劈啊砍啊，"都得请教我"。
他们是林中人，干伐木那一行，
凭他们趁手的家伙，掂我的斤量。
只有看到人家抡起那斧子，
谁俊谁蠢，他们这才肚里明亮。

---

① 当地农民相信有人能凭"有魔力的"棍棒寻找地下水源。

双方面谁也不曾开一声口。
他们明白,只要站住脚头不让,
他们的道理,就会打进我心里。
那就是:别人养家活口的行当,
我没有权利当作消遣。我的权利——
就算个人"爱好",他们的却是"需要";
当这两种权利,相持不下,
你就同意吧:他们的权利更高。

谁愿意,就让谁同意它们的离异,
而这可是我生命中的一个目标:
把志趣和职业,结合成一体,
就像两只眼睛合成视线一条。
只有当"爱好"和"需要"合而为一,
只有当工作拿整个生命作抵押;
才算真正干出了一点事情,
可以向上帝交帐,让后人来评价。

十四行诗（节选）

［英］伊丽莎白·白朗宁

5

我肃穆地端起了我沉重的心，
像当年希腊女儿捧着那坛尸灰；
眼望着你，我把灰撒在你脚下。
请看呀，有多大一堆悲哀埋藏在
我这心坎里；而在那灰暗的深处，
那惨红的火烬又怎样在隐约燃烧。
要是那点点火星给你鄙夷地
一脚踏灭、还它们一片黑暗，
这样也好。可是，如果你偏不，
你要守在我身旁，等风来把尘土
扬起，把死灰吹活；爱呀，那戴在
你头上的桂冠可不能给你做屏障，
保护你不让这一大片火焰烧坏了
那底下的发丝。快让远些呀，快走！

中　编

小　说

呼啸山庄(节选)

[英]艾米莉·勃朗特

第十五章(节选)

又是一个星期过去了,在这么多天里我又向健康和春天挨近了一些儿。我那位女管家,只要放得下她手头的正经事,就抽工夫到我床边来坐坐;她来伴过我几次,现在我把我那位邻居的故事从头到尾听完了。我就用她亲口讲的话把故事继续下去,只是稍微压缩些。大致说来,她是一位讲故事的能手,自有她的风格,我并不认为我能够给她把这种风格再改进一些儿。

那天晚上——我到山庄去探望过的那天晚上,我知道——就象我看到了似的——希克厉先生正在我们这儿附近。我有意不走出去,因为我的口袋里依然藏着他那封信,而我可不想再受人家的威逼,或是让人来厮缠我。我打定主意等我的东家出门去后再把信交出去,因为我捉摸不透卡瑟琳读了这封信到底会有怎样的反应。结果三天过去了,信还没有到她手里。

第四天是礼拜天,这一家人上礼拜堂去之后,我把信带进了她的房间。家里留下一个男仆和我看家;我们一向的做法,总是在做礼拜的那几个钟头里,把前后门锁了起来;不过这一天,天气那么暖和可爱,我把门都敞开了,为了履行已经答应人家的话(因为我知道谁要来了),我对我的同伴说,太太一心想吃橘子,他快跑到村子里去买一些来,第二天再付钱。他出发了,我上楼去。

林敦夫人穿着一件宽松的白袍子,披一条轻薄的肩巾,象往常一般,独坐在向外伸出的开着的窗子边。她那一头浓密的长发,在她刚生病的时期,有一部分盘到后头去了,现在她顺着那发丝的天然鬈曲,随随便便编成了两条辫子,从她的鬓脚边挂到了脖子上。她的人样儿已改变了,这是我已对希克厉讲过了的,但是在她平静的当儿,只见她的改变显出一种不是人间所有的美。

她那对本来炯炯闪亮的眸子,现在蒙上了一层迷梦般凄楚的温柔,你只觉得她不再在注视她身边的事物,而似乎老是在凝视着远方,那遥遥的远方——你也许可以说,她那视线落到了人世之外呢。她那苍白的脸色、憔悴的模样儿已经消失了,她的肌肤现在逐渐在丰腴了。她的心境让她流露出一种异常的神态,叫人看了不由得痛心地想起她得这场病的缘故,同时又格外地惹人怜惜,因为照我(或者是随便哪个见到过她的人)看来,尽管眼前她正在逐渐复元,她那种茫茫然的神态,却已打上了命运的烙印,终究难免要香消玉殒了。

她面前的窗台上有一本书打开着,偶尔吹来一阵几乎感觉不到的微风把书页翻动着。我相信那是林敦搁在那儿的,因为她从来不想翻一下书,或是找一些旁的事儿给自己消遣消遣。他看到这种情景,知道她一向喜爱的是什么,总是花不少时间去引起她对这方面重新感到一点儿兴趣。她也明白他的用心,在她心境好的当儿,耐烦地听任他来跟她厮缠,只是有时候压抑不住地发出一声疲乏的叹息,表示他的心思是白费了;到最后,终于用最凄凉的苦笑和亲吻打断了他。在另外一些场合,她却使气地把身子扭了过去,把脸儿掩在她的手心里,甚至暴躁地把他推开去;那时候他明知自己无能为力了,只得撇下她一个儿,悄悄地退了出去。

吉牟屯礼拜堂的钟声还在敲着;那涨了水的小溪舒畅地流过山谷,传来了悦耳的淙淙声。那可以算得一种过渡性的可爱的音乐,因为一到夏天,树叶浓密,发出一片低语般的沙沙声,便要淹没田庄附近的溪流声了。在呼啸山庄,在解冻或是久雨之后,逢到无风的日子,就总能听到那淙淙的流水声。这会儿,卡瑟琳在倾听着,心里想的正是呼啸山庄——那是说,假使她是说得上在听,或是在想的话。可是她的双眼只管茫然地向远方望着(方才我已讲过了),看来她分明没有意识到存在于世上的任何物质性的东西,不管是凭她的耳朵还是凭她的眼睛。

"有你的一封信,林敦太太,"我说道,把信轻轻地塞进她那搁在膝上的一只手里。"你得马上就读,因为在等回音呢。我要不要打开封印?"

"好吧,"她回答道,她的眼光并没有挪动一下。

我拆开了信,信很短;我接着说道:"现在,你读吧。"

她把手抽回去,信掉下来了,她也不管。我把信捡起来,重又放在她膝上,站在那儿等候她低垂下眼光来看一看,但是好久不见她有一点动静,我终于又开口了:

"得我来念吗,太太? 是希克厉先生写来的信呀。"

她吃了一惊,有一丝困惑的回忆闪过她的脸上,还透露出一种神情:竭力想把自己的意识理出个头绪来。她拿起信纸,好象在念信;等她看到署名时,她叹了一口气。可是我发觉她还是没有领会信里的意思。我向她讨一个回音,她却只是指着署名,急切地望着我,带着一种哀怨而焦急的询问的神气。

"嗳,他想见见你呀,"我说,猜出她需要有人给她解释一下。"这时候他正在花园里,急于想知道我会给他带去一个什么样回音呢。"

正这么说着,我瞧见底下照耀着阳光的草坪上,躺着一条大狗,它竖起了两耳,象是要吠叫的样子,接着却又把耳朵贴伏下去,摇一摇尾巴,算是宣告有什么人走近来了,而那个人它并不认为是陌生人。

林敦夫人向前探身,屏住气息,用心倾听。一会儿只听得有脚步声穿过走道。看到大门洞开着,那种诱惑力对于希克厉是太大了,他怎么也没法不跨进宅子来。多半是他还道我有意要逃避实践我的诺言,因此决定仗着自己的胆子闯一下。

卡瑟琳焦灼不安地只是望着房门口。他并没有一下子就撞着她的卧房。她向我做手势，要我去接他进来；可是我还没走到房门口，他已经找到了。他迈开一两个大步，就来到她的身边，紧紧地把她搂在怀里了。

约摸有五分钟光景，他一句话也没有说，只是紧紧搂住她不放。在那一段时间里，我敢说，他接连吻她的次数，比他过去一生中所吻过的次数还要多。不过呢，还是我家女主人第一个先吻他。我看得很清楚，他心痛得简直没法正对着她的脸儿瞧。

他一眼看到她，就象我一样，千真万确地知道，她这病是好不了啦，没有指望了，她是难逃一死了。

"哎哟，卡茜哪！哎哟，我的生命哪！叫我怎么受得了哟！"他一开口就嚷出了这一串话，那种呼嚷的声气一点不想隐瞒他内心的绝望。现在他又直瞪瞪地对着她瞧，那股一眼不眨的猛劲儿我还道会叫他的眼睛流出泪水；谁知他的两眼燃烧着痛苦的火焰，却并不溶解。

"现在又怎么啦？"卡瑟琳说，向后靠去，顿时眉心紧皱，来回报他的盯视。她的脾气就是跟着她那喜怒无常的性子转的风标罢了。"你和埃德加两个把我的心都揉碎了，希克厉！而你们两个又都为了这事儿到我跟前来啼啼哭哭，好像该得到怜悯的人倒是你们！我可不怜悯你，我才不呢。你害死了我——日子可就好过了，我想。你是多么坚强呀！我死了之后你准备再活多少年哪？"

希克厉跪下一条腿，搂着她。他想站起身来，可是她扯住了他的头发，不让他起立。

"我但愿我能一直揪住你，"她辛酸地接着说，"直到我们两个都死了为止！我可不管你受着什么样的罪。我才不管你受的罪呢。为什么你就不该受罪呢。我是在受罪呀！你会把我忘掉吗？将来我埋在泥土里之后，你还会快乐吗？二十年之后，你会这么说吗？——'那就是卡瑟琳·欧肖的坟墓啊。从前我爱过她，我失去了她心都碎了。但这都是过去的事啦。这以后我又爱过不少人。如今我的孩子，比从前的她，对于我更亲呢。有一天我也死了，我不会感到高兴：因为要去跟她会面了；我只会因为不得不把孩子们丢下了而感到难过。'——你会说这些话吗,希克厉?"

"不要把我折磨得象你一样疯吧!"他嚷道,把他的头挣脱出来,紧咬着牙关。

这两人,在冷眼旁观的人看来,构成了奇怪又可怕的景象。卡瑟琳大可以把天堂看作对于她是一块流放的异域,除非她丢下她在尘世的肉体时,也抛弃了她那在尘世的性格。只见她这时容色惨白,嘴唇没有一丝血色,两眼闪闪发光,露出一副狂野的、要报仇雪恨的神气。她那攥得紧紧的拳头里依然握着一撮给她拉下来的头发。

二

十日谈（节选）

[意大利]薄伽丘

第四天·故事第一

唐克莱亲王杀死女儿的情人，取出心脏，盛入金杯，送给女儿。公主把毒液倾注在心脏上，和泪饮下而死。

我们的国王指定我们今天要讲悲惨的故事，他认为我们在这儿寻欢作乐，也该听听别人的痛苦，好叫讲的人和听的人都不由得涌起同情来。也许这几天来，我们的日子可过得真是快乐逍遥，因此他想用悲惨的故事来调节一下。不过不论他的用意何在，我是不能违背他的意旨的，所以我要讲这么一个不仅是悲苦、而且是绝顶凄惨的故事，叫你们少不得掉下几滴苦泪来。

萨莱诺的亲王唐克莱本是一位仁慈宽大的王爷，可是到了晚年，他的双手却沾染了一对情侣的鲜血。他的膝下并无三男两女，只有一个独养的郡主，亲王对她真是百般疼爱，自古以来，父亲爱女儿也不过是这样罢了；谁想到，要是不养这个女儿，他的晚境或许倒会快乐些呢。那亲王既然这么疼爱郡主，所以也不管耽误了女儿的青春，竟一直舍不得把她出嫁；直到后来，再也藏不住了，这才把她嫁给了卡普亚公爵的儿子。不幸婚后不久，丈夫去世，她成了一个寡妇，重又回到她父亲那儿。

她正当青春年华,天性活泼,身段容貌,都长得十分俏丽,而且才思敏捷,只可惜做了一个女人。她住在父亲的宫里,养尊处优,过着豪华的生活;后来看见父亲这么爱她,根本不想把她再嫁,自己又不好意思开口,就私下打算找一个中意的男子做她的情人。

出入她父亲的宫廷里的,上下三等人都有,她留意观察了许多男人的举止行为,看见父亲跟前有一个年青的侍从,名叫纪斯卡多,虽说出身微贱,但是人品高尚,气宇轩昂,确是比众人高出一等,她非常中意,竟暗中爱上了他,而且朝夕相见,越看越爱。那小伙子并非傻瓜,不久也就觉察了她的心意,也不由得动了情,整天只想念着她,把什么都抛在脑后了。

两人这样眉目传情,已非一日,郡主只想找个机会和他幽会,可又不敢把心事托付别人,结果给她想出一个极好的主意。她写了封短简,叫他第二天怎样来和她相会。又把这信藏在一根空心的竹竿里面,交给纪斯卡多,还开玩笑地说道:

"把这个拿去当个风箱吧,那么你的女仆今儿晚上可以用这个生火了。"

纪斯卡多接过竹竿,觉得郡主决不会无缘无故给他这样东西,而且说出这样的话来。他回到自己房里,检查竹竿,看见中间有一条裂缝;劈开一看,原来里面藏着一封信。他急忙展读,明白了其中的究竟,这时候他真是成了世上最快乐的人儿;于是他就依着信里的话,做好准备,去和郡主幽会。

在亲王的宫室附近有一座山,山上有一个许多年代前开凿的石室,在山腰里,当时又另外凿了一条隧道,透着微光,直通那洞府。那石室久经废弃,所以那隧道的出口处,也荆棘杂草丛生,几乎把洞口都掩蔽了。在那石室里,有一道秘密的石级,直通宫室,石级和宫室之间,隔着一扇沉重的门,把门打开,就是郡主楼下的一间屋子。因为山洞久已废弃不用,大家早把这道石级忘了。可是什么也逃不过情人的眼睛,所以居然给那位多情的郡主记了起来。

她不愿让任何人知道她的秘密,便找了几样工具,亲自动手来打开这道门,经过好几天的努力,终于把门打开了。她就登上石级,直找到那山洞的出口处,她把隧道的地形、洞口离地大约多高等都写在信上,叫纪斯卡多设法从这隧道潜入她宫里来。

纪斯卡多立即预备了一条绳子,中间打了许多结,绕了许多圈,以便攀上爬下。第二天晚上,他穿了一件皮衣,免得叫荆棘刺伤,就独个儿偷偷来到山脚边,找到了那个洞口,把绳子的一端在一株坚固的树桩上系牢,自己就顺着绳索,降落到洞底,在那里静候郡主。

第二天,郡主假说要午睡,把侍女都打发出去,独自关在房里。于是她打开那扇暗门,沿着石级,走下山洞,果然找到了纪斯卡多,彼此都喜不自胜。郡主就把他领进自己的卧室,两人在房里逗留了大半天,真像神仙般快乐。分别时,两人约定,一切都要谨慎行事,不能让别人得知他们的私情。于是纪斯卡多回到山洞,郡主锁上暗门,去找她的侍女。等到天黑之后,纪斯卡多攀着绳子上升,从进来的洞口出去,回到自己的住所。自从发现了这条捷径以后,这对情人就时常幽会。

谁知命运之神却不甘心让这对情人长久沉浸在幸福里,竟借着一件意外的事故,把这一对情人满怀的欢乐化作断肠的悲痛。这厄运是这样降临的:

原来唐克莱常常独自一人来到女儿房中,跟她聊一会天,然后离去。有一天,他吃过早饭,又到他女儿绮思梦达的寝宫里去,看见女儿正带着她那许多宫女在花园里玩儿,他不愿打断她的兴致,就悄悄走进她的卧室,不曾让人看到或是听见。来到房中,他看见窗户紧闭、帐帷低垂,就在床脚边的一张软凳上坐了下来,头靠在床边,拉过帐子来遮掩了自己,好像有意要躲藏起来似的,不觉就这么睡熟了。

也是合该有事,绮思梦达偏偏约好纪斯卡多在这天里幽会,所以她在花园里玩了一会,就让那些宫女继续玩去,自己悄悄溜到房中,把门关上了,却不知道房里还有别人,走去开了那扇暗门,把在隧道里等候着的纪斯卡多放进来。他们俩像平常一样,一同登上了床,寻欢作乐,正在得意忘形的当儿,不想唐克莱醒了。他听到声响,惊醒过来,看见女儿和纪斯卡多两个正在干着好事,气得他直想咆哮起来,可是再一转念,他自有办法对付他们,还是暂且隐忍一时,免得家丑外扬。

那一对情人像往常一样,温存了半天,直到不得不分手的时候,这才走下床来,全不知道唐克莱正躲在他们身边。纪斯卡多从洞里出去,她自己也走出了卧房。唐克莱也不顾自己年事已高,却从一个窗口跳到花园里去,趁着没有人看见,赶回宫去,几乎气得要死。

当天晚上,到了睡觉时分,纪斯卡多从洞底里爬上来,不想早有两个大汉,奉了唐克莱的命令守候在那里,将他一把抓住;他身上还裹着皮衣,就这么给悄悄押到唐克莱跟前。亲王一看见他,差一点儿掉下泪来,说道:

"纪斯卡多,我平时待你不薄,不想今日里却让我亲眼看见你色胆包天,竟敢败坏我女儿的名节!"

纪斯卡多一句话都没有,只是这样回答他:"爱情的力量不是你我所管束得了的。"

唐克莱下令把他严密看押起来;他当即给禁锢在宫中的一间幽室里。

第二天,唐克莱左思右想,该怎样发落他的女儿,吃过饭后,就像平日一样,来到女儿房中,把她叫了来。绮思梦达怎么也没想到已经出了岔子,唐克莱把门关上,单剩自己和女儿在房中,于是老泪纵横,对她说道:

"绮思梦达,我一向以为你端庄稳重,想不到竟会干出这种事来!要不是我亲眼看见,而是听别人告诉我,那么别说是你跟你丈夫以外的男人发生关系,就是说你存了这种欲念,我也绝对不会相信的。我已经到了风烛残年,再没有几年可活了,不想碰到这种丑事,叫我从此以后一想起来,就觉得心痛!

"即使你要做出这种无耻的事来,天哪,那也得挑一个身份相称的男人才好!多少王孙公子出入我的宫廷,你却偏偏看中了纪斯卡多——这是一个下贱的奴仆,可以说,从小就靠我们行好,把他收留在宫中,你这种行为真叫我心烦意乱,不知该把你怎样发落才好。至于纪斯卡多,昨天晚上他一爬出山洞,我就把他捉住、关了起来,我自有处置他的办法。对于你,天知道,我却一点主意都拿不定。一方面,我对你狠不起心来,天下做父亲的爱女儿,总没有像我那样爱你爱得深。另一方面,我想到你这么轻薄,又怎能不怒火直冒?如果看在父女的份上,那我只好饶了你;如果以事论事,我就顾不得骨肉之情,非要重重惩罚你不可。不过,在我还没拿定主意以前,我且先听听你自己有什么好说的。"

说到这里,他低下头去,号咷大哭起来,竟像一个挨了打的孩子一般。

绮思梦达听了父亲的话,知道不但他们的私情已经败露,而且纪斯卡多也已经给关了起来,她心里感到一阵说不出的悲痛,好几次都险些儿要像一般女人那样大哭大叫起来。她知道她的纪斯卡多必死无疑,可是崇高的爱情战胜了那脆弱的感情,她凭着惊人的意志力,强自镇定,并且打定主意,宁可一死也决不说半句求饶的话。因此,她在父亲面前并不像一个因为犯了过错、受了责备而哭泣的女人,却是无所畏惧,眼无泪痕,面无愁容,坦坦荡荡地回答她父亲说:

"唐克莱,我不准备否认这回事,也不想向你讨饶;因为第一件事对我不会有半点好处,第二件事就是有好处我也不愿意干。我也不想请你看着父女的情分来开脱我,不,我只要把事情的真相讲出来,用充分的理由来为我的名誉辩护,接着就用行动来坚决响应我灵魂的伟大的号召。不错,我确是爱上了纪斯卡多,只要我还活着——只怕是活不长久了——我就始终如一地爱他。假使人死后还会爱,那我死了之后还要继续爱他。我堕入情网,与其说是由于女人的意志薄弱,倒不如说,由于你不想再给我找一个丈夫,同时也为了他本人可敬可爱。

"唐克莱,你既然自己是血肉之躯,你应该知道你养出来的女儿,她的心也是血肉做成的,并非铁石心肠。你现有年老力衰了,但是应该还记得那青春的规律,以及它对青年人具有多大的支配力量。虽说你的青春多半是消磨在战场上,你也总该知道饱暖安逸的生活对于一个老头儿会有什么影响,别说对于一个青年人了。

"我是你生养的,是个血肉之躯,在这世界上又没度过多少年头,还很年青,那么怎怪得我春情荡漾呢?况且我已结过婚,尝到过其中的滋味,这种欲念就格外迫切了。我按捺不住这片青春烈火，我年青，又是个女人，我情不自禁，私下爱上了一个男人。我凭着热情冲动，做出这事来，但是我也曾费尽心机，免得你我蒙受耻辱。多情的爱神和好心的命运，指点了我一条外人不知道的秘密的通路，好让我如愿以偿。这回事，不管是你自己发现的也罢，还是别人报告你的也罢，我决不否认。

"有些女人只要随便找到一个男人，就满足了，我可不是那样；我是经过了一番观察和考虑，才在许多男人中间选中了纪斯卡多，有心去挑逗他的；而我们俩凭着小心行事，确实享受了不少欢乐。你方才把我痛骂了一顿，听你的口气，我缔结了一段私情，罪过还轻；只是千不该万不该去跟一个低三下四的男人发生关系，倒好像我要是找一个王孙公子来做情夫，那你就不会生我的气了。这完全是没有道理的世俗成见。你不该责备我，要埋怨，只能去埋怨那命运之神，为什么他老是让那些庸俗无能之辈窃居着显赫尊荣的高位，把那些人间英杰反而埋没在草莽里。

"可是我们暂且不提这些，先来谈一谈一个根本的道理。你应该知道，我们人类的血肉之躯都是用同样的物质造成的，我们的灵魂都是天主赐给的，具备着同等的机能，同样的效用，同样的德性。我们人类本是天生一律平等的，只有品德才是区分人类的标准，那发挥大才大德的才当得起一个'贵'；否则就只能算是'贱'。这条最基本的法律虽然被世俗的谬见所掩蔽了，可并不是就此给抹煞掉，它还是在人们的天性和举止中间显露出来，所以凡是有品德的人就证明了自己的高贵，如果这样的人被人说是卑贱，那么这不是他的错，而是这样看待他的人的错。

"请你看看满朝的贵人，打量一下他们的品德、他们的举止、他们的行为吧；然后再看看纪斯卡多又是怎么样。只要你不存偏见，下一个判断，那么你准会承认，最高贵的是他，而你那班朝贵都只是些鄙夫而已。说到他的品德、他的才能，我不信任别人的判断，只信任你的话和我自己的眼光。谁曾像你那样几次三番赞美他，把他当作一个英才？真的，你这许多赞美不是没有理由的。要是我没有看错人，我敢说：你赞美他的话他句句都当之无愧，你以为把他赞美够了，可是他比你所赞美的还要胜三分呢。

要是我把他看错了，那么我是上了你的当。

"现在你还要说我结识了一个低三下四的人吗？如果你这么说，那就是违心之论。你不妨说，他是个穷人，可是这种话只会给你自己带来羞耻，因为你有了人才不知道提拔，把他埋没在仆人的队伍里。贫穷不会磨灭一个人的高贵的品质，不，反而是富贵叫人丧失了志气。多少帝王，多少公侯将相，都是白手起家的，而现在有许多村夫牧人，从前都是豪富巨族呢。

"那么，你要怎样处置我，用不到再这样踟蹰不决了。如果你决心要下毒手——要在你风烛残年干出你年青的时候从来没干过的事，那么你尽管用残酷的手段对付我吧，我决不向你乞怜求饶，因为如果这算得是罪恶，那我就是罪魁祸首。我还要告诉你，如果你怎样处置了纪斯卡多，或者准备怎样处置他，却不肯用同样的方法来处置我，那我也会自己动手来处置我自己的。

"现在，你可以去了，跟那些娘们儿一块儿去哭吧；哭够之后，就狠起心肠一刀子把我们俩一起杀了吧——要是你认为我们非死不可的话。"

亲王这才知道他的女儿有一颗伟大的灵魂；不过还是不相信她的意志真会像她的言词那样坚决。他走出了郡主的寝宫，决定不用暴力对待她，却打算惩罚她的情人来打击她的热情，叫她死了那颗心。当天晚上，他命令看守纪斯卡多的那两个禁卫，私下把他绞死，挖出心脏，拿来给他。那两个禁卫果然按照他的命令执行了。

第二天，亲王叫人拿出一只精致的大金杯，把纪斯卡多的心脏盛在里面，又吩咐自己的心腹仆人把金杯送给郡主，同时叫他传言道："你的父王因为你用他最心爱的东西来安慰他，所以现在他也把你最心爱的东西送来慰问你。"①

再说绮思梦达，等父亲走后，矢志不移，便叫人去采了那恶草毒根，煎

① 从里格译本。麦克威廉译本作："你的父王送这个来安慰你失去了最心爱的东西，正像你曾经安慰他失去了最心爱的东西。"

成毒汁，准备一旦她的疑虑成为事实，就随时要用到它。那侍从送来了亲王的礼物，还把亲王的话传述了一遍。她面不改色，接过金杯，揭开一看，里面盛着一颗心脏，就懂得了亲王为什么要说这一番话，同时也明白了这必然是纪斯卡多的心脏无疑；于是她回过头来对那仆人说：

"只有拿黄金做坟墓，才算不委屈了这颗心脏，我父亲这件事做得真得体！"

说着，她举起金杯，凑向唇边，吻着那颗心脏，说着："我父亲对我的慈爱，一向无微不至，如今在我生命的最后一刻里，对我越发慈爱了。为了这么尊贵的礼物，我要最后一次向他表示感谢！"

于是她紧拿着金杯，低下头去，注视着那心脏，说道："唉，你是我的安乐窝，我一切的幸福全都栖息在你身上。最可诅咒的是那个人的狠心的行为——是他叫我现在用这双肉眼注视着你！只要我能够用我那精神上的眼睛时时刻刻注视你，我就满足了。你已经走完了你的路程，已经尽了命运指派给你的任务，你已经到了每个人迟早都要来到的终点。你已经解脱了尘世的劳役和苦恼，你的仇敌把你葬在一个跟你身份相称的金杯里，你的葬礼，除了还缺少你生前所爱的人儿的眼泪外，可说什么都齐全了。现在，你连这也不会欠缺了，天主感化了我那狠毒的父亲，指使他把你送给我。我本来准备面不改色，从容死去，不掉一滴泪；现在我要为你痛哭一场，哭过之后，我的灵魂立即就要飞去跟你曾经守护的灵魂结合在一起。只有你的灵魂使我乐于跟从、倾心追随，一同到那不可知的冥域里去。我相信你的灵魂还在这里徘徊，凭吊着我们的从前的乐园①；那么，我相信依然爱着我的灵魂呀，为我深深地爱着的灵魂呀，你等一下我吧！"

说完，她就低下头去，凑在金杯上，泪如雨下，可绝不像娘们儿那样哭哭啼啼，她一面眼泪流个不停，一面只顾跟那颗心脏亲吻，也不知亲了多少回，吻了多少遍，总是没完没结，真把旁边的人看得呆住了。侍候她的女伴不知道这是谁的心脏，又不明白她说这些话是什么意思，可是都被她

---

① 指纪斯卡多的心脏。

深深感动了,陪她伤心掉泪,再三问她伤心的原因,可是任凭怎样问,怎样劝慰,她总是不肯说,她们只得极力安慰她一番。后来郡主觉得哀悼够了,就抬起头来,揩干了眼泪,说道:

"最可爱的心儿呀,我对你已经尽了我的本分,现在只剩下最后的一步了,那就是:让我的灵魂来和你的灵魂结个伴儿吧!"

说完,她叫人取出那昨日备下的盛毒液的瓶子来,只见她拿起瓶子就往金杯里倒去,把毒液全倾注在那颗给泪水洗刷过的心脏上;于是她毫无畏惧地举起金杯,送到嘴边,把毒汁一饮而尽。饮罢,她手里依然拿着金杯,登上绣榻,睡得十分端正安详,把情人的心脏按在自己的心上,一言不发,静待死神的降临。

侍候她的女伴,这时虽然还不知道她已经服毒,但是听她的说话、看她的行为有些反常,就急忙派人去把种种情形向唐克莱报告。他恐怕发生什么变故,急匆匆地赶到女儿房中,正好这时候她在床上睡了下来。他想用好话来安慰她,可是已经迟了,这时候她已经命在顷刻了,他不觉失声痛哭起来;谁知郡主却向他说道:

"唐克莱,我看你何必浪费这许多眼泪呢,等碰到比我更糟心的事,再哭不迟呀;我用不到你来哭,因为我不需要你的眼泪。除了你,有谁达到了目的反而哭泣的呢。如果你从前对我的那一片慈爱,还没完全泯灭,请你给我最后的一个恩典——那就是说,虽然你反对我跟纪斯卡多做一对不出面的夫妻,但是请你把我和他的遗体(不管你把他的遗体扔在什么地方)公开合葬在一处吧。"

亲王听得她这么说,心如刀割,一时竟不能作答。年青的郡主觉得她的大限已到,紧握着那心脏、贴在自己的心头。说道:

"天主保佑你,我要去了。"

说罢,她闭上眼睛,随即完全失去知觉,摆脱了这苦恼的人生。

这就是纪斯卡多和绮思梦达这一对苦命的情人的结局。唐克莱哭也无用,悔也太迟,于是把他们二人很隆重地合葬在一处,全萨莱诺的人民听到他们的事迹,无不感到悲恸。

下　编

莎　剧

威尼斯商人

前　言

　　《威尼斯商人》约写于 1596 年前后,正当莎翁的艺术才华日趋成熟的阶段。全剧结构严谨,情节逐步推向高潮,波澜迭起,扣人心弦,又风趣横生,喜剧气氛很浓,是莎翁最优秀的喜剧之一。当初公演时就受到伦敦观众的欢迎,最早的 1600 年版本上有"多次演出"的声明,以后在欧美舞台上盛演不衰。它是最早在我国舞台上演出的一个莎剧(1913)。

　　全剧有两条交叉进行的情节线。第一条是"借债割肉",展现了以威尼斯大商人安东尼和高利贷者犹太人夏洛克为对立面的民族矛盾、宗教矛盾,也许还有早期商业资本家和早期金融资本家之间的矛盾。几重矛盾,纠结在一起,尖锐激烈,不可调和,使《威尼斯商人》跳出了莎翁早期的一系列轻快欢乐的喜剧格局,成为第一个以较显著的现实主义手法接触到社会阴暗面的喜剧。

　　在威尼斯市场上一再遭受对方侮辱和歧视的犹太人怀着深仇大恨,出现在威尼斯法庭。斩钉截铁地拒绝和解,坚决要求按照借约条款,从无力按期还债的安东尼身上割下一磅肉;他举起尖刀,准备向祖露胸膛的被告扑过去。安东尼命在顷刻,这时喜剧达到了扣人心弦的最高潮。

　　第二条线索是"挑匣求婚"。在幽雅的贝尔蒙庄园,美丽而富有的少女波希霞发出叹息:她的终身大事必须取决于父亲生前设置的彩匣。大厅上陈列着金、银、铅三个匣子,等待求婚者前来挑选,谁选中彩匣,谁就是她的丈夫。她被父亲的遗命剥夺了婚姻自主权,为此而感到苦恼。幸而她情意所钟的巴珊尼选中了铅匣,有情人终成眷属。

两条情节线在"法庭诉讼"一场中汇合在一起。装扮成法学博士的波希霞出现在威尼斯法庭,运用智谋,挫败了夏洛克,从刀尖下救出了安东尼的生命。

剧作家站在人文主义者的立场歌颂了幸福的爱情,也称道了友谊的可贵,批判了违反人性的贪婪、憎恨。但是剧作家采取多焦点的视角,使观众在一瞥之间也看到了受种族歧视、宗教迫害的犹太人高利贷者的内心感受。在莎翁的笔下,欧洲的犹太人第一次有机会在舞台上,声泪俱下地申诉冤屈、发出内心的不平之鸣。

莎翁用鲜艳的彩笔描绘一位美丽优雅、敏慧机智的大家闺秀波希霞的形象。她是巨大财富的女继承人,可是并不幸福。在终身大事上她既不能选择自己所爱的对象,也无法拒绝她所不爱的人。"我给锁在……一个彩盒里"(指藏在彩匣中的她的肖像),这句话道出了她内心的苦闷。

人文主义者所宣扬的个性解放,在莎翁笔下首先从受压抑最深的妇女开始;为了她们最向往、最珍惜的爱情的幸福,这种追求在她们身上表现得最为鲜明、最富有光彩。波希霞正是这样。当巴珊尼前来求婚时,"爱情"和封建家长的意志在少女的内心展开了剧烈的斗争。她惟恐巴珊尼选错了彩匣,因而失去了意中人;可又不敢违背誓言,指点他该怎样挑选;但她还是情不自禁,向对方吐露了少女的一片深情,并且发出了痛苦的呼声,也可以说,表达了一个开始觉醒了的时代的精神:

> 唉,这可恶的时代啊,平白地在我们
> 跟我们的权利中间,打起一堵墙!①

最使人难忘的是身披黑袍、手持法典、出现在审判席上的波希霞。夏

---

① 见第三幕第二景。

洛克凭他手里的借约,坚持要割一磅人肉;她和他斗智,使气焰嚣张的原告一下子变成了听候发落的阶下囚。可以这么说:当波希霞女扮男装,把自己的性别隐蔽起来的时候,一向被埋没的妇女的才华,便炫目地显示出来了。登上了审判席,替束手无策的男子们解决难案的波希霞的形象,格外光彩,特别富于社会意义。

波希霞的幽默感,她的喜剧性格,在最后一幕得到了最充分的发挥。她拿着在法庭上硬是向丈夫讨来的结婚戒指(作为报答救命之恩),存心逗弄道:"别见怪,巴珊尼,那博士凭这个戒指,已跟我睡过觉啦。"只有在文艺复兴时期要求冲破封建道德对妇女片面束缚的新女性,才敢以女性的贞操和一家之主开这么个玩笑。这其实是在男权主义的社会里,妇女通过戏谑的方式提出了一个严肃的问题:贞操观念不应该是对于妇女的片面约束,妇女同样有权要求丈夫绝对忠实于自己的妻子。

和追逐金钱、充满仇恨的威尼斯商业城市相反,沉浸在皎洁的月光下、具有牧歌情调的贝尔蒙庄园和它的女主人波希霞取得了一种象征意义:这是人文主义者所向往的盛开着爱情和友谊之花的理想的乐园。

在莎翁所创造的人物画廊中,最能激发人们不断地思辨、论争的,除了哈姆莱特之外,也许要算夏洛克了。这个生活在基督徒世界里的犹太人遭受着重重叠叠的侮辱和歧视,"这一切,都是为的什么呀?我是一个犹太人!"十九世纪欧洲各地民族解放运动高涨,有心的人们从夏洛克的这一沉痛的申诉中,听到了一个受难的民族的不平之鸣,曾经为之惨然动容、为之热泪盈眶,甚至把他看成受苦受难的民族化身。但如果从文本出发,那么我们有理由认为夏洛克不会是剧作家所喜爱的人物,或者为他所同情的人物。他不是剧中的正面人物,但确是一个具有强大艺术生命力,给人以困惑、反思的典型人物。

在欧洲中世纪通俗的宗教剧中,由于根深蒂固的种族偏见,出现在台上的犹太人一向是脸谱式的、定型化了的大恶棍,他只是为台下观众提供嘲笑、唾骂的活靶子。原来的故事《呆子》中的犹太人,坚持割一磅人肉,仅仅为了"把最大的一个基督徒商人宰了才高兴呢"。莎士比亚同时代的剧作家马洛(1564—1593)写了《马尔太岛的犹太人》,主人公杀人放火,剧作家并不认为有交代他作恶动机的必要。

莎翁笔下的夏洛克是英国舞台上的第一个人性化的有血有肉、有自己个性的犹太人。他的女儿席卷财产和基督徒情人私奔,给予他很大的精神刺激,他控诉道:

> 犹太人就没有眼睛了吗?犹太人就缺了手,短少了五官四肢,没知觉、没骨肉之情、没血气了吗?……要是一个基督徒侮辱了犹太人,那么按照基督徒的榜样,那犹太人应该怎样表现他的"忍耐"呢?嘿,报仇![1]

这血泪控诉为夏洛克在法庭上不顾一切要实现血腥的复仇提供了可信服的动机。

另一方面,剧作家着重地揭露了他心理的阴暗面:一个高利贷者的贪婪,把金钱看得高于一切,美好的精神世界被他排斥在生命的意义之外了。在法庭上,他拒绝和解,非置仇人于死地不可,剧作家对他的批判色彩加深了。

巴珊尼是没落的贵族子弟,家产已被他挥霍一空,正像他自己所说的:"我全部家产,流动在我的血管里。"意即除了高贵的血统可以自豪,其他一无所有了。他向波希霞求婚,看准了这是一桩有利可图的亲事。虽然财富是他当初求婚的动机,但是来到贝尔蒙庄园,仿佛精神上受了洗礼,真心地爱上了美丽热情的波希霞。

在整个喜剧结构中他起了穿针引线的作用。喜剧中两个最主要的人物,都是由他牵引出来的。他迫切需要张罗款子,好充当一名体面的求婚者,这才把犹太人高利贷者找来;他打算娶一位有丰厚陪嫁的阔千金,于是波希霞上场了。

《威尼斯商人》的剧名来自大商人安东尼,但他并非这喜剧中的主人

---

[1] 见第三幕第一景。

公。他经营海外贸易,拥有巨资,和破落的贵族子弟巴珊尼结为生死之交,屡次在金钱上接济他,不惜为了他而押下自己的一磅肉,订立借契。有些学者把他和波希霞相提并论,认为他们"代表了爱的原则"。其实他所自夸的这中世纪式的友谊使他的精神视野十分狭隘,眼里只有巴珊尼,失去了这个朋友,仿佛整个人生失去了意义。在法庭上,他为了好友死而无怨,并且暗示这是连巴珊尼的爱妻也难以做到的,他的自我牺牲岂不证明了友谊重于爱情,这中世纪的旧观念给予了他精神上的胜利。

最后一幕,新婚夫妇为了戒指而引起一场喜剧性的吵嘴,波希霞要借此在她丈夫心目中确立起爱情的地位。在她的贝尔蒙庄园保留着友谊的位置,但是居于至高无上的地位的应该是爱情。这是体现着新时代精神的新的伦理观念。

安东尼又是一个偏激的种族歧视者,夏洛克对他的控诉并非没有理由。他的消沉的精神状态表明了他并非属于时代新人的行列。

剧中人物

安 东 尼	威尼斯商人
巴 珊 尼	贵族青年,他的好友
莎 莱 里 奥	
索 拉 尼	
葛 莱 兴	他们俩的朋友
罗 伦 佐	

夏 洛 克	有钱的犹太人
吉 茜 卡	他的女儿
杜 巴	他的朋友,犹太人
朗 西 洛	他的仆人
老 狗 宝	朗西洛的父亲

波 希 霞	继承巨产的闺秀
奈 莉 莎	她的贴身侍女
摩洛哥亲王	
阿拉贡亲王	波希霞的求婚者

威尼斯大公

威尼斯众贵族

仆从、使者、狱卒

场 景

威尼斯；贝尔蒙①

---

① 当时威尼斯有犹太区，据柯耶特（T Coryate，1577—1617）在他的游记（1611）中记述，区内住有犹太民族五六千人。

　　贝尔蒙（Belmont），虚构的地名，在意大利故事集《呆子》（1558）里，贝尔蒙特（Belmonte）是从威尼斯到非洲亚历山大城去的航程中所经过的一个"优良的港口"。在这个喜剧里，贝尔蒙似乎离威尼斯不远，两地之间，水陆交通都有；巴珊尼出发求婚的时候，乘的是船，波希霞赶往威尼斯法庭的时候，乘的是马车。

　　这个喜剧的年代似不妨假定离莎士比亚当时并不太远。在将近四十个莎剧中，只有少数是以当代作为时代背景；《威尼斯商人》是其中之一。第一幕第三景，安东尼说到他的第三条船"在墨西哥"；墨西哥是在 1517—1520 年才被西班牙侵略军所侵占。

第一幕

第一景　威尼斯；街道

［商人安东尼，及友人莎莱里奥，索拉尼上］

安　东　尼　说真的，我真不明白，为的什么
　　　　　　我这么昏昏沉沉。我不明白，我真愁——
　　　　　　你们说，看着这情景，叫你们也发愁；
　　　　　　可是我怎么会跟它碰上了、搭上了、
　　　　　　拉上了关系；这愁闷，是怎么个宝货，
　　　　　　又是打哪儿冒出来的，还得研究；
　　　　　　这愁闷，就把我变成了一个呆子，
　　　　　　我伤透脑筋，还是弄不懂自己。①

莎　莱　里　奥　你的心，是在汪洋大海里颠簸呢——
　　　　　　海洋里，你那些大船，张着满帆，②
　　　　　　就像是海上赛会游行的大场面，
　　　　　　又像那有钱有势的地主、财主，
　　　　　　擦身飞过那打躬作揖的小商船，③
　　　　　　瞧着它们却就像目中没有人。

─────────

① 弄不懂自己，西洋有"弄懂你自己"的成语，意即要有自知之明。
② 大船（argosies），指当时用帆和划子的大商船，载重达两百吨。"那些"表示多数，
　　船只结队航行。
③ 小商船（petty traffickers），指沿威尼斯岛岸航行的小帆船。"打躬作揖"，形容大
　　船驶过海面，掀起一阵波浪，近旁的小船颠簸不已的情状。

索 拉 尼　　大哥,请相信我,要是我也担着
　　　　　　这样的风险,那我的神思多半儿
　　　　　　要给寄托在海外的希望分去啦;
　　　　　　老是要拔根草、看一看风朝哪头吹;
　　　　　　要埋头在地图堆里只管寻找那
　　　　　　港口啊,码头啊,港湾啊;凡是使我
　　　　　　担心货物的命运的事儿,不用问,
　　　　　　都会叫我发愁啊。

莎 莱 里 奥　　　　　　　　　　我呵一口气,
　　　　　　吹凉我的粥,我的心也跟着凉了——
　　　　　　当我一转念:海上的风暴会招来
　　　　　　多大的损失! 一看见计时的沙漏,
　　　　　　我想到了沙洲、沙滩,仿佛看见了
　　　　　　我那豪富的"安德鲁"搁浅在沙泥里,
　　　　　　它那高高的桅杆,从半空里倒下。
　　　　　　吻着它的葬身之地。我上教堂去,
　　　　　　看见了圣殿的石墙和石基,一下子
　　　　　　又想到了海底的暗礁,我好好的船儿,
　　　　　　只消叫它拦腰碰上那么一碰,
　　　　　　满船香料,就全都撒布在海面,
　　　　　　让汹涌的波涛披上了绫罗绸缎——
　　　　　　总之是,方才的财富还有那么大,
　　　　　　一转眼,全都泡了汤!
　　　　　　要是我的幻想尽往这方面想,
　　　　　　我还会缺少那万一果真出了事、
　　　　　　就要叫我发愁的愁思吗?
　　　　　　快别跟我说了;我知道安东尼是为了
　　　　　　记挂着海外的财货才这样发愁。

安 东 尼　　不,相信我。总算托命运的福,

　　　　　　我并非孤注一掷在一条船儿上,

　　　　　　也不止一个去处;我全部财产

　　　　　　也并不依靠今年这一年的盈亏——

　　　　　　所以说,我并没为我的货船在发愁啊。

索 拉 尼　　嘿,那你一定是爱上了女人啦。

安 东 尼　　啐,哪儿的话!

索 拉 尼　　　　　　　　也不是爱女人?

　　　　　　那么让我们说吧:你发愁,就因为

　　　　　　你不快活——这跟你在笑着跳着,

　　　　　　说:你快活,就因为你并不伤心,

　　　　　　一样地方便。凭着两面神起个誓,①

　　　　　　当初老天造人,可真是色色俱全:

　　　　　　有的人老是眯着眼睛在痴笑,

　　　　　　像八哥看见了一个吹风笛的人;

　　　　　　有的人,可又是整天绷紧着一张脸,

　　　　　　从不肯露一粒牙齿、装出个笑容,

　　　　　　哪怕奈斯德都发誓说,这个笑话②

　　　　　　才真叫好笑——

　　　　　　〔巴珊尼,罗伦佐,葛莱兴上〕

　　　　　　你的贵亲巴珊尼来啦! ——葛莱兴,

----

①　两面神,罗马神话中的天堂门神杰纳斯(Janus),长着两个脸儿,一怒一笑,面对两
　　个方向。索拉尼凭"两面神"起誓,是为了配合他所要说的:人有两种不同类型的
　　性格。

②　在古代出征特洛伊的希腊诸将领中,以奈斯德(Nester)年岁最高,态度严肃,不苟
　　言笑。

　　　　　　　罗伦佐也来啦。再会吧,你现在有了
　　　　　　　更好的伙伴,我们可以少陪啦。

莎莱里奥　　要不是叫你的好朋友早来了一步,
　　　　　　　我倒是一心想把你逗乐了才走呢。

安　东　尼　你的好心我非常领情;只怕是
　　　　　　　你自个儿有事情,正好借这机会
　　　　　　　就此溜走吧。

莎莱里奥　　　　　　　　　　早安,各位大爷!

巴　珊　尼　两位早安,我们什么时候可以
　　　　　　　欢聚一下? 什么时候? 近来大家
　　　　　　　变得疏远了。难道非走不可吗?

莎莱里奥　　改日有空,我们一定奉陪。

　　　　　　　　　　　　　　　　[莎莱里奥,索拉尼下]

罗　伦　佐　巴珊尼大爷,你已经找到了安东尼,
　　　　　　　我们俩可要少陪啦;不过请你
　　　　　　　别忘了午饭时候我们的约会。

巴　珊　尼　我一定不失约。

葛　莱　兴　安东尼大爷,你的脸色可不好啊。
　　　　　　　你把这世上的事儿看得太认真啦;
　　　　　　　有了一肚子心事,就失了做人的乐趣。
　　　　　　　相信我,你真的变得很厉害。

安　东　尼　葛莱兴,我还给人世它本来的面目——
　　　　　　　一座舞台。每个人都得在这台上
　　　　　　　扮一个角色;我呢,扮的是苦人儿。

葛　莱　兴　那让我扮一个小丑吧。在嘻嘻哈哈的
　　　　　　　欢笑中让衰老的皱纹要来就来吧;
　　　　　　　宁可让酒烧坏了我的肝脏,也不能

让讨命的呻吟来叫我的心房发凉啊。①

干吗一个活人,偏要正襟危坐,

跟他祖宗爷爷的石像一个样?

醒着跟睡着一个样;还要终年

气气恼恼的积成了黄疸病?

跟你说了吧,安东尼——咱俩有交情,

看在交情的分上我才说这些话——

世界上有那么一种人,紧绷着脸儿,

就像那纹丝不动、凝结了的死水,

一死儿不理睬人;要这样才好博得

人家赞一声:多聪明,多稳重,莫测高深!

瞧那神气就像说:"我乃是未卜先知,

我一开口说话,狗都不许叫一声!"

我的安东尼啊,我就看透了这种人——

他聪明出了名,全靠嘴巴闭得紧;

要是果真一开口,那我敢肯定

害得那听的人都要大倒其霉,②

大骂他自己的同胞:"这个傻瓜!"

这些事儿咱们留在下次再谈吧;

可请你千万别拿"忧郁"做钓饵,

去博取那世俗的虚名。来吧,好罗伦佐。

回头见;吃过饭,我再把"劝诫"结束吧。③

罗 伦 佐 好,那咱们在吃饭的时候再见吧。

---

① 讨命的呻吟,英国向来有一声叹气消耗人体内一滴血的说法。

② 大倒其霉,指下地狱而言。参阅《新约·马太福音》5,22:"凡骂兄弟是傻子的,难免地狱之火。"

③ 这话里带有讽刺意味。清教徒传教,常极冗长累赘,以致不得不把"劝诫"(exhortation)部分放到吃过午饭后再宣讲。

活该我就是那哑口无言的"聪明人"，

因为葛莱兴从不让我有说话的分。

葛 莱 兴 只消你跟我做两年伴，包管你

连自个儿的口音也分辨不清！

安 东 尼 再会吧；叫你这么一说，今后我只好

多开几声口啦。

葛 莱 兴 　　　　　　这才对了，因为只有——

风干的牛舌，没人领教的老姑娘，

这两个不声不响，才算是应当。

〔葛莱兴，罗伦佐下〕

安 东 尼 这一回，他那些话可有点儿道理？

巴 珊 尼 像葛莱兴那样，没完没了尽说废话的，全威尼斯也找不到第

二个。他的道理，就像两粒麦子藏在两桶砻糠里，要从砻糠

里拣出那两粒麦子，就得让你花掉一整天的工夫；可是等到

拣出来了，你不由得要嚷道：这些工夫，花得真冤枉！

安 东 尼 现在，可以告诉我了，你发誓要出门

去私下拜访的那位小姐，她是谁——

你不是答应今天说给我听吗？

巴 珊 尼 安东尼，这你也是很清楚的，我为了

支撑这一个外强中干的场面

把一份微薄的产业怎样给用空了；

说是我感到心痛：现在再不能

那么摆阔了，那倒未必；可是我

念念不忘地思量着，要怎样才能

清偿我过去挥金如土的时光

积压在我肩上的这重重债务。

不管是说到钱财、还是论交情，

安东尼，我都是欠你欠得最多；

> 承蒙你这一片深情厚意,我才敢
>
> 把我的私衷向你和盘托出——
>
> 我打算怎么样了清这一身债务。

安 东 尼 那就请你,好巴珊尼,快跟我讲吧;

要是这打算光明正大,就像

你向来为人一般;那你放心,

我的钱袋为你而打开,我这人、

拼着我所有的资产,听凭你使用。

巴 珊 尼 还在求学的时光,我丢失了一支箭,

往往用另一支箭,同样的轻重,①

朝同一个方向射去,加倍地注意

它落下的地点,好找回那先前的一支;

这样,冒双重的险,找到了两支箭。

我提这童年时代的经验,是因为

我接着要说的,完全是天真的本心。

我欠了你很多的债——好比一个

没算计的浪荡子,把借到手的钱

全给花了;不过要是你愿意朝着

那第一支箭的方向,再射出第二支,

那么这一回,我一定看准了目标,

没有疑问,不是把两支箭一起

找回来,定然是把你第二次的加码

奉还给你;我仍然做一个感激的

债户,欠着你当初一支箭的恩情。

安 东 尼 我,你最了解,却偏要这么

---

① 另一支箭,同样的轻重,原文"the self-same flight",箭术上的用语,指轻重、长短、大小相同、射程相等的箭。

拐弯抹角地来试探我的交情，

这不是白费功夫？要是你怀疑我

不肯为朋友尽我的力，那还用说，

比把我所有的钱全都给花掉了

还要对不起我。你只消跟我说

我应该怎么办——如果你知道那是我

办得到的，我立刻就给办去。你说吧。

巴　珊　尼　在贝尔蒙，有一位继承巨产的闺秀，

长得真美——光是一个"美"还不够

做她的赞美，她还有了不起的品德呢。

从她的眼梢里，我也曾蒙受她的

脉脉含情的流盼。她芳名"波希霞"——

跟古代的贤女：伽图之女、勃鲁特斯的妻

同名，而跟她相比，可不输那么一分。①

人们并没辱没了这位小姐的才貌，

四面八方的风，从天涯海角

送来了求婚的贵人；披在她额上的

金光闪闪的鬈发，好比那"金羊毛"，②

她安身的贝尔蒙变成了黑海之滨，

赶来了无数追求宝贝的英雄。

啊，我的安东尼，只要我凑得出

一笔开销，跟他们作一个竞争的

对手，那我心里的预感指点我，

---

① 古罗马政治家伽图（Cato）有女，名"波希霞"，嫁给表哥勃鲁特斯为妻。希腊历史家普鲁塔克在《名人传》里赞美她品德贞洁、高尚。

② 希腊神话，黑海东岸科尔奇斯（Colchis），有橡树圣林，树上钉着金羊毛，由不眠的毒龙护守。希腊英雄伊阿宋（Jason）靠了科尔奇斯国王的女儿美狄亚（Medea）的帮助，盗得了金羊毛。

　　　　　　这次求爱,我稳稳地会得到成功!

安　东　尼　你知道,我全部财产,都漂浮在海上,

　　　　　　我手头,既没有现款,也没有现货

　　　　　　可以做抵押;我们且去走动一下,

　　　　　　看凭我的信用在威尼斯有没有办法——

　　　　　　能借多少就多少,多少要凑个数,

　　　　　　好供给你去贝尔蒙见美女波希霞。

　　　　　　走吧,我们两人就分头去打听,

　　　　　　　哪儿有头寸,我就哪儿去借钱——

　　　　　　　不管由我作保,还是由我出面。

　　　　　　　　　　　　　　　　　　　　　　　〔分头下〕

第二景　贝尔蒙;室内

〔波希霞小姐及侍女奈莉莎上〕

波　希　霞　(叹气)可不是,奈莉莎,我这小小的身子,活在这个广大的
　　　　　　世界上,只觉得好不腻烦!

奈　莉　莎　那可不能怪你啊,好小姐——如果你的烦恼就跟你的家产
　　　　　　一样的成千上万。只是照我看,那吃得吃不下的,就跟那饿
　　　　　　着肚子没得吃的一样,也不受用。所以小康之家,倒是幸福
　　　　　　不小呢。大吃大喝:白发生得早;刚好吃饱穿暖,倒是能
　　　　　　长寿。

波　希　霞　说得好,真是至理名言。

奈　莉　莎　要是照着做去,那岂不更好。

波　希　霞　要是做得到,就跟认识该怎么做,一样的容易,那么小礼拜
　　　　　　堂就要变成大教堂,穷人的茅屋就要变做王爷的宫殿啦。
　　　　　　只有好神父才遵守他自个儿的教诲。让我指点二十个人做

人的道理,倒还容易;可是要我做这二十个人中间的一个,奉行自己的教训,就没那么简单啦。"理智"可以制定下种种戒律来约束"感情",可是奔放的"热情"却冲破了那冷酷的教条。"青春",凭它那一股疯劲,就像是一头野兔,一下子跳过了"理智"的猎网——那拐脚的老人。

(叹气)可是我这样发一番议论,未必能帮助我挑选一个丈夫吧——唉,天哪,怎么说得上"挑选"! 我既不能挑选我自个儿看中的,我所讨厌的,也没法能拒绝。一个活着的女儿的意志,就这么给故世了的父亲的遗命钳制住了。我一个也不能挑选,半个也没法拒绝,奈莉莎,你说,这不是叫人太不好受了吗?

奈 莉 莎　老太爷生前一向有德行;好人临终之时,常有灵感来临,所以他定出了这抽彩的办法,安排了那金的、银的、铅的三个盒子。谁猜中了他的意思,就算是得到了你;那就不用说,要不是真正值得你爱慕的人,绝不会让他把彩盒挑中了。可是你自个儿对于这几位已经到来向你求婚的王孙公子,又觉得怎么样呢,可有哪一位牵动了你的柔情?

波 希 霞　请你把他们的名字一个个报上来,你报一个我就把他形容一番,根据我的形容,你去体会我对各人到底有多少柔情吧。

奈 莉 莎　第一个,那不勒斯的亲王。

波 希 霞　啊,真是一头小驹子①! 他不开口也罢了,一开口就讲他的马儿;他因为能够自个儿动手给他的马儿装上铁蹄,就此认为这是一件天大的本领。我真担心呢,她老人家,亲王的娘,可曾叫打铁的勾搭上了。

奈 莉 莎　接下来该是那位宫廷伯爵了。

————————————

① 小驹子,指性情粗野、脾气倔强的小伙子而言。那不勒斯人以善于骑马著称。

波 希 霞　他一天到晚只知道皱眉头，那一副神气活像在说："要是你不愿意嫁给我，听便吧！"他听着笑话，听归听，可没一丝笑容。我只怕他到老来真要变成一个哭泣哲学家了——也没看见年纪轻轻就好意思这么一股劲儿地发愁！我宁可去跟衔着枯骨的骷髅作终生的伙伴，也不愿意嫁给这样两位人才。天主保佑，别让我落在他们俩的手里吧！

奈 莉 莎　那么您说那位法兰西贵族勒庞老爷又怎样呢？

波 希 霞　既然天主造出了他，就算他是个人吧。凭良心说，我知道取笑人家也是一桩罪过；可是他！嘿，他那头马儿比那不勒斯亲王的马儿还要好，他那皱眉头的坏习惯，比宫廷伯爵还要到家。什么人他都好算得，独缺他自个儿的分。画眉一声叫，他就不由得手舞足蹈；他会跟自个儿的影子斗起剑来呢。我要是嫁给了他呀，那我就是嫁了二十个男人。要是他瞧不起我，我能原谅他；为的是他爱我即使爱得发狂，也永远别指望我会报答他。

奈 莉 莎　那么，你对于那位年轻的英格兰男爵福康勃利又怎么说呢？

波 希 霞　你知道，我跟他是无话可谈。我讲的话，他听不懂，他的话，我不懂。拉丁文、法国话、意大利话，他一概都不通；①我呢，我的英国话高明的程度，你能上法庭替我作证，可以拿到当店里当一文小钱。看模样，他倒是挺神气；可是，唉！谁愿意做着哑剧来谈心呀。他那一身行头多么古怪！我猜他的紧身衣是在意大利买来的；他的短裤呢，在法兰西；帽子呢，在日耳曼；他的一举一动，那是四面八方捡来的。

奈 莉 莎　那么他的乡邻苏格兰贵族，你觉得怎么样？

波 希 霞　他对于乡邻倒是挺讲究交情；他在英国人那儿领受了一个

----

① 英国人向来以不懂外国语出名。有位英国评者说："对于我们不通外国语言的这一讽刺，到现在还没有完全失效。"

耳刮子，发誓说，等他方便时一定奉还；我想那个法国人还
给他做了保人，签字盖章，保证他将来一定补报这一个耳
刮子。①

奈 莉 莎　那位日耳曼少爷：撒克逊公爵的侄子，你看得中吗？

波 希 霞　早晨才醒来，神志还算清楚呢，他已经在发作啦；一到下午，
灌了酒，那脾气可就没有了收拾。他在最好的当儿，还差一
点儿才好算人；在最糟的时候，只差一点儿就是畜生了。万
一我碰上了再坏不能坏的运气，我还是希望有办法摆脱他。

奈 莉 莎　如果他要来挑彩匣，结果偏给他挑中了，那时候你要是不愿
嫁给他，岂不是违反了老太爷的遗命？

波 希 霞　为了以防万一，所以我求你啦，给我在那落空的盒子上放上
满满一杯莱茵河葡萄酒；那么，里边有鬼，外边有诱惑，他就
非挑这个盒子不可了。让我干什么都愿意，奈莉莎，只要不
嫁给那酒鬼做老婆就行。

奈 莉 莎　小姐，请放心吧，你再不用害怕会嫁给这几位爷们中的哪一
位了。他们已经有话给我：说他们打定主意了，要是向你求
婚，非得遵照你老太爷的规定、挑选彩盒不可，此外再没旁
的办法，那么他们就此动身回国，再不来打扰你啦。

波 希 霞　谁想要得到我这个人，就得遵照先父的规定；否则，哪怕我
活到西比拉②老婆婆那一把年纪，我临死，也还是像月亮里
的狄安娜那样，一个童女的身子。我很高兴，这一批求婚者
总算还知趣，因为不论他们中间哪一位，我都巴不得他快些

①　指苏格兰跟英格兰吵翻的时候，法兰西常给予苏格兰援助——其实往往只是口惠
而已。

②　西比拉（Sibylla），阿波罗神庙中善作预言的女祭司的称呼。阿波罗爱上了意大利
南部克米（Cumae）地方的"西比拉"，答应让她活上跟握在她手里的沙泥粒子一样
多的岁数。可是她忘了要求永久的青春，因此后来成了一个老态龙钟的丑怪婆。
（见奥维德《变形记》第 15 卷）

儿离开。但愿天主保佑他们一路平安吧。

奈 莉 莎　小姐,你还记得吗——那还是老太爷在世的时候呢——有一位威尼斯人,是位学者,又是个军人,曾经陪着蒙费拉侯爵来到过此地?

波 希 霞　我记得,我记得,那是巴珊尼——我想这就是他的名字吧。

奈 莉 莎　对啊,小姐;照我这双不懂事的眼睛看来,在所有的男人中,只有他才最配娶一位美人儿呢。

波 希 霞　我很记得他;在我的回忆中,他确然值得你赞美。

[一仆人上]

啊!什么事?

仆　　人　小姐,那四位外国人找你,要向你告别;另外,还有第五位宾客,摩洛哥亲王,派了一个人先来报信,说是他家主人亲王殿下,今天晚上就要到达啦。

波 希 霞　要是我能够满心喜欢地欢迎这第五位贵宾,就像送走眼前这四位一样,那听到这消息,我该多高兴。就算他的品德比得上一个圣徒,可要是生就一身魔鬼般的皮色①,那我看他与其来做新郎,还不如来做神父,听我的忏悔吧。
来吧,奈莉莎。[向仆人]喂,前面走。
一个求婚的刚打发走,一个又来把大门叩。

[同下]

_____

① 魔鬼般的皮色,当时欧洲人的迷信观念,以为魔鬼浑身黑色。

第三景　威尼斯;公共场地

[巴珊尼及夏洛克边走边谈上]

夏　洛　克　三千两银子①——嗯。

巴　珊　尼　是啊,你老,借三个月。

夏　洛　克　借三个月——嗯。

巴　珊　尼　这一笔钱,我跟你说过,由安东尼出面承借。

夏　洛　克　安东尼出面承借——嗯。

巴　珊　尼　你能帮我一个忙吗? 能给我一个体面? 可不可以让我听听你的意见?

夏　洛　克　三千两银子——借三个月——安东尼出面承借。

巴　珊　尼　你怎么说?

夏　洛　克　安东尼倒是一个好人。

巴　珊　尼　你可曾听见人家说过他不是个好人?

夏　洛　克　唷! 不,不,不,不! 我说他是个"好人",要知道我这是说:他是个有身价的人。不过,他的财产还不一定就靠得住。他有一条商船开到的黎波里②去了,一条开到印度群岛去了;我又在市场上听说,他的第三条船在墨西哥,第四条开到英格兰去了;此外他还有别的买卖在海外东飘西荡。但是,也不过是木板钉的船,人当的水手;有旱老鼠,还有水老鼠;有岸上的盗贼,也还有海洋里的"大哥"——我是说海

① 三千两银子,按原文直译,为"三千个杜卡"。"杜卡"(ducat),意大利金币,币值不统一。柯耶特提到,他在1608年游历威尼斯时,一个威尼斯"杜卡"值四先令八便士。按这一比例结算,三千杜卡相当于七百个英镑。在《温莎的风流娘儿们》中,安妮·佩琪有七百个金镑作陪嫁,这笔金额在当时被认为着实可观了。

② 的黎波里(Tripolis),指叙利亚地中海沿岸的港口。

盗;此外,还有风有浪,还有暗礁,危险正多哪……不过,话
虽然这么说,人是靠得住的。三千两银子——我想我可以
接受他的借据。

巴 珊 尼　你尽管放心吧。

夏 洛 克　我一定得放了心才能放债;为了能放心,我还得考虑一下。
我可不可以跟安东尼谈一谈呢?

巴 珊 尼　如果你肯赏光跟我们一块儿吃饭。

夏 洛 克　(自语)不错,叫我去闻那猪肉的味儿,去吃你们拿撒勒先
知①把魔鬼赶进去的脏东西! 我可以跟你们做买卖,跟你们
讲交易,谈生意,跟你们一起走路,或者别的什么,就是不能
陪着你们一起吃、一起喝、或是一起祷告——(向巴珊尼)市
场上有什么消息吗? ——那边来的是谁?

[安东尼上]

巴 珊 尼　这来的就是安东尼大爷。

(走过去招呼他)

夏 洛 克　(自语)

瞧他的神气,多像个做贼心虚的
收税吏! 我恨他,因为他是个基督徒;②
更为了他不通人情,白白的把钱
借给人家,就把咱们在威尼斯
放债这一行的利息给压低了。
有朝一日,叫我抓住了他的辫子,

①　拿撒勒先知,指耶稣。他把魔鬼赶进猪群的故事,见《马可福音》5,1—13。
②　收税吏(publican),古罗马巡抚所指派的官吏,代表征服者向当时罗马管辖区(撒
玛利亚、犹太两区)的犹太人民征收捐税。

　　　　　我可要痛痛快快，报这深仇宿怨。

　　　　　他仇恨我们神圣的民族；他骂我——

　　　　　特地在那商人碰头聚会的场所

　　　　　辱骂我；骂我的行业、我挣来的辛苦钱——

　　　　　说什么重利盘剥。咱民族该倒霉了，

　　　　　要是我饶过了他！……

巴 珊 尼　　　　　　　　夏洛克，你听见吗？

夏 洛 克　（连忙赔笑）

　　　　　我正在盘算我手头有多少现款呢；

　　　　　照我心里头大概估计的数目，

　　　　　三千两银子，一下子凑齐，我办不到。

　　　　　那又有什么关系？我们族里，

　　　　　有一个犹太富翁，叫做杜巴的，

　　　　　他可以给我撑腰。可是且慢！

　　　　　你打算借几个月？

　　　　　　　（向安东尼）你好啊，好大爷。①

　　　　　方才我们正谈着你老人家呢。

安 东 尼　夏洛克，虽然我跟人家有来有往，

　　　　　借进借出，从不讲什么利息；可是，

　　　　　为了我朋友有一笔少不来的开销，

　　　　　这一回我就破个例。

　　　　　　　（向巴珊尼）让他知道

　　　　　你要借多少吗？

夏 洛 克　　　　　　　　嗯，三千两银子。

---

①　安东尼上场时，夏洛克把背转向他，假装在估计手头的现款。这时，转回身来，假装看见安东尼正在那儿而吃一惊似的；摘下帽子，卑躬屈节地向他问好；可是在声气里，在面部表情上，都带着讽刺的味儿。［见美国莎剧演员布斯（E. Booth），《威尼斯商人：舞台提示录》］

安 东 尼　借三个月。

夏 洛 克　　　　　我倒忘了，正是三个月——
　　　　　你对我说过的。那么好吧，你的借据。
　　　　　让我想一想——可是你听我说：
　　　　　方才你好像说过，你钱借进、钱借出，
　　　　　从来不谈什么好处？①

安 东 尼　　　　　　　　从来没的事。

夏 洛 克　当初，雅各替他舅父拉班牧羊，
　　　　　——这雅各是我们圣祖亚伯兰的后裔，
　　　　　靠了他聪明的母亲给他出主意，
　　　　　做了第三代的族长，可不是，第三代——

安 东 尼　他又怎样呢，他可曾收过利息吗？

夏 洛 克　不，不是收利息，不是像你所说的
　　　　　直接起利。你听好雅各用的手段：
　　　　　拉班先跟他讲定了，生下来的小羊，
　　　　　凡是有斑点杂纹的，都归给雅各，
　　　　　算是他牧羊的酬劳；到晚秋的时候，
　　　　　那些母羊，淫情发动，找公羊交配；
　　　　　趁这些毛畜在传宗接代的那会儿，
　　　　　那乖巧的牧羊人，剥了几根树枝，
　　　　　插在那些多产的母羊面前，
　　　　　它们得了孕，生下来的都是一些
　　　　　有斑纹的小羊，就都归雅各所有。②
　　　　　这是他的生财之道，他是有福了；
　　　　　只要不是偷来的，积财就是积福。

———————————

① 好处，跟夏洛克在前面所说的"我挣来的辛苦钱"一样，都是美化"高利贷"的说法。
② 雅各放羊的故事见《旧约·创世记》30,27—43。

安　东　尼　雅各只是在碰他的运气,老兄;

那支配一切的上天帮了他的忙,

不是凭他本人的意志就能成功——

你插进这段故事,是不是要证明

起利息本是天公地道的? 还是说,

金子银子就是你的公羊母羊?

夏　洛　克　那难说了;母羊生小羊,我也不怠慢,

叫母金生子金——但是,大爷,听我说——

安　东　尼　你听听,巴珊尼,①

魔鬼居然引证《圣经》替自己辩护!

那奸恶的人搬弄着经文做护身符,

就像是脸上堆着笑容的坏蛋——

外表好看,芯子烂了的苹果。

也亏那"虚伪",撑起多堂皇的门面!

夏　洛　克　三千两银子——着实算得一笔整数呢。

三个月——一年作十二个月——让我看看,②

那利息就得是——

安　东　尼　　　　　　　　好吧,夏洛克,

我们能不能请你帮这一次忙?

夏　洛　克　安东尼大爷,你也不止三番两次,

在市场上辱骂我,骂我重利盘剥,

骂我只认得"钱";我都是耸耸肩膀,

忍气吞声地受下来——受苦受难

本就是我们整个民族的标志。

您骂我是个邪教徒,骂我是条狗,

---

① "吉特勒奇版"加注:"旁白",表示安东尼向巴珊尼说的这段话,夏洛克没有听到。

② 一年作十二个月,意谓按照月息计算,并非按照年息计算(一年作十个月)。

把唾沫吐在我的犹太长袍上，
只因为我用自己的金钱来博取
几文利息。好吧，这也不多说了；
现在倒好像是你来向我求教了——
也罢，你跑来找我，你对我说：
"夏洛克，我们要钱用。"你就是这么说！
你，你曾经把唾沫吐在我胡子上，
曾经用脚踢我，像踢开你门口的
一条野狗。现在，你开口要借钱了。
我该怎么回答你？好不好这么说：
"一条狗也会有钱吗？一条恶狗
也能借给人三千两？"还是我应当
弯倒了身子，学着奴才的腔调，
还得屏气敛息、低声下气地
这么说：
"好大爷，上礼拜三，您吐了我一口口水，
有一天，您踢了我一脚，又有一次，
您骂我狗；为了报答这一串恩德，①
我怎么好不借给您这一大笔钱？"

安 东 尼　我没准以后还是要这样骂你，
还是要这样啐你、要这样踢你。
要是你愿意借这笔钱，别当做是
借给你的朋友——哪儿有朋友之间
拿从不生男育女的金片儿来榨取子金？

───────────────

① "讽刺地——在说到'狗'时，顿了一下，咽了一口口水。'恩德'两个字用强烈的语气念出来。你弯下腰去，一躬到底，头可是昂起着，带着恶魔般的狞笑，直望着安东尼的脸。安东尼挺身站着，始终轻蔑地打量着夏洛克，直到他把话说完。"（蒲斯）

就当做你是把钱借给你的仇敌吧。

他,假使失了信用,到期不还,

那你这张脸尽管放得更好看些——

听凭你按照条款处罚就是啦。

夏 洛 克　哎呀,瞧你的,就这么大发雷霆!

我愿意跟你交个朋友,卖个好,

从前你对我的侮辱,一笔勾销!

你眼前短缺多少钱,我如数借给你,

而且不要你一个子儿的利息。可是,

你不愿听我说;我本是一片好意。

巴 珊 尼　这倒是好意。

夏 洛 克　也要让你们瞧瞧我这片好意。

跟我去找一个公证人,当场就签了

你单人的借据。咱们不妨开个玩笑,①

要是在某年某月某日,在某地,

你不能如约归还我某一笔数目,

那么,就立下这么一项条款——

万一你失了约,就得随我的心意,

从你身上的任何部分割下

整整的一磅肉。②

安 东 尼　很好,我就签这张借约,还要说

这个犹太人的良心可真不算坏啊。

巴 珊 尼　你不能为我的缘故签这一份约!

---

① 单人的借据,即不必另找"保人",单凭本人签押的借据。夏洛克故意使订立文契的手续不甚完备,给人以"开个玩笑"的感觉。

② 当时的告借文书为避免跟限制利息的法令抵触(每一百英镑直接取利不得超过十镑),除了索取百分之十的利息外,还额外索取胡椒、老姜、牛皮纸等"礼物",这里不写这些实物,却写上一磅人肉,给人有开玩笑的感觉。

我宁可没钱用,手头紧着些。

安 东 尼　嗳,老弟,怕什么! 我吃不了亏的。

　　就在这两个月内——那是说,离借约

　　满期还有一个月,我预计就有

　　三个三倍的借款数目进门了。

夏 洛 克　亚伯兰老祖宗啊! 瞧这些基督徒吧,

　　他们自个儿刻薄待人,就疑心

　　别人都不怀好意!

　　　　　　（向巴珊尼）请您说吧,

　　要是他到期不还,我一定要执行

　　借约上的条文,那对我有什么好处呢?

　　一磅人肉,从人的身上割下来,

　　还不及一磅羊肉、牛肉、山羊肉

　　来得实惠,卖得起价钱呢。我原说,

　　我为了讨他的好,才卖这个交情。

　　要是他愿意接受,那么照办;

　　要是他不乐意呢,那就再见吧。

　　看这片诚意,请你们别把我冤屈了。

安 东 尼　好吧,夏洛克,这份借约我决定签了。

夏 洛 克　那请你先到公证人的家里等我,

　　关照他这份开玩笑的契约该怎么写;

　　我呢,这就去把钱用袋子装起来,

　　也好瞧瞧我的家——家里让一个

　　没出息的小鬼把门,也真不放心;

　　然后,我马上赶去跟你们在一起。

安 东 尼　你快去吧,善良的犹太人。

　　　　　　　　　　　　　　　　[夏洛克下]

　　这犹太人想做基督徒,心肠都变善。

巴　珊　尼　我可不爱嘴面上甜，心里头奸。

安　东　尼　来吧，这个呢，你不用把心事担，

　　　　　　　我的船，准是早一个月就回家转。

　　　　　　　　　　　　　　　　　　　［同下］

第二幕

第一景　贝尔蒙；室内

［喇叭高声齐奏。摩洛哥亲王穿白袍率随从上；
　波希霞，奈莉莎及侍女等上］

摩　洛　哥　别看到我这身肤色就不喜欢我；

　　　　　　我是骄阳的邻居，是他的近亲，

　　　　　　他的火焰赐给我这一身黑黝黝的

　　　　　　"号衣"。且到那冰山雪柱，不见阳光的①

　　　　　　北方，给我找一个最白皙的人儿来，

　　　　　　让我们刺血检验对你的爱情，

　　　　　　看谁滴下的血最红：是他还是我。②

　　　　　　告诉你，小姐，我这副相貌曾经

　　　　　　吓倒过壮士；凭我的爱情，我起誓，

---

① 欧洲封建主手下的家臣、奴仆，都穿号衣，号衣颜色，封建主各有规定。例如《亨利
　六世》（上）第一幕第三景，械斗的一方是［公爵和他的随从，穿蓝号衣］，另一方是
　［枢机主教和他的随从，穿褐号衣］。

② 红血象征勇敢；参阅第三幕第二景：懦夫的肝胆"没一丝儿血色"。当时风气，公子
　哥儿在自己的臂上（或别的部分）刺血，表示爱情。

　　　　　　　　　　在咱的国土,只为它,最高贵的闺女

　　　　　　　　　　害了相思。我不愿改变这一身黑,

　　　　　　　　　　除非为了打动你的心,优雅的女王。

波　希　霞　　说到挑选丈夫,我倒并不光凭

　　　　　　　　　　少女的一双挑剔的眼睛来看人。

　　　　　　　　　　再说,我的命运由彩盒决定,

　　　　　　　　　　这可剥夺了我自个儿做主的权利;

　　　　　　　　　　当初我父亲加在我身上的束缚,

　　　　　　　　　　使我只能遵守他老人家的规定:

　　　　　　　　　　是谁中了彩,就得认谁做丈夫,

　　　　　　　　　　像方才我告诉你的——要不是这样,

　　　　　　　　　　那么你,尊贵的亲王,在我的心目中,

　　　　　　　　　　一样有光彩,跟我所接待的求婚者

　　　　　　　　　　并没有区分。

摩　洛　哥　　　　　　　　单凭这一番美意,

　　　　　　　　　　已叫我十分领情。那么,就请你

　　　　　　　　　　带我到那三个彩盒跟前试一试

　　　　　　　　　　我的运气吧。凭着这一柄弯刀——

　　　　　　　　　　它砍倒过波斯王、斩过波斯的王子——

　　　　　　　　　　他曾三败苏里曼苏丹——我要啊,①

　　　　　　　　　　直瞪着怒眼,吓退最凶恶的目光,

　　　　　　　　　　拿勇猛相拼,压倒那肆无忌惮的胆量,

　　　　　　　　　　从母熊的胸前,夺走那吃奶的小熊,

　　　　　　　　　　故意去逗弄那觅食狂吼的饿狮,

　　　　　　　　　　只为了要博取你的爱情,小姐。

---

① 　苏里曼苏丹,指土耳其的苏丹"伟大的苏里曼"(Solyman the Magnificent,1490—
　　1566),曾征服波斯,武功极盛。

可是,唉! 即使赫克勒斯和他的跟班,

借掷骰子来一决雌雄,也许

命运偏叫下手掷出了大点子——

赫克勒斯还不是败在奴仆手里?①

我现在听凭盲目的命运的支配,

或许最后终于落个空,失却了

那不如我的人反而能到手的宝贝——

只得伤心而死。

波　希　霞　　　　　　　你总得拣一条路:

干脆放弃了挑彩盒,把心死了;

要不,挑彩盒之前,先立下誓言:

要是你选错了,从此终身不再

向女人求婚——所以请考虑一下吧。

摩　洛　哥　这可用不到了。来吧,带我去碰一碰

我的机会。

波　希　霞　　　　　　第一步,先上神庙去;

用过了饭,然后赌一下你的运气。

摩　洛　哥　幸运啊,成功失败都看今朝,

不是获得幸福,就是从此终身苦恼。

[喇叭奏乐。同下]

————————————

① 古希腊英雄赫克勒斯(Hercules)由于穿上一件有毒的内衣(毒衣是他的奴仆利恰
　 奉主母之命给他送去),痛苦万分,而举火自焚。

第二景　威尼斯；街道

[小厮朗西洛上]

朗　西　洛　当然啰，要是我从我那东家这个犹太人家里逃跑，我的好良心是要跟我板脸的。可是魔鬼拉着我的胳膊，在引诱我哪，他跟我说：

> 狗宝，朗西洛·狗宝，好朗西洛——（或者是）好狗宝呀——（或者又是）好朗西洛·狗宝呀，拔起你的腿，跑步跑！快跑呀，逃呀！

我的好良心可出来说话啦：

> 不，留点儿神，老实头朗西洛呀；留点儿神，老实头朗西洛——（或者还是这一句话）老实头朗西洛·狗宝，逃跑不得啊；拔起脚来一脚把"逃跑"这个念头踢跑了吧。

嘿，好大胆的魔鬼，他又来啦，倒劝我"卷铺盖"呢，你听他："飞啊！"那魔鬼打着意大利话嚷道；"溜吧！"那魔鬼说；"看在老天爷的面上，摆出些勇气来，"那魔鬼说道，"逃跑吧！"好，我那好良心，吊住了我心里头的脖子，又跟我说话了——话可说得真聪明哪："朗西洛，我的老实朋友，你可是一个老实人的儿子啊。"或者倒不如说："一个老实女人的儿子啊。"——说真的，我那老子可有点不大那个，有点粘糊糊的——他另有一功——好吧，我的好良心说话了：

"朗西洛，不许你动一动窝儿！"

"活动活动吧！"那恶魔说。

"不许动！"我的好良心说。

"好良心呀，"我说了，"你出了个好主意。"——"魔鬼呀，"我又说了，"你也讲得有道理。"要是依着我的好良心呢，我就该留在我的主人那犹太人的家里;可是,救苦救难的天主哪,他本来就是一个魔鬼嘛! 要是从犹太人那儿逃走吧,那么我就得听魔鬼的话;而魔鬼——说句不中听的话——地地道道是个魔鬼嘛。可是我说,那个犹太人啊,就是魔鬼本人的化身;凭良心说,劝我跟犹太人待在一起,我这好良心的心肠也未免太狠了些儿! 还是魔鬼说的话够交情——我决定溜啦,魔鬼。我的脚尖儿只等你一声吩咐,我决定溜啦!①

[老狗宝持篮子上]

老　狗　宝　年轻的哥儿,借光问一声,到犹太老爷的家,该往哪个方向走啊?

朗　西　洛　(自语)噢,天哪,这是我的亲生老子! 他的眼睛,别说蒙了泥沙,简直是嵌了砂粒子,②看不清楚啦,认不得我啦——我可偏要叫他瞧瞧我的颜色!

老　狗　宝　年轻的大少爷,借光问一声,到犹太老爷的家,是往哪个方向走啊?

朗　西　洛　一直走,③到第一个路口,就往右手拐弯;来到第二个交叉口,就得往左边转;到了第三个关口,我的妈,你往左转也不对,往右拐也不成,要七转八转地打着转儿,一直转到那犹太人的大门口为止。

---

① 按照舞台传统,朗西洛说到这里,就一股劲儿地奔跑起来,没想跟老狗宝撞个满怀——他扶着手杖,拿着篮子刚好走来。于是老狗宝喘着气问道:"年轻的哥儿……"

② 英国俗话,全瞎的眼儿叫"石盲眼"(stoneblind),半盲的叫"沙盲眼"(sandblind),现在朗西洛把全盲与半盲之间的说成"嵌了砂粒子"。

③ "新莎士比亚版"在这句前加舞台指示:"凑着他的耳朵直嚷。"

老　狗　宝	我的好天哪,这条路好难摸索! 你知道不知道有一个朗西洛,本来住在他家里,现在还住在他家里吗?

朗　西　洛	你说的可是朗西洛大少爷吗?(走开一步,自语)瞧我的吧,我可要叫他眼泪鼻涕的下一场雨呢。——你说的可是朗西洛大少爷?

老　狗　宝	不是什么少爷,您老,只是一个穷人家的穷小子罢了。他的老子,不是我说一句话,穷是穷到了底,骨头可是硬的;再说,多谢上帝,还活得好好儿的。

朗　西　洛	呃,那个老子的事儿,咱们撇得远些儿;咱们谈的是正经:朗西洛大少爷。

老　狗　宝	他是你老人家的朋友——这朗西洛小子?

朗　西　洛	岂敢,岂敢,我求求你啦,老头儿——劳驾你啦,称呼一声"朗西洛大少爷"吧!

老　狗　宝	你少爷的意思是,要我叫一声——叫朗西洛——大少爷?

朗　西　洛	岂敢,岂敢,这不就是"朗西洛大少爷"! 你也甭提起朗西洛大少爷来啦,老人家,因为这位大少爷,他呀,他命宫里遭了劫数,在一个恶地方,碰到了一个恶星宿,在一个恶时辰里,阴错阳差,活活的寿终正寝啦——要不,照你们直笼统的说法,就是蹬腿瞪眼儿啦!

老　狗　宝	(叩着拐杖)哎哟,老天可使不得啊! 这孩子是我这老头儿的一根拐杖——我惟一的依靠哪!

朗　西　洛	(打量自己)难道我像根棍儿,像根拐棍儿,像根拐杖儿——还是像撑棒一根? ——老大爷,你知道我是谁吗?

老　狗　宝	唉,可怜,我认不得你,少爷。请你告诉我——我那孩子——天老爷超度他的灵魂吧! ——生死存亡究竟怎么样了?

朗　西　洛	你认不得我啦,老大爷?

老　狗　宝	唉! 你哪,我眼睛好比蒙了泥沙,都快瞎了,实在认不得你。

朗　西　洛	嗳，这话倒也说得是，你就是眼睛雪亮，怕也会认不得我吧；只有聪明的老子才能辨认出自个儿的孩子。也罢，老头儿，我且把你儿子的下落说给你听吧。（跪下）请你给我祝福吧！——若要人不知，除非己莫为；做人家的儿子瞒过了一时，可瞒不到底，他到头来少不得露了马脚。
老　狗　宝	少爷，请你快站起来。我敢说，你决不是我的儿子朗西洛。
朗　西　洛	对不起，废话少说，快给我祝福吧。我就是朗西洛——从前是你的孩儿，现在是你的亲骨肉，将来还是你的小狗子。
老　狗　宝	说什么你是我的儿子，我可信不过来呀。
朗　西　洛	那我不知道我该信得过来什么才好；可是我的确是朗西洛——犹太人的当差——没错儿，你的老婆玛格丽就是我的亲娘。
老　狗　宝	她的名字果然是叫玛格丽。我敢赌咒，如果你真是朗西洛，那你就是我亲生的骨肉了。我那大慈大悲老天爷！你长了好大一把胡子啦！① 你下巴颏上长的毛，比我那拖车的马儿道宾的尾巴还要多呢。②
朗　西　洛	（起立）这么说来，道宾的马尾巴一定是越长越短了。我明明记得，上回看到那畜生，它尾巴上的毛，可比我脸上的毛多得多啊。
老　狗　宝	天哪，谁想你已变了个样儿啦！你跟你的东家还合得来吗？（举起篮子）我给他带来了一点儿礼物。你们现在合得来吗？
朗　西　洛	还好，还好——不过从我这方面说，我下定决心要逃跑了，不是跑得它远远的，我还就定不下心来。我那东家真叫是

---

① 朗西洛跪下来，请求祝福，可是背朝老狗宝；老头儿摸到他脑后的头发，还道是胡须，惊嚷起来。

② 英国人常以"道宾"做家马的名字。参阅萨克雷《名利场》第 5 章《咱们的道宾》。

道地的犹太人。送给他礼物？送他一根上吊的绳子吧！我伺候他，可把自个儿的肚子都饿瘪啦。你倒是能用你的肋骨，把我的指头儿一根根都数出来呢。① 爹，你来了，我很高兴。你给我把礼物送给一位巴珊尼大爷吧，他——可不是，会把挺漂亮的号衣赏给仆人穿呢。我要是不能侍候他呀，那天下的地面有多大，我就跑它个多远！啊，有这样好的运气！正是那一位来啦——爹，快到他跟前去；我要是再伺候那个犹太人，就算我也是个犹太人！

　　　　　　　　[巴珊尼率侍从二三人上]

巴　珊　尼　（向侍从）你就这么办吧；可是要赶紧些儿，晚饭顶迟也得在五点钟准备好。这几封信派人分头送去；叫裁缝把号衣做起来吧；回头再请葛莱兴马上到我的宅子里来。

　　　　　　　　　　　　　　　　　　[一仆人下]

朗　西　洛　上前去！爸爸。（推老狗宝上前）

老　狗　宝　（鞠躬）天主保佑您大爷吧！

巴　珊　尼　托天主的福；你有什么事儿吗？

老　狗　宝　大爷，这个是我的孩子，一个穷小子—— ②

朗　西　洛　不是穷小子，大爷，我是那大发其财的犹太人的当差。我想要——呃，大爷——还是让我的爸爸来指点③你吧。

老　狗　宝　真用得上这一句话，大爷，他想得成了相思病，想要

---

① 应说："你能用你的手指头把我的肋骨数出来。"按照舞台传统，朗西洛说这话时，张开手指，贴在胸口，于是把父亲的手指拉过来，让他以为摸到了一个饿瘪了肚子的当差的一根根肋骨。

② 按照舞台传统，老狗宝话还没说完，就给他儿子扯了下来；朗西洛自己出面和巴珊尼说话，但是说到临了，又躲到老狗宝的背后，又把他推上去。如是者数次，弄得巴珊尼无所适从，只得说道："让一个人说……吧。"

③ 指点，应说"告诉"。类似误用词义的地方，都加了重点，以示区别。

伺候——

朗　西　洛　可不是,横说竖说一句话,我本来是伺候那犹太人的,可是我希望能够——还是让我的爸爸来指点你吧。

老　狗　宝　他的东家跟他——不瞒您大爷说——有点儿不大投缘儿——①

朗　西　洛　三言两语,打开天窗说亮话,那个犹太人呀,他待我太岂有此理了,害得我——我的爸,我相信他年纪比我大,还是让他来开导你吧。

老　狗　宝　我这儿带来了一盘子烧好的鸽子想赏给大爷,②还想求大爷一件事儿——

朗　西　洛　开门见山,这求你的事儿,跟我本人才毫不相干呢,等会儿你听那老实的老头儿一说,你就明白啦——不是我说一句,我那个爸爸,老虽则老,穷可是个穷人。

巴　珊　尼　(莫名其妙)让一个人说两个人的话吧。你想要什么来着?

朗　西　洛　伺候你,大爷。

老　狗　宝　就是这么见不得人的一回事儿,大爷。

巴　珊　尼　我早认识你;你的请求我答应了。

　　　　　夏洛克,你的东家,今天原跟我说起,

　　　　　要把你举荐给我;其实这怎算是

　　　　　提拔你? 不去伺候有钱的犹太人,

　　　　　倒反而来做穷绅士的跟班。

朗　西　洛　大爷,有一句老古话,正好让你跟我的东家夏洛克对分了——你有的是"福如东海",他有的是"财比南山"。

巴　珊　尼　你说得好。老大爷,带着你儿子去吧。——

---

① 按照舞台传统,他举起篮子,正想表明心意,却给他儿子抢了话头;等儿子重又躲到他身后,才有机会把给打断的话接下去说:"我这儿带来了一盘子……"

② 意大利人爱吃鸽子,用鸽子送礼,是当地的风俗。

　　　　　去跟你老东家辞别了,再来打听

　　　　　我的住宅。

　　　　　(向侍从)给他做一套号衣,

　　　　　镶边格外考究些,就去办吧。

朗　西　洛　爸爸,进去吧。(得意忘形,指着自己)你呀,就别想找到一
　　　　　个差使;不! 因为你呀,你光有个脑子、不生那个舌头。(端
　　　　　详手掌)哈,要是踏遍意大利,有人宣誓作证,能够伸出一只
　　　　　手来,①长着比你还要有福气的掌纹……就凭这只手,我将
　　　　　来一定大富大贵! 怎么,这儿是一条糊里糊涂的"生命线"!
　　　　　这儿呢,不过有个把老婆罢了。② 唉,十五个老婆算得了什
　　　　　么呀! 十一个寡妇,外加九个黄花闺女,拿一个男子汉来
　　　　　说,也不过是家常便饭嘛——还要三次掉在水里,三次不
　　　　　死——这儿又是道关口;好险哪,我差些儿送了一命——掉
　　　　　进那锦绣帐、鸭绒床里去啦! 还好,还好,逃出来啦。嗳,要
　　　　　是命运之神是个女的,这一回她倒是挺够交情的! ——爸
　　　　　爸,来吧。我只消一眨眼的工夫,就跟犹太人告别了。

　　　　　　　　　　　　　　　　　　　　　　[领其父进入犹太人家]

巴　珊　尼　请你记住,好廖那多,就只几句话。

　　　　　(给他一张单子)

　　　　　这些东西办齐以后,安放妥当了,

　　　　　当即赶回来,因为我今天晚上

　　　　　要请我几个最知交的朋友来喝酒。

　　　　　快去快来。

————————————

①　在欧洲法庭作证,或答复审讯,必须按照仪式,先伸手按于《圣经》,宣誓所说都是
　　真情实话。

②　据西洋手相学上的迷信说法,环绕大拇指球的圆形线纹是"生命线"。这里所说的
　　"糊里糊涂"当然又是一句反话而已。从"维纳斯峰"(大拇指球)通向"生命线"的
　　清晰可见的指纹主妻室,有多少这样的纹路,将娶多少妻子。

侍　　从　　　　　　　我一定尽力办去。

　　　　　　　　　　　［葛莱兴上］

葛　莱　兴　你家主人呢?
侍　　从　　　　　　　他就在那边走着,大爷。

　　　　　　　　　　　　　　　　　　　　　［下］

葛　莱　兴　巴珊尼大爷!
巴　珊　尼　葛莱兴!
葛　莱　兴　我有件事儿要求你。
巴　珊　尼　　　　　　　　　我答应你。
葛　莱　兴　你怎么也不能拒绝我这请求:
　　　　　　我一定要跟你一起到贝尔蒙去。
巴　珊　尼　那么你去就是了。可是听着,葛莱兴,
　　　　　　你这人太随便、太鲁莽,叫你一开口,
　　　　　　满屋子全是你的声响;这一些,
　　　　　　对你的性格说,倒是很相称,
　　　　　　在我们看来,也没什么要不得;
　　　　　　可是在生人跟前,你这一套
　　　　　　就有点不太入眼了。请多留些神,
　　　　　　在你那浮躁的性子里渗入几分
　　　　　　文静的谦逊;要不然,到了那边,
　　　　　　因为你不安分守己,让人家对我
　　　　　　也有了误会——希望就成了泡影。
葛　莱　兴　巴珊尼大爷,听我说:我以后
　　　　　　放规矩些就是了:说起话来,
　　　　　　恭而敬之;难得诅咒,一声两声;
　　　　　　口袋里装着祷告书,一本正经;

> 这还不算,吃饭时先念祷告,
> 我还会把帽子这么遮没了眼睛,①
> 叹口气,说一声:"阿门";处处安分,
> 像有人一心想讨老奶奶的欢心。
> 如果我此番不能说到做到,
> 那以后你再不用相信我这个人!

巴 珊 尼　好吧,我们倒要瞧瞧你的正经!

葛 莱 兴　可是,今儿晚上不能算进在内;
　　　　　你不能拿我今夜的举动来看待我。

巴 珊 尼　不,那可太煞风景了;今儿晚上,
　　　　　倒要请你使出你浑身解数呢,
　　　　　因为大家要想好好地乐一乐呢。
　　　　　现在我还有些事情,等会儿见吧。

葛 莱 兴　我也要去找罗伦佐他们一伙人,
　　　　　吃晚饭的时候,我们一定赶到。

　　　　　　　　　　　　　　　　　　　　〔各下〕

第三景　威尼斯;室内

〔吉茜卡,朗西洛上〕

吉 茜 卡　你就这么离开我爸爸,走了,
　　　　　真叫我难受。我们这个家,是地狱,
　　　　　幸亏来了你,一个淘气的小鬼,
　　　　　才让人稍微松口气。可是再会吧,

---

① 　当时礼节,在宴会上戴着帽子,念食前祷告的时候,把帽子摘下。"遮没了眼睛",
　　意谓把帽子拿在面前(形容恭敬的样子)。

这两银子给你。上晚饭的时候，

朗西洛，你会见到罗伦佐大爷，

他是你新东家的客人。就把这封信

交给他——可要悄悄儿的。现在你去吧；

我不愿让爸爸看见我跟你谈话。

朗 西 洛 再见啦！眼泪哽住了我的嗓子眼儿。顶漂亮的异教徒，顶甜蜜的犹太姐儿！要是你不叫一个基督徒把你拐了跑，就算我看错了人。可是，再见吧！这几滴泪水儿真不懂事，快叫我做不成男子汉大丈夫啦。后会有期啦！

吉 茜 卡 再见吧，好朗西洛！

　　　　　　　　　　　　　　　　　　　　　　［朗西洛下］

唉，好深重的罪孽，我竟会怨自己

是爸爸的孩子！可是，虽然在血统上

我是他女儿，在行为上可不跟他走。

啊！罗伦佐，只要你一心到底，

　　那我再也不三心二意：我决计

　　改信基督教，做你忠诚的爱妻。

　　　　　　　　　　　　　　　　　　　　　　　　　　［下］

第四景　威尼斯；街道

［葛莱兴，罗伦佐，莎莱里奥，及索拉尼上］

罗 伦 佐 不，咱们在吃晚饭的时候溜出去，

到我的家里，化装好了再回来，

前后只消一个钟头。

葛 莱 兴 咱们还没好好儿准备呢。

莎莱里奥 谁来拿火炬呢？——咱们还没谈起呀。

索 拉 尼	要搞就搞出个名堂,要不就没意思;
	依我看来,还是别闹了吧。
罗 伦 佐	现在才四点钟,咱们还有两个钟点
	可以支配呢。

[朗西洛持信上]

朗西洛,朋友,有事儿吗?

朗 西 洛	请你只消把它拆开来,说不定它就会告诉你呢。
	(把信交给他)
罗 伦 佐	我认得这笔迹。你看,写得多秀丽!
	写这字的手儿,比写上这一手好字的
	素纸还要洁白呢。
葛 莱 兴	准是情书!
朗 西 洛	大爷,我要走啦。
罗 伦 佐	你还要到哪儿去?
朗 西 洛	呃,大爷,我要去请我家老东家犹太人今儿晚上陪我家新东
	家基督徒吃饭呀。
罗 伦 佐	等一等,你拿着吧。(给赏钱)
	去回复温柔的吉茜卡——
	趁没人的当儿跟她说:我决不失约。

[朗西洛下]

走吧,大爷们,

快准备参加今晚上的假面舞会吧。

我已经找到一个拿火炬的人儿啦。

莎 莱 里 奥	妙啊,看我马上行动起来。
索 拉 尼	我也去。
罗 伦 佐	再隔这么一个钟点,

大伙儿在葛莱兴家里碰头吧。

莎 莱 里 奥　好，就这么办吧。

［和索拉尼同下］

葛 莱 兴　那封信可是漂亮的吉茜卡写来的？

罗 伦 佐　这回事我全跟你说吧。她已经嘱咐我

　　　　　怎样带着她逃出她爸爸的家里；

　　　　　告诉我她随身带多少金银珠宝；

　　　　　还准备了一身男孩的服装，到时候穿上。

　　　　　她的爸，那个犹太人，要是有一天

　　　　　进得了天堂，那是因为他生下了

　　　　　这么温柔的女儿。恶运决不敢

　　　　　来冲犯她，除非借这样个口实：

　　　　　她是不敬天主的犹太人的后裔。

　　　　　跟我走吧；一边走，你一边自个儿念。

　　　　　是美丽的吉茜卡来替我举火炬。

［同下］

第五景　威尼斯；室内

［夏洛克和朗西洛谈话上］

夏 洛 克　也好，你瞧吧——用你自个儿的眼珠

　　　　　去分一分档：老头儿夏洛克跟巴珊尼

　　　　　有什么不一样——嗨，吉茜卡！——你还能

　　　　　大吃大喝，在我家这么称心？——嗨，吉茜卡！

　　　　　——由你睡大觉、打鼾、糟蹋衣裳？——

　　　　　嗨，吉茜卡，在叫你哪！

朗　西　洛　　　　　　　　（往内室奔）嗨，吉茜卡！①

夏　洛　克　谁让你喊的？我没叫你去喊她呀。

朗　西　洛　（退回来）您老人家不是老嘀咕着，说我拨一拨、动一动吗？

[吉茜卡从内室上]

吉　茜　卡　你叫我？有什么吩咐吗？

夏　洛　克　今晚有人请我去吃饭，吉茜卡。

这儿是我的钥匙——可是我去干吗？

人家又不是好心好意邀请我，

他们只是讨我的好罢了——可是，

我偏要去，我恨这个挥霍的基督徒，

去吃他一顿也是好的——吉茜卡，孩子，

你好生看管门户吧。我真不想去；

昨儿晚上，我还梦见了一只钱袋呢；②

这无端的恶兆闹得我心神不安。

朗　西　洛　老爷，请你准去，我家少爷在恭候你大驾见笑③呢。

夏　洛　克　哪里，请他多多见笑。

朗　西　洛　他们早就一起串通好啦——我不打算说你可以看到一场假
　　　　　　面跳舞会；可是万一果然让你看到了，那就难怪我在上一个
　　　　　　"黑礼拜一"清早六点钟流起鼻血来啦，那回事儿发生在那

---

① 朗西洛往内室奔，想趁机把罗伦佐托他带的口讯告诉她（"我决不会失约"）。

② 当时的迷信观念，以为梦见钱袋是恶兆。《详梦》（*Artemidorus*, 1606）一书中提
　到："梦见钱财以及各种钱币，主恶兆。"

③ 见笑，应说"见教"。朗西洛站在新主人一边，极力想把话说得体面些，可是弄巧成拙。

一年的第四年的礼拜三的"圣灰节"的那一个下午……①

夏　洛　克　什么,还有假面跳舞会吗?吉茜卡,

你听我说,把家里的门户都锁起来。

听到外面的鼓声,和那歪头曲颈、②

鸡猫子叫的笛子声,你别爬到窗口,

探头到街上去看那班基督徒傻瓜——

去看那一张张涂得油光光的花脸;

赶紧把我这屋子的耳朵给堵住了——

我说的那窗子;不许那一片轻狂的

嚷嚷声闯进我那肃静的家里来。

凭雅各的节杖,我起誓,我今夜真不想③

去吃什么酒席——可是就去这一遭吧。

　　　　　　　　　　　　　　　　　　［把钥匙交给女儿］

嗨,你先走,说我随即就来啦。

朗　西　洛　那么我先走啦,老爷。——(凑近吉茜卡耳边)小姐,别理他

的,只管打开窗子往外瞧——

　　　　瞧,那边来了个基督徒少年郎,

　　　　犹太姐姐的眼里放呀放光芒。

　　　　　　　　　　　　　　　　　　　　　　［下］

———————

① 夏洛克梦见了钱袋;朗西洛更搬出一大套犯忌的东西。

　　黑礼拜一,复活节的礼拜一。复活节在每年春分月圆后第一个星期日举行,
"黑礼拜一"的日期因每年不同,所以他接着在想要说明"那回事儿发生在那一年
的……"

　　据英国《编年史》,1360 年 4 月 14 日,复活节的第二天,英王爱德华三世攻打
巴黎,天昏地暗,起大雾,下冰雹,气候奇冷,将士冻死在马背上者不计其数,复活
节的星期一从此被称做"黑礼拜一"。

② 有一种笛子吹奏时要把头歪在一边,所以说"歪头曲颈……的笛子"。

③ 凭雅各的节杖,参阅《旧约·创世记》32,10:"我［雅各］先前只拿着我的杖过这约
旦河。"以及《新约·希伯来书》11,21:雅各"扶着杖头敬拜上帝"。

夏　洛　克　　呃,奴才养的傻瓜,他叽咕些什么?

吉　茜　卡　　什么也没说,只是说:"再见吧,小姐。"

夏　洛　克　　这一个草包,良心倒还不算坏,
　　　　　　　怎奈他那肚子啊,尽多尽少装得下;
　　　　　　　做起事来,慢吞吞,好比一条蜗牛;
　　　　　　　白天睡觉的本领比野猫还来得——
　　　　　　　懒惰的雄蜂别到我家来做窝;
　　　　　　　所以他要走,趁早打发他走吧——
　　　　　　　让他去投靠那个靠借债来摆阔的
　　　　　　　大少爷,也好帮他把家当败得快些。
　　　　　　　呃,吉茜卡,进去吧;也许我一会儿
　　　　　　　就回来。听我的话,在家里把门关上了。

　　　　　　　　老话说得好:"守财就是进财",
　　　　　　　有出息的人永远把它记在怀。

　　　　　　　　　　　　　　　　　　　　　　　　　　　　[下]

吉　茜　卡　　再会吧;要是我的命运没出岔,
　　　　　　　你会不见了女儿,我要失去了爸。

　　　　　　　　　　　　　　　　　　　　　　　　　　　　[下]

第六景　宅　前

[葛莱兴,莎莱里奥各戴面罩上]

葛　莱　兴　　罗伦佐叫我们就守在这个屋檐下,
　　　　　　　做望风。

莎　莱　里　奥　　　　　　他约好的时间都快要过啦。

葛　莱　兴　　他会落在时间的后面,这可怪了——
　　　　　　　情人们总是抢在时间的头里啊。

莎莱里奥　　可不！当初维纳斯驾着鸽子飞去①
　　　　　　缔结新欢的盟约就十倍的快——
　　　　　　比后来叫她去履行从前的誓言。

葛　莱　兴　总是逃不过这一套。有谁从筵席上
　　　　　　站起来,他的胃口还是那么好,
　　　　　　就跟方才坐下的时候一个样?
　　　　　　哪儿有这样一匹马:没命跑了一阵,
　　　　　　再走回头路,却还像才起步时那么
　　　　　　精神饱满? 世上的东西,全都是
　　　　　　追求的时候比受用的时候更有劲。
　　　　　　一艘新下水的船儿,旗帜飘飘,
　　　　　　出港了,多像个娇生惯养的少年郎
　　　　　　给轻狂的风任情地搂着,抱着;
　　　　　　等它从海上回来,船身已损伤了,
　　　　　　篷帆已经给扯得破破烂烂了,
　　　　　　那时候,它又多像个落魄的浪子
　　　　　　遭受那轻狂的海风百般奚落!

莎莱里奥　　罗伦佐来啦;这些话留着以后谈吧。

[罗伦佐匆匆上]

罗　伦　佐　两位好朋友,对不起,我来得太晚啦;
　　　　　　累你们久等的,是我的事情,不是我。
　　　　　　有一天你们也做贼拐老婆,那时光,
　　　　　　我也同样地耐性给你们做望风。
　　　　　　跟我来吧。

---

① 维纳斯,希腊罗马神话中的爱神。她所乘的轻车,由一群鸽子牵引着飞过天空。

这儿,就住着我那犹太老丈人。

喂,里面可有人吗?①

[吉茜卡穿男孩服装,从上方窗口出现]

吉 茜 卡　你是哪一位? 告诉我,好让我放心,

虽然我敢说,我听得出你的声音。

罗 伦 佐　罗伦佐,你的情人。

吉 茜 卡　果然是罗伦佐,也的确是我的情人:

还有谁我爱得他这么贴紧着心?

除了你,罗伦佐,还有谁这会儿说得准

我究竟是不是属于你的人?

罗 伦 佐　上天,跟你的芳心,可以作证,

你是我的亲人。

吉 茜 卡　　　　　　来,把这木盒接住了——

包管你不委屈这一举手之劳。

[从窗口探身,掷下一木盒]

幸亏这会儿是黑夜,你瞧不见我,

把自己改扮成这副模样,多羞人!

不过恋爱是盲目的,情人们原本

瞧不见他们所干的淘气的把戏;

要不,可害得小爱神把脸都羞红了——

瞧见我大姑娘变成了一个男孩儿。

罗 伦 佐　下来吧,来给我做那拿火把的人儿。

———————

① 罗伦佐已从朗西洛那儿得知夏洛克赴宴去了,所以敢于高声呼喊。

吉 茜 卡　怎么,还要我拿着烛火照亮

自己的轻狂?我这光景,不用借光,

已经太惹眼了。哥哥,你怎么还要我

做那抛头露面的勾当?赶紧

把我遮蔽些才是呀。

罗 伦 佐　　　　　　　　好妹妹,你不知道,

这身漂亮的男装已把你遮蔽了。

赶快下来吧。

那黑夜,像个私奔的,在偷偷溜走;

巴珊尼那边的宴会,还等着我们呢。

吉 茜 卡　让我把门窗关好,再多装些黄金,

好给自己多添几分光,这就来。

　　　　　　　　　　　　　　　　　〔从窗口消失〕

葛 莱 兴　我说,拿我这顶头巾打赌:①

真是好一位基督徒,哪儿是犹太人呢。

罗 伦 佐　算我该死,要是我不一心爱着她!

如果让我下个判断,她真聪明,

如果我眼光还不错,她长得真美;

她又把真心表明:她是忠诚的;

就凭她这样又聪明、又美、又忠诚,

怎么能不老是挂在我的心尖儿上呢?

　　　　　〔吉茜卡开门上〕

什么,你出来了吗?来吧,大爷们,走!

---

①　拿我这顶头巾打赌,葛莱兴穿的是假面舞会的衣服,戴上了一顶大头巾。

化装舞会的朋友们在那儿等候。

[罗伦佐,吉茜卡,莎莱里奥下]

[安东尼上]

安 东 尼　是哪一个?

葛 莱 兴　安东尼大爷?

安 东 尼　嗨,嗨,葛莱兴! 还有那一班人呢?

　　　　　已经九点啦,大家都在那儿等你们哪。

　　　　　今夜的假面舞会作罢了;风转向了;

　　　　　巴珊尼立刻就要上船了。

　　　　　我打发了二十个人来找你们。

葛 莱 兴　我听了可高兴,我再没别的巴望,

　　　　　就只想今夜动身、在海洋里飘荡。

[同下]

第七景　　贝尔蒙;大厅

[喇叭高声齐奏。波希霞,摩洛哥亲王
　各率侍女、侍从等上]

波 希 霞　去,把幕拉开,让那几个彩盒

　　　　　展现在这位尊贵的亲王的面前。

　　　　　现在,请你挑选吧。

[幕启,呈现三彩盒]

摩 洛 哥　第一只,是金的,刻上这几个字:

　　　　　谁挑中了我,得到了众生所祈求的。

第二只，是银的，许下这么一句话：

　　　　谁挑中了我，他所应有的，准有。

第三只，昏暗的铅，好大的口气：

　　　　谁挑中了我，把一切拿出来，做牺牲。

　　要是给我挑中了，我怎么能知道呢？

波　希　霞　其中有一个，亲王，藏着我的小像，
　　　　要是让你挑着了，我就是你的人了。

摩　洛　哥　上天，快指点我，该怎么挑选吧！
　　　　让我想想；我再倒过来把彩匣上的
　　　　字句念一遍吧。这一个铅彩匣怎么说？

　　　　谁挑中了我，把一切拿出来，做牺牲。

　　牺牲——为了什么？为了那铅块吗？
　　这盒子太吓人了。人们为了想博得
　　百倍的好处，才不惜孤注一掷。
　　黄金的心不能让褴褛的外表
　　来糟蹋自己。我可不愿为了铅块，
　　拿什么出来，作什么牺牲。
　　那冰清玉洁的银彩匣又怎么说？

　　　　谁挑中了我，他所应有的，准有。

他所应有的,准有! 慢着,摩洛哥。
给你自个儿下一个公正的评价吧:
要是按照你的声誉来判断,
那可说是很够格了——可是说够格,
未必就够得上这样一位小姐啊。
可是,我顾虑自个儿没有这福分,
未免辱没自个儿了。我应有的,准有——
可不,那就是指这位小姐而言了!
以我的门第,我本该可以娶她;
讲到那财富、人品、风度和修养,
我全配得上;再说,超过这一切,
还有我那份爱情。那么,别再费事,
就挑了眼前这个银盒吧,怎么样? ——
让我再瞧瞧金彩盒上的那一句话:

　　　　谁挑中了我,得到了众生所祈求的。

那不就是这位小姐! 全世界都追求她;
东西南北,各路都有远客赶来,
来朝拜这座圣像,这人间的仙女。
那一片虎豹出没的黑坎尼沙漠,①
阿拉伯一望无际的荒野,都成了
康庄大道,只因为川流不息的
王爷们赶奔来瞻仰美人儿波希霞。
那骇浪滔天的海洋在怒吼雷鸣,

---

① 黑坎尼(Hyrcanian),旧波斯帝国的一省,在里海东南,以产虎著名;莎剧中屡有提
到,如“黑坎尼的野兽”“黑坎尼的虎”等。

可阻拦不了那天边的远客；

他们跨过海，就像跨一条小溪，

为了看一眼波希霞的芳容。

[又回头看一遍]

三个彩盒，有一个藏着天仙似的玉容。

难道她就藏在那个铅盒子里吗？——

真是亵渎啊，怀着这样卑鄙的思想！

就算那是个黑沉沉的坟，里面

放的是她的寿衣，也都嫌罪过。①

那么我就认为她藏在比那真金

贱十倍的银器里面吗？真不怕罪过啊！

谁看见过，这样一颗名贵的珍珠

不用金子来嵌镶？英格兰有种钱币，②

用金子铸成，刻着天使的形象，

显现在明里；这儿的天使，睡着金床，

却在暗里躲藏。

    （向波希霞）把钥匙交给我吧。

愿上天保佑，我已选定了这一个！

波　希　霞　这儿，拿着吧，亲王；要是那里面

放着我的小像，我就是你的人了。

[他打开金盒子]

---

① 欧洲封建贵族用防潮的蜡布包裹尸体，放进铅棺。摩洛哥亲王因看见铅匣而联想
到"她的寿衣"。

② 指一种名叫"天使"（angel）的金币，一面刻有迈克尔天使刺杀毒龙的雕像。

摩 洛 哥　哎哟,该死! 这是个什么东西?

　　　　　一具死神的骷髅! 在那眼窟窿里

　　　　　插着个纸卷。这上面写了些什么?——

　　　　　(朗读)

　　　　　　　　金光灿烂的不全是黄金,

　　　　　　　　这句话,你早就该听闻;

　　　　　　　　多少好汉葬送了生命,

　　　　　　　　只为我那迷人的外形。

　　　　　　　　金坟墓里蛆虫在爬行。

　　　　　　　　要是你胆大心细又聪明,

　　　　　　　　四肢娇健,见识又老成,

　　　　　　　　你就不会得到这么个回音:——

　　　　　　　　再见,你的求婚成了泡影!

　　　　　真的是成了泡影,枉费了心血。

　　　　　去你的吧,热情;快来吧,冰雪!

　　　　　再见,波希霞! 我胸头充满了悲伤;

　　　　　已无心告别,扑了个空,就此下场。

　　　　　　　　　　　　　　　　　　　　　[率侍从等下]

波 希 霞　他走得倒还识趣。去把纱帐拉拢。

　　　　　但愿像他那种肤色,都别让他选中。

　　　　　　　　　　　　　　　　　　　　　[同下]

第八景　威尼斯;街道

[莎莱里奥,索拉尼上]

莎 莱 里 奥　呃,朋友,我看见巴珊尼开船走啦,葛莱兴也跟着他同船去啦；

我知道罗伦佐准没有在这条船上。

索 拉 尼　那下贱的犹太人闹到了大公那儿，

大公就领着他去搜巴珊尼的帆船。

莎 莱 里 奥　他去迟了，船儿已经扬帆启程啦。

有人禀告公爵说，他们看见

罗伦佐跟他那多情多义的吉茜卡，

这一对情侣，在一艘游艇里；①

此外，安东尼也向大公保证；

他们两个并不在巴珊尼的船上。

索 拉 尼　我从没看见过这么的乱跳乱叫；

那个犹太人，狗老头子，疯不疯、癫不癫，

变得可厉害，只见他满街乱嚷：

"我的女儿呀！噢，我的金子银子啊！

噢，我的孩子呀！跟基督徒逃跑啦！

我那基督徒的金子银子呀！公道呀！

法律呀！我的金子银子，我的女儿哪！

一袋封好的、两袋封好的银子，

都是二两的银子，给我女儿偷走啦！

还有珠宝！——两颗宝石、两颗值钱的

名贵的宝石，都给我女儿偷走啦！

公道呀！给我把姑娘追回来！

宝石，还有金子，都在她身边哪！"

莎 莱 里 奥　嘿，威尼斯的小男孩全跟着他跑，

嚷着：珍珠宝贝呀，女儿呀，金子银子呀！

索 拉 尼　好安东尼可得留心，别误了期才好，

---

① 游艇（gondola），指威尼斯的一种狭长、平底、翘首、有舱的小艇。

要不然，那犹太人可要拿他出气啦。

莎莱里奥　呃，你提醒得对。

昨天，我跟一个法国人聊天；

他跟我说起，在英、法两国中间，

那狭长的海面上，有一条商船出了事——

是咱们城邦的船，还满载着货物。

一听见这消息，我就想起安东尼来——

我当时暗暗地说："但愿那条船

不是他的才好。"

索　拉　尼　你最好把听见的话告诉安东尼，

可要轻描淡写的，免得叫他发急。

莎莱里奥　天下再没有比他更好的人儿了。

我看见巴珊尼跟安东尼分手的时候，

巴珊尼对他说，他一定尽早赶回来；

他回答说："何必着忙呢，巴珊尼，

不要为了我而误了你的大事；

且等到瓜熟蒂落，十分美满之后

再回来吧。至于我签给犹太人的借据，

别让它来打扰你的柔情蜜意。

你只管欢欢喜喜、一心一意地

进行你的好事，在美人儿跟前

随时随刻献上你的爱情吧。"

说到这儿，他眼眶里满含着热泪，

转过脸去，把他的手伸到背后

握住了巴珊尼的手不放——多亲热，

多浓厚的感情！——他们就这么分了手。

索　拉　尼　我看啊，他只是为了他的缘故，

才感到人世的可爱。请你听我说，

咱们这就去找他,用什么开心话

替他解个闷。

莎 莱 里 奥　　　　　好,我们这就去。

〔同下〕

第九景　贝尔蒙;大厅

〔奈莉莎及一仆人上〕

奈 莉 莎　快些儿,快些儿,请你;快把幕拉开吧——

阿拉贡亲王已经宣过了誓,

马上就要来挑选彩盒了。

〔喇叭高声齐奏。阿拉贡亲王,波希霞各率侍从上〕

波 希 霞　瞧,亲王,这儿一排三个彩盒;

如果你选中了藏着我小像的那一个,

我们就立刻举行合婚的典礼;

可要是你落空了,殿下,那不必多说,

请大驾即刻动身。

阿 拉 贡　我已经宣誓遵守这三项条件:

第一条,本人选的是哪一个彩匣,

绝不对旁人说;第二条,要是我挑错了,

终身不再用情话向少女求婚;

第三条,如果我运气不好,没选中,

我必须就此离开你——立刻就走。

波 希 霞　这几项条件,凡是为了想博取

我这贱躯,而甘愿赌一下运气的,

都得立誓遵守。

阿　拉　贡　　　　　　　　我已经准备好啦。

现在,命运啊,让我如愿以偿吧!

金彩盒——银彩盒——还有是,卑贱的铅彩盒。

谁挑中了我,把一切拿出来,做牺牲。

要我为你作牺牲,你还得漂亮些呢。

那金盒子又怎么说? 哈! 让我看吧:

谁挑中了我,得到了众生所祈求的。

众生所祈求的! 这"众生"也许指的是

那无知无识的世人吧,他们长一双

愚蠢的眼睛,取舍光凭着外表,

哪懂得往深里看透那事物的秘奥;

就像那燕子,做窝做在墙外边,

这样,就暴露在风里雨里,把自己

安顿在灾祸门口,毁灭的面前。

我可不愿选择那"众生所祈求的",

只为我不愿跟这班人一般的见识,

和这班粗野的贱民混杂在一起。

那么,还是瞧你的吧,你白银的宝库,①

我倒要听一听你究竟怎么说:

谁挑中了我,他所应有的,准有。

———————————

① 阿拉贡亲王以为波希霞的小像藏在银彩盒里,所以称之为"宝库"。

这话才对了,一个人要不是打上

上品头等的标记,怎么可以

居然是高人一等,把命运欺骗?

尊荣显贵,怎么能让小人窃据!

啊,要是那爵位、官衔和权势,

并非靠钻营得来,而光荣的声誉

是有德有才者的冠冕;那么有多少

脱帽侍候的人该戴上了高冠!

有多少发号施令的该俯首听命!

有多少稗子将从高贵的种子中间

给剔除;在时间的不断冲刷和淘汰里,

有多少被埋没的才华将脱颖而出!

好吧,还是让我来挑选吧——

　　谁挑中了我,他所应有的,准有。

对了,我就要取我那"分内应有"的。

把这个彩匣的钥匙给我吧,好让我

立刻打开那紧锁在里面的幸运。

　　　[他打开银盒,怔住了]

波　希　霞　(暗笑地)

怎么,不吭声啦?敢情是瞧见了——

阿　拉　贡　这是什么玩意儿?

一幅画,画了个眯着眼睛的傻瓜!

还给我题了一首诗!我来念一下。

唉,你跟波希霞差得多么远啊!

跟我的希望、名分,又差得多远啊!

　　　　谁挑中了我,他所应有的,准有。

我只配捞到这副傻瓜的嘴脸?①

难道这就算是我中的彩? 难道说,

我就只该落得这样的名分?

波 希 霞　　犯罪,跟判罪,是截然不同的两回事,

　　　　　你不好扯在一起。②

阿 拉 贡　　　　　　　　　那上面写着什么?

(朗读)

　　　　银子投进了火,锻炼过七遍;

　　　　眼光看准,自有那真知灼见,

　　　　也必须经历七次考验。

　　　　　有人爱做天花乱坠的好梦,

　　　　　他的幸福,跟幻影一般落空。

　　　　世上有许多傻瓜,我想,

　　　　　就像这彩盒,用银子镀亮,

　　　　　随便哪个老婆,陪你睡觉,

　　　　　你总是生就我这副头脑,

　　　　　请吧,万事大吉,要走趁早。

我要是再留在这儿发呆,

---

① 阿拉贡亲王信不过似的,又把银盒上的铭文重念一遍,这个傲慢的人不服气,赶到
波希霞跟前评理。

② 意即一个人不能同时又做犯人、又做审案的法官;阿拉贡亲王既然接受条件,做一
个选择者,就只能遵守条款,没有资格又做局外人,提出异议。

那就更显得我是个蠢材；

晃着一个傻脑袋，来找新娘，

我回转家门，却顶了一双。

再会吧，美人儿！我遵守宣誓，

默默地忍受着痛苦与羞耻。

[率侍从下]

波　希　霞　飞蛾扑向灯火，害了自身。

唉，这些个傻瓜，好不痴心！

拣错的挑，就是他们的本领。

奈　莉　莎　古人说话，不是无根无由——

上绞刑、娶媳妇，命里都有讲究。

波　希　霞　来，奈莉莎，把幕拉上了吧。

[一仆人上]

仆　　　人　我家小姐在哪儿？

波　希　霞　在这儿啊，我家太爷有何见教？①

仆　　　人　小姐，门口有一个年轻的威尼斯人，

特来通报，他的主人就要到啦；

除了口头的敬仰，还带来了看得见、

摸得着的敬意：那是说，贵重的礼品。

像他那么体面的爱情的使者，

我还没见过呢；那春光明媚的艳阳天，

预报着浓郁的夏季就要来临，

光景是多么醉人，可是还不及

---

① 波希霞跟她的仆人开了个小玩笑。一个讨厌的求婚者给打发走了，不难想像她这
　时候的轻快心情。

赶在他大爷前头的那个小后生

来得讨人欢心……

波　希　霞　　　　　　　　　　　　请你别说了吧；

你这么卖力夸奖他,只怕再说下去,

就要说原来他是你的本家呀。

　　来吧,来吧,奈莉莎,我很有这意思,

　　看看这位体面的爱神的特使。

奈　莉　莎　巴珊尼——爱神啊,但愿这是你的意旨!

［同下］

第三幕

第一景　威尼斯;街道

［索拉尼及莎莱里奥上］

索　拉　尼　我说,市场上有什么消息吗?

莎　莱　里　奥　风声只管在那儿传开去,说是安东尼有一艘商船,满载着货
　　　　　物,在海峡里沉没了;那场所,我好像听说,叫什么“古德
　　　　　温”①,一个沙滩,可真危险——真是个虎口,埋葬在那里的
　　　　　大船巨舰,也不知道有多多少少——不过说来话去,无非是
　　　　　像搬嘴嚼舌的女人,谁知道作准还是不作准!

————————————

① 古德温(Goodwins),沙滩,在英国杜佛海峡,泰晤士河出海口,长十英里余,阔一
　　英里半,对于过往船只,危险极大。历史剧《约翰王》中,两次提到法国船只损毁在
　　古德温沙滩上。

| 索　拉　尼 | 我但愿她根本不作准,好比那班咬生姜、嚼舌根的老婆子,倒要她的乡邻相信,她在哭她死去的第三个丈夫呢。可是,那回事却是当真不假啊——闲话少说,免得枝外生节,节里又爆芽——咱们这位好安东尼,有信义的好安东尼呀——啊,叫我怎么能够想一个足够形容他那好处来的好听的字眼儿加在他那个名字上啊…… |

索　拉　尼 我但愿她根本不作准,好比那班咬生姜、嚼舌根的老婆子,倒要她的乡邻相信,她在哭她死去的第三个丈夫呢。可是,那回事却是当真不假啊——闲话少说,免得枝外生节,节里又爆芽——咱们这位好安东尼,有信义的好安东尼呀——啊,叫我怎么能够想一个足够形容他那好处来的好听的字眼儿加在他那个名字上啊……

莎 莱 里 奥 好了,到此为止吧。

索　拉　尼 哈!你怎么说——到此为止?到现在为止,安东尼又损失了一条船。

莎 莱 里 奥 但愿他的损失也到此为止吧。

索　拉　尼 让我赶快念一声"阿门",免得叫魔鬼打断了我的祷告——你瞧,魔鬼就从那儿来啦,活像一个犹太人。

［夏洛克上］

怎么样,夏洛克!商人中间有什么消息?

夏　洛　克 你们早知道了,谁也没有这么清楚——谁也不及你们知道得这么清楚:我的女儿逃跑啦!

莎 莱 里 奥 那当然啦;我还知道,是哪一个裁缝替她做的翅膀 ①,好让她飞出去。

索　拉　尼 就连夏洛克,他也知道,小鸟儿已经长了羽毛;小鸟儿一长羽毛,就要离开老窝,飞啦。

夏　洛　克 她干出这种事来,该死!

索　拉　尼 那当然啦,要是让魔鬼来审判她。

夏　洛　克 我自己的一块肉背叛了我!

索　拉　尼 亏你说得出口,老不死的东西!什么肉呀肉的,活了这一把

---

① 翅膀,暗指吉茜卡私奔时所穿的那一身男装而言。

年纪,倒不怕肉麻?

夏　洛　克　我是说我的亲骨肉,我的亲血统——我的亲女儿。

莎莱里奥　拿你的肉去跟她的肉比——黑玉跟象牙也没相差得这么远;拿你的血跟她的血比,就算红葡萄酒跟白葡萄酒都没这么大的分档! 可是告诉我们,安东尼在海面上可曾遭遇着什么损失没有? ——你可曾听说吗?

夏　洛　克　说起他,又是我的一桩倒霉事儿! 这个败家精,这个冲家破产的人,这一阵他再不敢到市场上来露脸啦! 这个叫化子,平常他到市场上来,穿着得多风光! 叫他留心留心他那张借据吧! ——他一向骂我吸血鬼;叫他留心留心他那张借据吧! ——他借钱给人家向来不取利息,他是基督徒,大方得很,叫他留心留心他那张借据吧!

莎莱里奥　我说,万一他到了期无力偿还,我拿得准,你不会问他要一磅肉的——一磅人肉,拿来干吗?

夏　洛　克　拿来当鱼饵,给鱼吃;鱼不吃,至少可以让我那要雪耻报仇的心有点儿东西消化消化! 他侮辱我,破坏我,叫我损失了五六十万两银子;看见我赔了钱,就笑我;我赚了钱,就挖苦我;侮辱我的民族,跟我的生意买卖捣蛋;在我的朋友跟前泼冷水,到我的冤家那儿去煽风点火——这一切,都是为的什么呀? 我是一个犹太人。

　　犹太人就没有眼睛了吗? 犹太人就缺了手,短少了五官四肢,没知觉、没骨肉之情、没血气了吗? 犹太人不是同样吃饭的吗? 挨了刀枪,同样要受伤;同样要害病,害了病,同样要医药来调理;一年四季,同样地熬冷熬热——跟基督徒有什么不同? 你们用针刺我们,我们不也要流血的吗? 给我们挠痒痒,我们不是也会咯咯地笑吗? 你们用毒药谋害我们,我们不也就是死? 那么,要是你们欺侮了我们,我们难道就不报仇了吗? 在别的地方我们跟你们一个样儿,那么在这一点上,也是不分彼此!

　　要是一个犹太人侮辱了一个基督徒,他是怎么表现他的"宽大"呢?报仇。要是一个基督徒侮辱了犹太人,那么按照基督徒的榜样,那犹太人应该怎样表现他的"忍耐"呢?嘿,报仇!你们使出恶毒的手段,我领教,我跟着你们的榜样儿学,不高出你们一头,我决不罢休!

［一仆人上］

仆　　　人　两位大爷,我家主人安东尼在家里,请两位过去谈谈。

莎莱里奥　我们正在到处找他呢。

［犹太人杜巴自远处上］

索　拉　尼　又是一个他那一族的人来啦;再要找第三个来跟他们凑数,除非魔鬼自己变成了犹太人!

［二人随仆人下］

夏　洛　克　怎么样,杜巴!热那亚有什么消息吗?你找到了我的女儿没有?

杜　　　巴　我往往到一个地方,听见人家说起她,可就是找不到她。

夏　洛　克　唉,罢了,罢了,罢了,罢了!一颗金刚钻丢啦,我在法兰克福花了两千两银子才弄到手的!咱们犹太人要遭灾殃,这诅咒到现在才算应验了;到现在我才算懂得这诅咒的厉害了。一颗金刚钻就是两千两银子,还有别的珍贵的、值钱的珠宝呢。我宁愿看见我女儿死在我的脚下,那些珠宝都挂在她的耳朵上!宁愿看着她入殓,那些金子银子都放进她的棺材里!打听不到他们两个的下落?正是:为了追她,又不知花了我多少钱。唉,这叫损失上再加损失!贼卷了这么多,跑了,还要花这么多去追贼;结果还是一无所获,还是出不了这一口气! 结果晦气倒霉的,不是我还有谁;唉声叹气的,不是我还有谁;流眼泪的,不是我还有谁!

杜　　巴　可是,倒霉的不光是你一个人。我在热那亚听人家说,安东尼——

夏　洛　克　怎么,怎么,怎么? 他也倒霉啦? 倒霉啦?

杜　　巴　——有一艘大船从的黎波里开来,在半途上沉没了。

夏　洛　克　感谢上帝! 感谢上帝! 真有此事? 真有此事?

杜　　巴　从船上逃回来的水手亲口跟我说的。

夏　洛　克　谢谢你,好杜巴。好消息,好消息! 哈哈! ——在热那亚听到的?①

杜　　巴　我听说,在热那亚,你的女儿一个晚上就花了八十两银子。

夏　洛　克　你这是用钢刀刺我的心呀! 我再也别想看见我的金子啦。一下子就是八十两银子! 八十两银子!

杜　　巴　有几个安东尼的债主,跟我同路到威尼斯来,他们口口声声都说,安东尼除了破产没有第二条路可走啦。

夏　洛　克　我太高兴了。我不会饶过他的;我要叫他受些儿活罪。我真高兴哪!

杜　　巴　其中有一个,拿着一个戒指给我看,说是你的女儿给他的,换了他的一只猴子。

夏　洛　克　该死,该死,这丫头! 你在折磨我,杜巴! 那是我的绿玉戒指,是我跟莉娅还没结婚的时候她送给我的。哪怕人家用漫山遍野的猴子来跟我交换,也别想我会答应呀。

杜　　巴　可是安东尼这一回真的是完蛋啦!

夏　洛　克　对,这倒是真的,这倒是当真不假的。去吧,杜巴,给我预先嘱托好一个吃公事饭的,开销他几个钱,早半个月就嘱咐好

---

① 从西松编全集本的校订,"Heard in Genoa?"原始版本作"Here in Genoa",不可解。

了。要是他到期无力偿还，我要挖他的一颗心！只要威尼斯除掉了他，生意买卖从此就听我的了。去吧，去吧，杜巴；咱们在会堂里见面①——去吧，好杜巴——会堂里见面，杜巴。

[分头下]

第二景 贝尔蒙；大厅

[巴珊尼挽波希霞谈话上；
　葛莱兴，奈莉莎，侍女等随上]

波　希　霞　我请你不必要，再过这么一两天，
　　　　　　再赌运气吧，只为万一你选错了，
　　　　　　我可再不能奉陪你了。所以，缓一缓吧。
　　　　　　我总觉得有什么似的，舍不下你——
　　　　　　不过这不是爱情；可你该知道，
　　　　　　要是我恨你，也不会有这想法了。
　　　　　　要不是生怕你误会了我的本意——
　　　　　　可是女孩儿家的心事怎么好出口？——
　　　　　　我真想留你住上一个月、两个月，
　　　　　　然后为我赌一下运气。我能教你
　　　　　　该怎么挑，才错不了，可是这么做，
　　　　　　我违反了自己的誓言；那怎么成？
　　　　　　可保全了誓言，也许你选不着我；

①　会堂（Synagogue），犹太人聚众礼拜的场所。夏洛克特地去到会堂，该是为了立下复仇的誓言。他在法庭上回答波希霞道："赌过咒了，我向天赌过咒啦！"当是指此而言。

万一你落了空,你可叫我在心中

起了悔意,生了邪念;怨当初

不该不敢违背那誓言。恨煞你

这双勾人的眼睛! 这两道目光

摄住了我,把我分成了对半;

半个我是你的,还有半个,还是你的——

我原是要说,这半个是属于我自己的;

可是,属于我的,那也就是属于你的。

所以整个儿的我,都归给了你啦。

唉,这可恶的时代啊,平白地在我们

跟我们的权利中间,打起一堵墙!

我虽然是你的,未必就是你的人;

果真是这样,造孽的是命运,不怪我。

我只管唠叨——这才好拖延那辰光,

把时间往宽里拉,向直里放,

好耽搁你挑选的工夫。

巴　珊　尼　　　　　　　　　　快让我去挑选吧,

我提心吊胆,简直在受罪、上刑罚。

波　希　霞　上刑罚,巴珊尼! 那么快给我招来,

在你的爱情里隐藏着什么阴谋。

巴　珊　尼　不敢有隐瞒,只有疑心病在作怪,——

我害怕眼看爱情竟成了泡影。

我的爱情跟阴谋凑不到一块儿,

就像冰雪和火炭,那冤家对头。

波　希　霞　嗳,我但怕你是熬不住苦刑,

才说出这样的话——给绑上了刑床，①

一个人还有什么话不能讲？

巴　珊　尼　你能饶我一命，我就招供出真情。

波　希　霞　好，从实招来吧，我饶你。

巴　珊　尼　从实招了："我爱你"——这就是我的供词。

啊，好舒服的刑罚哪！我的判官

指点了我一句活命的话。可是

领我去认三个彩盒吧——我的命运！

波　希　霞　那就去吧！

（幕启，展现三个彩盒）

我给锁在其中的一个彩盒里；

只要你爱我，你准会把我找出来。

奈莉莎，还有你们，全都靠后些。

趁他在挑选，奏起音乐来，要是他

落空了，让他在歌声中消逝，像天鹅；②

把比喻说得更圆满些，我一汪蓝眸，

就是他葬身的清波。也许他中了呢？

那么音乐又像什么呢？就像那

忠心的臣民拜见新加冕的君主时

高奏的乐曲；又像是黎明时分，

柔和的笛声送进正做着好梦的③

新郎的耳中，催促他快起身迎亲。

---

①　刑床（rack），欧洲中世纪的一种酷刑，受刑者被绑在刑床上，轮子运转，以相反方向猛拉他的四肢。

②　在歌声中消逝："天鹅临死，唱出了悦耳的歌声，仿佛凭着不可知的本能，预告自己即将到来的命运。"［见斯宾塞（E. Spencer）《牧人日记》（1597）］

③　柔和的笛声，英国当时风俗，新郎结婚，头一天早晨，在他卧室的窗下，演奏音乐。

这会儿他走去了,看他的风度,多沉着,

不输于那年轻的英雄赫克勒斯,①

可是在他心里怀着更多的爱情——

只见他在特洛伊人的哭喊声中,

奋身搭救那祭献给海怪的少女。

我站在这儿,做牺牲;她们守在旁边,

像泪眼模糊的特洛伊妇女们眼望着

一场恶斗的结果。去吧,赫克勒斯!

你若安然生还了,我也活了命。

　　我瞧着这一番斗争,心烦意乱,

　　倒像是我,不是你,上前去作战。

[巴珊尼品评匣子。传来了歌声]

　　在哪儿孕育着飘忽的爱情——

　　是在脑海,还是在心灵?

　　怎样得胎,又怎样成形?

[齐唱]你说,你说。

　　这爱情诞生在眼睛里,

　　但等看一个饱,它就断气?——

　　它躺身的摇篮,变成坟地。

　　　我们一起给爱情敲响丧钟:

　　　我先来敲吧——叮,叮叮咚。

[齐唱]叮,叮叮咚。

---

① 希腊神话,赫克勒斯曾斩杀海怪,救出被绑在大石上,献祭给海怪的特洛伊公主。这一义举并非受爱情的鼓动,因为她的父王事前允诺酬谢他一对神马。波希霞认为在这点上,不如把她从父亲的遗命的束缚中解放出来的巴珊尼。

巴　珊　尼　这么说，外表跟实质本来是两回事；

世人往往就受那装潢的欺骗。

讲到法律，哪一个肮脏的案件

不可以借冠冕堂皇的言辞来文饰？

在宗教上，哪一件背天逆理的罪孽

不可以用满脸的虔诚、满口的《圣经》

来掩饰丑恶，证明它该受祝福？

天下岂有那么没心计的坏人，

会忘了给自己戴上道德的假面具？

有多少懦夫，他们的心跟泥沙堆

那么松劲，瞧他们颊上的胡须，

却像煞赫克勒斯，好比狰狞的战神；

把他们剖开一看，里面的肝胆

可没一丝儿血色！就是这种人，

偏摆出一副凶相，让人望而生畏。

再看那"美貌"吧，那是全靠着脂粉

来堆砌；堆得越重，砌得越厚，

说也不信，人可变得越轻浮。

水蛇般拳曲的金发，不也是这样？

看它披在俨然是美人儿的额上，

只顾跟孟浪的风轻狂地调情，

却往往是从另一个什么人的头上——

从那坟墓中的骷髅上借来的。①

所以说，"打扮"好比那陷人的海岸

把船只引进了风紧浪高的海洋；

像鲜艳的面巾罩着印度的美女。

---

① 伊丽莎白时代崇尚金发，以深色的头发为缺憾，所以有戴假金发的风气。

一句话,这些都是狡猾的圈套;

以假乱真,好蒙蔽最聪明的人。

所以说,你,光彩夺目的黄金——

米达斯的坚硬的食物,我才不要你。①

也决不要你——谁要你这脸色惨白、

在众人手里转来转去的奴才。

可是你,寒伧的铅,说什么讨俏,

你叫人摇头都来不及;然而正是

你的质朴无华打动了我的心,

　　胜过那花言巧语成千上万;

　　我就选了你吧:但愿结果美满!

波　希　霞　(转身,背向巴珊尼)

一切烦恼都抛到了九霄云外!——

去吧,反复无常的猜疑,轻率的绝望,

那打颤的害怕,那绿眼睛的妒忌!②

爱情啊,你静一静,你定一定神吧;

慢慢降下你的恩宠,别倾盆而下吧!

我受不起这么多祝福:要少些儿来啊,

我怕我担当不住!

巴　珊　尼　　　　　　　这里面是什么?

[打开铅盒,内藏一幅小像]

---

① 米达斯(Midas),希腊神话中的国王,贪得无厌,祈求点金术;神许给他:凡是他手指接触到的尽变黄金。结果送进嘴里的食物,也成了金子。(见奥维德《变形记》11,102—145)

② 绿眼睛的妒忌,参阅《奥瑟罗》:"你要提防'妒忌'啊!这个绿眼睛的妖魔……"(第三幕第三景)绿色在这里作为一种病态的颜色。

美人儿波希霞的复制品！是哪位画师
真巧夺天工！这一双眼珠在转动？
还是，映进了我心猿意马的眼珠
才仿佛在转动？那微微张开的朱唇，
张开来，送出阵阵甜美的气息——
这么香甜，却这么造孽，折开了
一对甜蜜的腻友。在这儿，那鬈发里，
画家化身为一个蜘蛛，织成了
金色的罗网来诱捕男人们的心，
比捕捉那自投罗网的蚊虫还稳。
可是她的眼睛！画这一对眼睛的人
怎么睁得开他自己的？画了一只，
只怕就两眼昏眩，描不成另一只！
可是瞧，我尽管赞美，还是大大的
委屈了眼前的画像：那虚假的幻影；
而幻影，又万万赶不上实体，那本人。
这儿是个纸卷，宣告着我的命运：
（展读）

> 你挑选不光凭外形，
>
> 可看得清，又选得准。
>
> 既然幸福已经降临，
>
> 不必再向别处追寻。
>
> 要是这结果叫你满足，
>
> 认为这是你天大幸福，
>
> 那么，快转回身，凑向美人——
>
> 多情的一吻，订下了终身。

好温柔的诗句！

（向波希霞）好小姐，请恕我大胆；

我遵照指示，来跟你把爱情交换。

（拥抱她，亲吻）

就像双方在争夺一个锦标，
看来自己表现得还不太糟，
耳边只听得满场的喝彩和喊好，
可昏头晕脑，直瞪着眼，不知道
这一阵阵赞扬可是为他呼嚷；
绝世的美人，我站在这里，就这样，
不知道眼前的情景是真是假，
除非你盖章、画押、担保一下。①

波希霞 你瞧，巴珊尼少爷，我就站在这儿，
我就是这么个人。光为我自个儿，
我不愿妄想自个儿比现在的我
更好些；可是为了你，我希望我能够
三个二十倍那样胜过我本身，
再加上一千倍美，一万倍富有——
为了好叫我在你的心目中占据个
高一些的地位；我但愿，我的品德啊，
美貌、财产、亲友，都夸不尽的好——
可是把我从头到脚都包括在内，
我只是一个——零。把话说到底，
我是个没有教养、无知无识、
不懂进退的丫头；幸喜的是
她年纪还不算大，还来得及学习；
更可庆幸的是，她天资还不算笨，
还能够学习；最可庆可喜的是

_____

① 盖章、画押，暗喻亲吻。

她有颗柔顺的心,要捧着献给你,
愿意接受你的教导,把你当做
她的主人,她的统治者,她的君王。

(投入他的怀抱,吻他)

现在,我所有一切,连我自个儿
都归给了你,属于你所有。方才,
我还是这一座琼楼画阁的主人,
这一群仆役的东家,主宰我自个儿的
女王;可是现在呢,就在这会儿,
这一座宅子,这一班仆人,和这一个我
全都归你支配啦,我的夫君。
我交给你这个戒指,就算把这一切
都献给了你;要是你跟这个戒指
分离了,把它丢掉了,或者把它
送掉了,给了人,那就是断绝了恩情——
把心变了的征兆,我可要责怪你的啊!

(给他戴上戒指)

巴 珊 尼 小姐,你叫我一句话也说不出来啦。
只有我的热血在我血管里奔流,
在向你高呼;我神志已经迷惘了;
像万众爱戴的君王吐出了一番
美妙的演词,那兴奋的臣民涌起了
一片欢腾,爆发出一阵阵欢呼,
压倒了拥挤在心头要倾诉的话。
(吻波希霞给他的戒指)
要是这戒指有一天离开这手指,
那么我的生命也跟着离开了我!
那时候,你也不必顾忌,只管说吧:

巴珊尼已经死啦!

奈　莉　莎　姑爷,小姐,我们站在旁边,
　　　　　　眼看我们的心愿果然实现了,
　　　　　　现在该我们上前来道喜啦。
　　　　　　恭喜! 恭喜姑爷! 恭喜小姐!

葛　莱　兴　巴珊尼大爷,这位好温柔的小姐,
　　　　　　祝你们俩的幸福,想多大就多大!
　　　　　　因为我敢说,你们的幸福怎么大
　　　　　　也夺不走我的幸福。我有个请求,
　　　　　　当两位要举行白头偕老的典礼,
　　　　　　那时候,容许我跟你们在一起结婚。

巴　珊　尼　欢迎,只要你给自己找到了妻子。

葛　莱　兴　谢谢你,大爷,你替我找到了一个啦。
　　　　　　不瞒你大爷说,我这双眼睛瞧起人来,
　　　　　　可跟你一样地灵活。你看中了小姐,
　　　　　　我看上了侍女:(拿起奈莉莎的手)
　　　　　　　　　　　　你爱上了,我也爱上了。
　　　　　　大爷,我的步子并不比你慢啊。
　　　　　　你的命运由那几个彩盒决定,
　　　　　　我呢,其实跟你是同一个命运。
　　　　　　原来我在这儿,费尽了花言巧语,
　　　　　　汗水流了一身又一身,直等到
　　　　　　我山盟海誓,把嘴皮子都说焦了,
　　　　　　最后,才算有了一点儿苗头——
　　　　　　讨得了这位好姑娘的一句回音:
　　　　　　要是你有幸得到了小姐的终身,
　　　　　　那么,就算我也获得了她的爱情。

波　希　霞　真有这事儿吗,奈莉莎?

奈　莉　莎　　小姐，是真的，要是你同意的话。

巴　珊　尼　　你呢，葛莱兴，你这是正正经经的吧？

葛　莱　兴　　是的——说正经话，大爷。

巴　珊　尼　　我们的婚宴再加上你们的喜事儿，
　　　　　　　那就格外光彩了。

葛　莱　兴　　咱们要跟他们俩打赌一千两银子，看谁先生养儿子。

奈　莉　莎　　怎么！赌东道，做庄吗？

葛　莱　兴　　（嬉皮笑脸）可不，要赢东道，就得打桩呀。
　　　　　　　可是谁来啦？罗伦佐和他的异教徒吗？
　　　　　　　什么！还有我那威尼斯老朋友莎莱里奥？

　　　　　　　［罗伦佐，吉茜卡，莎莱里奥上］

巴　珊　尼　　罗伦佐，莎莱里奥，欢迎你们到来，
　　　　　　　——如果我才做主人就有权向你们
　　　　　　　表示欢迎。亲爱的波希霞，请你
　　　　　　　允许我接待我这几位朋友和乡亲。

波　希　霞　　我也是热烈欢迎他们，夫君。

罗　伦　佐　　感谢你的好意。巴珊尼少爷，
　　　　　　　我本来并没打算要来这儿看你，
　　　　　　　可是半路上碰见了莎莱里奥，就给他
　　　　　　　硬拖着一块儿来啦——说什么也没用。

莎莱里奥　　是给我拉来的，大爷，我自有道理。
　　　　　　　安东尼大爷托我代他向你问好。

　　　　　　　［交给巴珊尼一封信］

巴　珊　尼　　在拆这封信之前，让我先问一下：

　　　　　　　我那好朋友这一阵子可好吗？

莎 莱 里 奥　大爷,他没有病,除非是心病;

　　　　　　　也并不轻松,除非打开了那心结。

　　　　　　　你读了这信,就知道他的境况啦。

　　　　　　　　　　［巴珊尼拆信阅读］

葛 莱 兴　　奈莉莎,招待招待这位客人,

　　　　　　　向她表示欢迎。　　　　　　　　（奈莉莎挽吉茜卡,退后）

　　　　　　　　　　　　　　　　把手伸给我,莎莱里奥,

　　　　　　　威尼斯有什么新闻？ 我们的皇家巨商——

　　　　　　　善良的安东尼怎么样了？ 他听说

　　　　　　　我们交了运,一定会非常高兴的。

　　　　　　　我们是伊阿宋,把金羊毛盗来啦。①

莎 莱 里 奥　我但愿你们把他失去的"金羊毛"

　　　　　　　盗了回来,那就好啦。

　　　　　　　　　　　　　　　　　　（拉葛莱兴细谈,退后）

波 希 霞　　那信里一定有什么不妙的消息,

　　　　　　　叫巴珊尼一下子失去了脸上的血色;

　　　　　　　死了好朋友啦？ 要不是,还有什么事儿

　　　　　　　能夺去一个堂堂男子汉的气概?

　　　　　　　怎么,越来越糟了！

　　　　　　　　（上前,温柔地）原谅我,巴珊尼,

　　　　　　　我跟你合顶着一个命运,这信上

————————————

① 　金羊毛,巴珊尼曾形容波希霞:"披在她额上的金光闪闪的鬈发,好比那'金羊
　　毛'。"葛莱兴说:"我们是伊阿宋",着重在"我们"两字,表示来求婚的虽多,惟独我
　　们才取得了"金羊毛"。

　　　　　　有什么事，也得让我分担一半儿。

巴　珊　尼　啊，亲爱的波希霞！这张纸上写着

　　　　　　不多几个字，可自从有纸笔以来，

　　　　　　再没有那样惨。好小姐，记得我初次

　　　　　　向你求爱，我曾坦白地告诉你，

　　　　　　我全部家产，流动在我的血管里——①

　　　　　　说我是个绅士，这话没骗人；可是，

　　　　　　好小姐，只说是不名一文，你自会看到，

　　　　　　我是怎样在给自己装门面。说到了

　　　　　　我一无所有，我应当接着告诉你，

　　　　　　岂止一无所有，而且还欠一身债；

　　　　　　不但欠了我好朋友的钱，而且

　　　　　　还连累他为了给我张罗开销，

　　　　　　欠下了他那七世冤家的钱。

　　　　　　这儿有一封信，小姐；这一张纸

　　　　　　好比得我朋友的身子，那一个个字，

　　　　　　就像是一个个鲜血淋漓的创口。

　　　　　　可是，莎莱里奥，难道真有这回事？

　　　　　　他四面八方的买卖全都完蛋了？

　　　　　　一笔都捞不回来？那从的黎波里，

　　　　　　从墨西哥、英格兰、里斯本、巴巴里跟印度

　　　　　　这许多地方来的船舶，没一艘逃得了——

　　　　　　全让那叫人倾家荡产的礁石碰上了？

莎莱里奥　一艘也没有逃过，大爷。再说，

　　　　　　我怕是，即使这会儿他手里有现款，

　　　　　　偿还犹太人，那犹太人也不肯收了。

---

①　意即门第（血统）高贵，然而是个陷于经济困境的没落贵族。

没看见这么个东西，长得倒像个人，

却这么穷凶极恶，只想把人害。

他成天到晚，缠住大公，说是，

这件官司若不是依法办理，

那么威尼斯这块"自由城邦"的招牌①

就得给砍掉。城内二十位大商人，

大公本人，还有那最有名望的巨族，

都劝导过他；可是他，水都泼不进，

任凭谁都不听；他，这才叫恶毒，

一口咬定，要法律解决，要执行

借据上的条文，要什么天公地道。

吉　茜　卡　我在家的时候，听见过他向杜巴

和朱斯——他的两个乡亲发誓说，

他宁可割下安东尼身上的一块肉，

也不要二十倍超过他所欠的钱。

照我看，大爷，要是凭着法律、

城邦的威严和权力，还驳不回他，

那么可怜的安东尼怕凶多吉少了。

波　希　霞　那大难临头的，可是你的好朋友？

巴　珊　尼　我最好的朋友，一个最善良的人，

热心，慷慨，意大利找不出第二个

像他那样秉着古罗马的高尚精神。

波　希　霞　他欠下犹太人多少钱呢？

巴　珊　尼　为了我，借了三千两。

————————————

① "自由城邦"，指外国侨民在这个城市里，可以享受跟当地居民同样的法律保障。威尼斯是一个商业城邦，它的繁荣建筑在对外贸易上，有必要对侨民采取宽厚的政策。

波　希　霞　　　　　　　　什么,这一点儿?

还他六千两银子,把借据勾销了吧——

六千加六千,再倍上三倍,都行,

可不能因为巴珊尼有什么不是,

累这么一位好朋友伤一根汗毛。

　　　　(巴珊尼感激地拥抱她)

先领我到教堂去,把我认做你的妻;

然后,赶奔威尼斯,看你的朋友去!

波希霞可决不让你抱着一颗

不安耽的心,睡在她的身边。

我给你一笔钱,你拿去足够二十倍

偿还那小小的借款;等料清债务,

就带你的好朋友一起到这儿来。

暂时里,我的侍女奈莉莎陪着我

守着空房,跟闺女和寡妇一个样。

　来吧! 正好办喜事的日子你出门,

　还得喜气洋洋,把朋友欢迎。

　付好大代价才买得你这个人,

　好叫我啊,怎么能不把你爱得紧!

可是且听听你朋友的来信怎么说吧。

巴　珊　尼　(朗读)

　　　　亲爱的巴珊尼:我的商船全都失事,债主们丝毫不肯通
　　　融,已到山穷水尽的地步,出给犹太人的借据已经满
　　　期;一旦按照条款执行,我一命休矣。你我之间的种种
　　　债务,就算一笔勾销——只盼临死之前,能再见你一
　　　面。然而此事悉听尊便;如果你的心上人不希望你赶
　　　来,那就别理会这封信吧。

波　希　霞	亲爱的，快料理一切，立刻就动身吧！
巴　珊　尼	承蒙你好意允许我离开你身边，
	自该兼程赶路，早去早回；
	我一夜都不能在床上合眼——
	片刻都不得安顿，直到跟你相会。

　　　　　　　　　　　　　　　　　　　　　　　　［同下］

第三景　威尼斯；街道

　　　　　［夏洛克，索拉尼，安东尼上，狱卒随上］

夏　洛　克	牢头，看住他——别对我讲什么慈悲。
	这就是那个放债不取利的傻瓜。
	牢头，看住他。
安　东　尼	听我说句话，好夏洛克。
夏　洛　克	我只知道照借据办理！你不必
	多费口舌想推翻那张借据吧！
	我已经发过誓，非照借据办理不可。
	你向来无缘无故地骂我是狗，
	既然我是狗，就留心我的狗牙齿吧！
	大公一定会准了我，依法办理的。
	你这个牢头，太可恨，我真不懂你，
	干吗老是依着他，陪他到外边走。
安　东　尼	对不起，请你听我说一句话……
夏　洛　克	我只知道照借据办理；我不听你的话。
	照借据办理——那还有什么好多说的？
	我决不做那婆婆妈妈的傻瓜，
	叫基督徒几句好话一说，就心软了，

摇头叹气了,只得依你们了。别跟着我!

我什么话都不听,只认得我的借据。

〔下〕

| 索 拉 尼 | 在人类中间还从没见过有这么 |

一条寸步不让的恶狗!

| 安 东 尼 | 随他去吧; |

我再不苦苦跟住他,枉费口舌了。

他要我这条命。他的动机我很明白:

几次三番,人家落在他手里,

还不出债,眼看就要冲家了,

来向我求救,我把他们救了出来;

我因此遭他的恨。

| 索 拉 尼 | 我敢说,无论如何, |

大公不会批准借据的条款生效。

| 安 东 尼 | 大公不能拒绝受理他的诉讼; |

外邦人在咱们威尼斯,明文规定,

自有应享的法权,一旦给否认了,①

那就动摇了国家立法的根本——

影响人家对这个城邦的信心。

你想想,威尼斯,它的买卖、繁荣,

全靠着各国的人民。所以,走吧。

这许多忧愁,那重重打击,压倒了我!

我只怕剩下的一身肉,到明天

再也凑不满一磅,好满足我那

---

① 托马斯(W. Thomas)所著《意大利史》(1561)有一章专论"外邦人在威尼斯的自由",其中说到"所有的人们,尤其是外地人,享有很大的自由……无疑的,这就是吸引那么多外邦人到这儿来的一个主要原因"。参阅第 130 页注①。

血腥的债主。好吧,牢头,走吧。

求天主,只要巴珊尼来,亲眼看见

我替他还债;我,就死而无怨。

[同下]

第四景　贝尔蒙;室内

[波希霞,奈莉莎,罗伦佐,吉茜卡及仆人上]

罗　伦　佐　夫人,不是我当面恭维,你有颗

高贵真诚的心,充满着仁爱、

慈悲,像天使——更难得的是这一番,

正当新婚蜜月,却坦然让夫君

暂时离开你身边。可要是你知道,

承受你大恩大德的是什么样人,

你援救的是怎么一位正人君子,

他对于你丈夫的情谊又怎样的深,

我相信你会因为做了这好事

而感到骄傲;一件寻常的善举,

可不能让你得到那么大的快乐。

波　希　霞　我从来也不曾后悔我做了好事;

现在当然更不会。你瞧,成为朋友,

两个人常在一块儿,谈心、消遣,

彼此间交流着相互的友爱,那么,

他们俩在容貌上、风度上、习性上,

一定有通气的地方;所以我想,

这位安东尼既然是我丈夫的知交,

也一定像我那夫君。要真是这样,

把一个跟我那"灵魂"相似的人
从没顶的苦难中救出来，我付的代价
可真是微不足道！这番话倒像是
在自夸自赞呢；还是别多说了吧；
我们换一个题目。罗伦佐，拜托你，
在我的丈夫回来前，我这个家
请你照管一下。我自己呢，已经私下
向上天许了愿，要在祈祷和沉思中
打发光阴，只消有奈莉莎陪着我，
直到她那郎君、我那丈夫回家来。
离这儿五六里路，有一座修道院，
我们俩准备就到那儿去待一阵。
我这个恳求，请你千万别推却——
既为了情面，也为了有这必要。

罗 伦 佐 夫人，我非常乐意，
有什么需要我效劳，请尽管吩咐。

波 希 霞 我这一家大小都已经知道
我的心意，他们会把你和吉茜卡，
当做巴珊尼和我本人一样地看待。
那么再见了，我们再会吧。

罗 伦 佐 但愿美好的心境、快乐的时光
都簇拥在你的身旁！

吉 茜 卡 希望夫人一切都称心如意！

波 希 霞 多谢你们的祝福，我也乐于
同样地祝福你们俩。再见吧，吉茜卡。

〔吉茜卡及罗伦佐下〕

现在，巴泰泽，
我一向知道你为人，忠诚可靠，

因此希望你总是让人信得过。
这封信你拿去,给我十万火急地
赶到帕度亚,把信交给我表兄①
裴拉里奥博士亲手收拆。你听着,
要是他有什么回信和服装交给你,
你收下,马上飞也似的赶到码头,
搭上直航威尼斯的公共渡船。
你去吧,不必浪费说话的时间了。
我会先赶到威尼斯等候你。

仆　　人　　小姐,我尽快去走一趟就是了。

〔下〕

波　希　霞　　你来,奈莉莎。你还没知道,我手头
有件事要办:咱们俩要看丈夫去——
而他们,可想都还没想到咱们呢。

奈　莉　莎　　让他们瞧见咱们吗?

波　希　霞　　　　　　　　　让他们瞧瞧吧。
可是,奈莉莎,换上了另一种服装,
他们还道咱们已有了咱们
所缺少的东西。跟你随便打什么赌,
要是咱们俩打扮成少年郎,这两人中,
要算我漂亮;身边挂一把刀子,
也是我英俊。讲起话来,我的嗓子,
带着破声,像哥儿正在发育成长。
走起路来,我会把两个婀娜细步
跨成男子汉的一大步。我开口闭口,
跟爱吹牛的好小子一个样,免不了

———

①　帕度亚(Padua),威尼斯西南的一个城市,设有大学,以法律、医学著称。

斗剑和打架,还会大谈其恋爱经:

有多少好小姐看中我,我才不理会呢;

她们害起病来啦——谁知道一命呜呼啦,

唉,这怪得了我? 可是我后悔了,

但愿我不曾害了她们的小性命。

像这类信口开河的故事,我可以

编上二十个,人家听见了,一口咬定:

这个小伙子,走出学堂才一年!

这类吹牛淘气的把戏,我肚子里

多的是,搬出来就是,太便当了。

奈 莉 莎 怎么,咱们俩一个顶一个男子吗?

波 希 霞 嗳,这成什么话——要是你身边

正好有一个臭嘴巴,叫他听见了!

来吧,马车在林苑门口等着呢,

等我们上了车,我可以把整个一切——

我全部的计划都告诉你,所以,

赶快吧,今天咱们得赶六十里。

[同下]

第五景 贝尔蒙;花园

[朗西洛,吉茜卡上]

朗 西 洛 可真是的,没错儿;你当心些儿吧,老子的罪孽是要落在做小辈的头上的呀。所以,不瞒你说,我在替你捏着一把汗哪。我一向跟你实话实说,这会儿就把我担心的事儿告诉了你吧;你听了也别害怕;因为,说正经的,我认定你是要下地狱啦。只有一个希望倒也许可能帮你的忙——可是这个

希望呀,说来也有点太下流。

吉　茜　卡　希望什么呢,请教?

朗　西　洛　呃,你可以存着一半儿的希望:也许你不是你这个爸下的
种——你不是这个犹太人的女儿。

吉　茜　卡　这个希望可倒真是有点儿下流! 这么一来,我娘的罪孽又
要落到我头上啦。

朗　西　洛　正是:爹也好,娘也好,我只怕你下地狱是逃不掉的啦——
就好像我躲开了东山老虎——你的爹,又碰上了西山的
狼——你的娘;怎么好,我看你这两条路都是绝路一条!

吉　茜　卡　我可以靠着我的丈夫得救 ① ——他已经把我变成一个基督
徒啦。

朗　西　洛　可不,这就是他大大的不应该! 咱们本来已经有够多的基
督徒,再多就没好日子过啦;现在再这样把基督徒制造出
来,猪肉的价钱可要越来越俏了。要是大家都吃起猪肉来,
眼看谁还有钱买得起一片儿薄薄的咸肉呀。

吉　茜　卡　朗西洛,你这么说好了,我一定要告诉我的丈夫。他来啦。

［罗伦佐上］

罗　伦　佐　朗西洛,当心我可要吃醋了——你要是再这么把我的太太
拉到墙犄角里说话。

吉　茜　卡　不,罗伦佐,你不用担心;朗西洛跟我两个已经闹翻啦。他
不客气地告诉我,老天是不会对我发慈悲了。因为我是犹
太人的女儿。他还说你不是国家的好公民,因为你把犹太
人变成了基督徒,抬高了猪肉的价钱。

————————————

① 　靠着我的丈夫得救,参阅《新约·哥林多前书》7,14:"不信的丈夫,就因着妻子成
了圣洁。并且不信的妻子,就因着丈夫成了圣洁。"

罗 伦 佐	这，我倒自有话可以答复政府；可是，朗西洛，你引诱那黑人的女儿，把那个摩尔姑娘的肚子给弄大了，你怎样给自己辩白呢？
朗 西 洛	要是叫一个摩尔姑娘都有头有脑的，这可太不成话啦；她要不是一个规矩的女人呢，那么我看中她真是看错人啦。
罗 伦 佐	看，连傻瓜都会说起俏皮话来啦！照这样下去，就连口才最好的才子，也只好哑口无言了。到那时，就只听见八哥在那儿咭咭呱呱出风头！快去吧，小鬼，关照他们可以准备吃饭了。
朗 西 洛	准备吃饭，大爷？那还不容易——他们全都有肚子。
罗 伦 佐	老天爷，你这张嘴真会瞎扯！我是要你去关照他们把饭菜准备起来。
朗 西 洛	饭和菜，他们也准备齐全了，大爷。应当这么说才对：把饭开上来。
罗 伦 佐	那么就有劳尊驾吩咐下去：把饭开上来。
朗 西 洛	小的可没这样大的气派，不敢那样使唤人啊。
罗 伦 佐	偏有这许多话好说的！你可是打算把你的看家本领趁这会儿一齐亮出来献宝？我求你啦，别胡缠吧——我是一个普通人，只说普普通通的话——麻烦你到你的伙伴那儿去，关照他们，把桌子铺起来，把饭菜端上来，我们要进去吃饭啦。
朗 西 洛	好，大爷，我就去关照：把桌子端上来；把饭菜铺起来；至于你进来不进来，吃饭不吃饭，那么就看你自个儿高兴不高兴吧。

[下]

罗 伦 佐	啊，你看他心眼儿多么"尖巧"，
	字眼儿多么"咬得紧"！这个傻瓜，
	脑袋里塞满了一大堆"动听"的字眼。
	我知道有好多傻瓜，地位比他高，

跟他一样，"满腹锦绣"，一开口，
扯到哪儿是哪儿，卖弄了再说。
你好吗，吉茜卡？现在，亲爱的好人儿，
告诉我，你觉得巴珊尼的太太怎么样？

吉　茜　卡　叫人怎么能说得尽——她太可爱了！
婓了这么一位太太，巴珊尼大爷
理该一辈子走循规蹈矩的路了——
他身在尘世，享的是天堂里的福！
做人做到这样，他还不满足，
还要三心二意，那么他永远也别想
进入天堂了。跟你说吧，要是有一遭，
天上的神仙拿下界的凡女来打赌，
如果一边是波希霞，那么另一边
必须再加点码才成，因为在这个
寒伧的人世，再拿不出第二个女人
这么的美好：能跟她配得上。

罗　伦　佐　要是说，他婓到这么一个好妻子，
那么，你也嫁着了我这么个好丈夫。

吉　茜　卡　哼，那可得先问问我的意见呢。

罗　伦　佐　可以可以；可是先吃了饭再说吧。

吉　茜　卡　不，还是趁我还有胃口的当儿，
先恭维你几句吧。

罗　伦　佐　　　　　　　　不，求你啦，有话，
留在饭桌上再说吧。这样，我好坏
都可以连饭带菜一起吞下去——
不论你怎么说。

吉　茜　卡　好吧，等着听我怎样奉承你吧。

［同下］

第四幕

第一景　威尼斯；法庭

［大公，众贵族，安东尼，巴珊尼上。
葛莱兴，索拉尼，侍从等随上］

大　　公　呃，安东尼到了没有？

安　东　尼　有，殿下。

大　　公　我很替你难过，今天你到这里来
　　　　　是来对付一个铁石心肠的原告——
　　　　　不近人情的东西，不懂得怜悯，
　　　　　没一丝一毫慈悲的天性。

安　东　尼　　　　　　　　　　　我听说，
　　　　　殿下也曾费尽了心力，劝告他
　　　　　别采取这赶尽杀绝的手段；可是他，
　　　　　什么话都不听，一点儿让步都不成；
　　　　　既然如此——眼前，在法律上，又没有
　　　　　什么办法好给我开一条生路，
　　　　　让我逃出他那死不放松的毒手；
　　　　　那我只有死心塌地，挺身忍受——
　　　　　用逆来顺受，对付他的暴虐和迫害。

大　　公　来人，给我传那个犹太人到庭。

索　拉　尼　他就在门外等候；他来了，殿下。

［夏洛克上］

大　　公　让开些,好让他站到本人的面前来。
　　　　　夏洛克,大家都以为——我也这么想:
　　　　　你无非是摆出这一副凶恶的姿态,
　　　　　直到最后的关头;临末了,却出人意料
　　　　　——比你表面上的残酷更叫人想不到——
　　　　　忽然拿出了你的慈悲和同情。
　　　　　本来是,你口口声声要法办,要处罚:
　　　　　那是说,要这可怜的商人身上一磅肉;
　　　　　到时候,你不但愿意取消那处罚,
　　　　　而且,因为天良发现,懂得了怜悯,
　　　　　说不定还会减免他一部分本金呢。
　　　　　(指向垂头丧气的安东尼)
　　　　　谁还能不瞧着他可怜:他这一阵来
　　　　　遭受了重重叠叠的灾祸,就算是
　　　　　皇家的巨商,也要给压弯了腰!
　　　　　不管你铁石心肠——哪怕是那横蛮的
　　　　　土耳其人、鞑靼人,他们从没受过
　　　　　文明的熏陶,眼见得他那副光景,
　　　　　也不由得要给榨出了怜悯和同情。
　　　　　犹太人,我们都等着听你的好回音呢。
夏　洛　克　我的意见,我已经向殿下表明了;
　　　　　我还向我们的圣安息日起了誓,
　　　　　借据上怎么写,一定要怎么执行。
　　　　　要是你不准许我的要求,那么,
　　　　　只怕你的特权,这个城市的自由,

别想保得了！你也许要这样问我：①
为什么我偏不愿接受三千两银子，
倒宁可要一磅臭肉？我就是不答复！
可是，就说吧：我就乐意这么办，
这不也是个答复吗？假使我家里
闹耗子，我乐意拿出一万两银子
来除掉它，谁管得了？怎么，这还不算
给了你回音？天下有些人，不爱看
张嘴的烤猪，也有人看见了猫儿
就像发了疯，有人听见了风笛的
呜哩呜哩的声音，忍不住要撒尿；
原来一个人喜欢这样、恨那样，
都受着那主宰感情的癖性所操纵。
现在，我来回答你吧。正像有些事
讲不出一点儿道理：为什么这个人
受不住张嘴的猪，那个人受不住
一头少不了的无害的猫儿，还有人呢，
听不得有绒套子的风笛的声音——
他们非得做出招人笑话的事儿来，
惹恼了人，只因为自个儿给惹恼了；
所以，我没法给一个理由，也不愿
给什么理由，除了是：我对于安东尼
抱着消不了的怨毒，解不开的仇恨；
这才跟他打这一场赔本的官司。——
（冲大公鞠躬）

---

① 威尼斯在当时，实际上是一个独立自主的城邦；听夏洛克的语气，倒像是欧洲中世纪时期，由国王颁发给特权状的一个英国自治城市了。

现在,你得到我的回音了吧?

巴　珊　尼　　你这种回答——你这个没心肝的人——

　　　　　　　并不能给你的残酷的行为做借口!

夏　洛　克　　我的回答可并不要讨你的欢心——

　　　　　　　用不着!

巴　珊　尼　　　　　　难道人家都把自己

　　　　　　　所不喜爱的东西置之死地吗?

夏　洛　克　　人家不想杀死的东西,他恨得起来吗?

巴　珊　尼　　一次受到冒犯,也好算是仇恨?

夏　洛　克　　什么! 你愿意让毒蛇来咬你第二口?①

安　东　尼　　(向巴珊尼)

　　　　　　　请想一想:你是在跟这犹太人讲理呀。

　　　　　　　你还不如站在海滩上叫那滚滚的

　　　　　　　潮水别一浪比一浪高;还不如

　　　　　　　去责问豺狼,干吗要害苦那母羊

　　　　　　　一声声为着她失去的羔羊而哀鸣;

　　　　　　　还不如去命令那高踞山头的松柏

　　　　　　　别摆摇顶枝,让树叶发出鼓噪——

　　　　　　　当半天空里卷过了阵阵风暴;

　　　　　　　还不如咬着牙去干那最棘手的事,

　　　　　　　可别想去感化——世上任凭什么东西

　　　　　　　再硬硬不过它——他那颗犹太人的心!

　　　　　　　所以,我求你,再不用跟他商量

　　　　　　　什么条件,替我想什么办法,

————————

①　按照英美舞台传统,听到巴珊尼的驳斥,夏洛克把背转向着他,高傲地回答他,连正眼都不看他一下。当巴珊尼责问他:"一次受到冒犯,也好算是仇恨?"夏洛克突然转过身来,面对着面,带着猛烈的怒气,反驳道:"什么! 你愿意让毒蛇来咬你第二口?"

还是直截了当,让我听候判决,

让那个犹太人偿了心愿!

巴　珊　尼　（拿起一袋钱）

借你三千两,我这儿还给你六千。

夏　洛　克　就算你这六千两银子,每一两都可以

分做六份,每一份是一两银子,

我也不接受;我只按照借据办事。

大　　　公　将来你还希望人家对你开恩吗？——

现在你不发一点儿慈悲。

夏　洛　克　我怕什么处分？——我又没犯法!

（转向巴珊尼和众贵族）

你们,好多人,买了好多奴隶;

你们把奴隶当驴、当狗、当骡一般

驱使着、折磨着——就因为他们是

你们花钱买的。我能跟你们说吗？——

"放了他们吧! 让子女跟他们通婚吧!

为什么他们该流着汗、压着重担？

让他们的床,跟你们睡觉的床

同样铺得软软的;让他们的舌尖

也尝尝你们所吃的山珍海味吧!"

那你们就会回答:"这些个奴隶

是属于我们的!"同样的,我答复你们:

我问他要这磅肉,可花了好大代价。

这磅肉是属于我的,我非要不可。

要是你们拒绝我,那你们的法律

别给我现眼吧! 威尼斯城邦的法令——

一纸空文。我这里等候着判决呢。

答复吧——这磅肉,给还是不给？

大　　公　　我本来是有权宣告延期判决的,
　　　　　　不过我已经派人去请裴拉里奥——
　　　　　　一位精通法律的博士来啦——
　　　　　　请他来断案;万一他今天不来,
　　　　　　那我就宣布退庭。①

莎莱里奥　　　　　　　　　　殿下,有个使者,
　　　　　　刚从帕度亚来,带着博士的书信,
　　　　　　在外面听候召唤。

大　　公　　把信送上来;传那个使者进来。

巴珊尼　　　放心吧,安东尼! 喂,好人儿,怕什么!
　　　　　　这犹太人可以把我的血、我的肉,
　　　　　　把我的骨头、我的一切,都拿去,
　　　　　　也不能让你为了我而流一滴血。②

安东尼　　　我是羊群里一头没救的病羊,
　　　　　　死是我的本分;烂透的果子
　　　　　　最先掉地下,让我就这么倒下去吧。
　　　　　　巴珊尼,我只求你活下去,将来替我
　　　　　　写一篇墓志铭,那你就是做了好事。

〔奈莉莎装扮律师的书记上〕

大　　公　　你是从帕度亚、从裴拉里奥那儿来的吗?

奈莉莎　　　回殿下,全都是。裴拉里奥向殿下致敬。

〔她呈上一信。大公启信阅读〕

---

① 按照英美舞台传统,大公说到这里,夏洛克耸一耸肩,不吭声,独自退到一边。
② "新莎士比亚版"加舞台指示:"夏洛克从腰间抽出一把刀子,跪下来,磨他的刀子。"

巴 珊 尼　你干吗一股劲儿地磨着刀子?

夏 洛 克　好从那债鬼的身上割下一磅肉。①

葛 莱 兴　你不是在鞋口上磨刀,狠毒的犹太人,

　　　　　你这把刀是在你的心口上磨!

　　　　　哪一种铁器,就连刽子手的斧头,

　　　　　也不及你这刻毒的心肠一半儿锋利。

　　　　　难道怎么样求你,都打动不了你?

夏 洛 克　不,凭你这一张嘴,休想!

葛 莱 兴　啊,你这一条打入地狱的狗,

　　　　　该用什么话才能把你咒个够!

　　　　　容得你活在世上,天也瞎了眼!

　　　　　你简直叫我的信仰发生了动摇,

　　　　　要相信毕达哥拉斯的那套道理:②

　　　　　畜生的灵魂能寄托在人的躯壳里。

　　　　　我看你前生,一定是头狼,伤了人,

　　　　　给人家捉住了吊死,这凶狼的灵魂

　　　　　从绞刑架下逃出来,带着股杀气,

　　　　　钻进了你那老娘的肮脏的贱胎,

　　　　　生下来,就是你这狼心狗肺的东西——

　　　　　这样狠,这样凶暴,这样地贪心!

夏 洛 克　(从胸口掏出借据,用刀子指着)

　　　　　可惜骂又骂不掉借据上的印章!

　　　　　倒是你,喊得这么凶,白白伤了肺;

————————

①　按照英美舞台传统,夏洛克又在鞋底上磨了两下刀子,这才直起身来答话;还先把
　　嘴向安东尼那边努了一下。

②　毕达哥拉斯(Pythagoras),公元前六世纪的希腊哲学家,持"灵魂循环"说,以为人
　　死后,灵魂可以变成畜生,畜生的灵魂也能变成人。

好兄弟,将息将息吧,免得将来

把一个身子糟蹋得没法收拾。

我上这儿来,是来跟法律讲话。

（一下子转过身去,面向大公）

大　　公　　（刚读完信）

裴拉里奥这封信是给本法庭介绍

一位年轻有学问的博士来听审。

他在哪儿?

奈　莉　莎　　　　　就在附近听候吩咐——

准不准他出席庭审。

大　　公　　　　　　　　非常欢迎。

去三四个人,把他好好地迎接来。

［一侍从下］

趁这会儿,当众念一念裴拉里奥的信。

奈　莉　莎　　（念信）①

大公殿下:手诏敬悉,只因抱病在身,难以应命。
尊使者到达之时,恰好有一位罗马青年博士,名叫鲍
尔萨泽者,好意前来探望。我即和他谈论犹太人和
商人安东尼诉讼案的经过情况;又和他一起遍查法
典律书。我的意见他全都领会,何况这位青年,学问
渊博,非三言两语所能道尽,更有独到之见;我当即
恳求他代替我,前来应命。务请殿下不因他年事尚
轻而轻看了他;少年而如此老成,实为生平所少见。
谨向殿下举荐,如蒙使唤,当知以上所云,实非过誉。

大　　公　　博学的裴拉里奥的来信,你们都听见了;

---

① 据西松编全集本及"印玺版"（The Signet Shakespeare）,由奈莉莎念信,这样处理,
　似更富于戏剧性。原始版本并未标明由谁念信。

这儿来的,大概就是那位博士了。

[波希霞披律师袍,持法典上。侍从前导]

把手伸给我,从老裴拉里奥那儿来吗?

波 希 霞	正是,殿下。
大 公	欢迎得很,请入席吧。

今天开庭审理的这件案子,

双方争执的焦点你已经了解了吗?

波 希 霞 (登上审判席)

本案的情节我已经完全了解了。

这儿哪一个是商人? 哪一个是犹太人?

大 公 安东尼,老夏洛克,两个都站出来。

(二人上前,向大公鞠躬)

波 希 霞 你叫夏洛克吗?

夏 洛 克 夏洛克就是我的名字。

波 希 霞 你这场官司打得倒也奇怪;

可是又符合手续,你提出诉讼,

威尼斯的法律不能把你驳回去。

(向安东尼)

你的生死,操在他手里,是不是?

安 东 尼 他是这么说的。

波 希 霞 这借据你承认吗?

安 东 尼 我承认。

波 希 霞 那么只好犹太人放慈悲些了。

夏　洛　克　根据什么，是规定的吗？请说一个道理。

（转过身去，表示轻蔑）

波　希　霞　慈悲，并不是来自强求硬逼，

它，像甘霖一般，从天而降，

洒落到人间。它给人双重的祝福——

祝福那施主，也赐福给受施的人。

它，万王之王所奉行的王道，

它，比皇冠更适合帝王的身份；

帝王手里的节杖，无非象征着

世俗的权势，叫人诚惶诚恐，

让君主笼罩于煊赫与威严之中。

可是慈悲，却高出于王权的势焰；

它，供奉在帝王的内心深处，

是替天行道，象征了上帝的宏恩。

人间的权威跟上帝的天道最接近，

要是王法里渗透着慈悲的德性。

所以，犹太人，你要求的虽说是王法，

可是想一想，按照王法执行赏罚，

那我们中间，谁还能够得救？

我们都作祷告：祈求上天的慈悲，

这祷告指点我们：每个人都该

乐善好施。我说了这一番话，

无非想劝你，别坚持法律的条文吧！

要是你，说一不二，那么，威尼斯的法庭

执法无私，只好判那商人败诉。

夏　洛　克　我自个儿做的事，我自个儿当！

我只要求法律解决，我定要执行

那借据上写明了的处罚的条文。

波　希　霞　他可是无力偿还这笔借款吗？

巴　珊　尼　不，我这儿愿意替他当庭还清，
　　　　　　照原数加两倍都行。要是这还不够，
　　　　　　我情愿具下结，一倍还他十倍——
　　　　　　拿我一双手、我的头、我的心做抵押。
　　　　　　如果他还说不满足，那分明是
　　　　　　"仇恨"吞灭了"公道"。

　　　　　　　　　（跪下，举手呼吁）那我求你啦，
　　　　　　运用权力把法律稍许变通一下吧——
　　　　　　犯一点小小错误，做一件天大的好事，
　　　　　　不容他，这狠毒的恶魔，如愿以偿！

波　希　霞　绝对使不得！在威尼斯谁也没有权
　　　　　　可以变更明文规定的法律。①
　　　　　　一旦开了这恶例，那只消借口
　　　　　　有例可援，这以后纷至沓来的弊端
　　　　　　谁还数得清？这是绝对使不得的！

夏　洛　克　但以理来做法官啦！又是个但以理！②
　　　　　　聪明年轻的法官呀，我多么尊敬你！

波　希　霞　请你让我瞧瞧你那份借据。

夏　洛　克　（赶紧从胸口掏出来）
　　　　　　有，最尊敬的博士；就是这一份。

波　希　霞　夏洛克，人家愿意还给你三倍的钱呢。

夏　洛　克　赌过咒了，赌过咒了，我向天赌过咒啦！
　　　　　　难道叫我灵魂背上毁誓的罪名？

---

① 当时威尼斯以严格执行法律条文著称。在意大利故事《呆子》（这个喜剧的取材来源）里，也提到"威尼斯的法律向来十分严格"。

② 但以理，《圣经》里的人物，年少英明，善于折狱。"新莎士比亚版"在这里加舞台指示："他吻波希霞的法衣的边缘。"

不行，哪怕把整个威尼斯都送给我。

波　希　霞　（研究借据）

订在借据上的条文可以成立。

凭这张纸，这犹太人可以合法地

要求从这商人的胸膛，贴紧着心口，

割下一磅肉——请你放慈悲些吧，

收三倍的钱，叫我把借据撕了吧。

夏　洛　克　（急忙阻止）

执行了借约上的条文，再撕不迟。

看起来你倒是一位清明的法官；

你懂得法律，你讲话大有道理，

你不愧为法律的栋梁；正因为这样，

我以法律的名义命令你，快判决吧！

凭我的灵魂起誓，哪一个也别想

用舌尖儿来说服我。我只认得我的借据。

安　东　尼　我这是诚心诚意，请求法庭

从速判决吧。

波　希　霞　　　　　　　好，那么就这样：

准备好吧，让你的胸膛受他那一刀。

夏　洛　克　尊严的法官哪！好一个英俊的青年哪！

波　希　霞　因为，这借约上所规定的惩罚，并没有

跟法律的精神和涵义，有抵触的地方。

夏　洛　克　说得对。啊，聪明正直的法官哪！

谁想你这么年轻，竟这么老练！

波　希　霞　（向安东尼）

所以，把你的胸膛袒露出来吧。

夏　洛　克　对了，“他的胸膛”，借约上这么写着——

（指着波希霞手里的借据）

可不是这么写的吗,尊严的法官?

"贴紧着心口",一点儿都错不了。

波　希　霞　一点儿不错。称肉的天平准备了吗?

夏　洛　克　我已经带来啦。

（解开长袍,拿出天平）

波　希　霞　该请一位外科大夫来,夏洛克,

替他堵住伤口,费用归你负担,

免得直流着血,要了他的命。

夏　洛　克　借约上有这么一条规定?

（从她手里要回借据,阅读）

波　希　霞　借据上并没这么写明;可是不相干,

只要你做的是善事,总是好的。

夏　洛　克　（交还借约）

我找不到;借据上并没这一条。

波　希　霞　你,商人,还有什么话要讲吗?

安　东　尼　没有,就只是:我不在乎,我准备好了。

把你的手给我,巴珊尼。再会吧!

别看我为你落到这地步而难受;

命运,对我这苦命人,总算照应了。

照她向来的办法,把一个人弄到

倾家荡产之后,还要他活下去——

叫他用凹陷的眼睛,皱纹的额角,

去面对那暮年的潦倒光景。

这一种拖延时日的活受罪,她给我

一刀割断了。（他们拥抱）

替我向尊夫人致意,

对她说我怎样地爱你,我临死的关头

死得有多从容;把故事都讲完了,

　　　　请她评一评,巴珊尼是不是也有过
　　　　一个知心的好友。你倘使不因为
　　　　眼看你的朋友没救而心里难受,
　　　　那么我给你还债,也就死而无怨了——
　　　　只要那犹太人一刀子扎得深一些,
　　　　一刹那,我就全心全意,还了债!

巴　珊　尼　（冲动地）

　　　　安东尼,我新娶了媳妇儿,我爱她,
　　　　就像自个儿的生命;可生命也好,
　　　　媳妇儿也好,就算是整个世界,
　　　　在我的眼中,都比不上你的生命。
　　　　我情愿丢了这一切,牺牲了它们,
　　　　全拿去献给这个恶魔,来救你。

波　希　霞　尊夫人要是就在这儿,听到你
　　　　这么慷慨,怕不见得会感谢你吧。

葛　莱　兴　（学巴珊尼的样）

　　　　我有个老婆,我发誓我是爱她的;
　　　　我但愿她离开人间,好上天去
　　　　求老天改变这狼心狗肺的犹太人。

奈　莉　莎　幸亏你在她背后发这么个宏愿,
　　　　要不然,管叫府上闹个天翻地覆!

夏　洛　克　（自语,厌恶地）

　　　　基督徒的丈夫就这模样! 我有个女儿——
　　　　哪怕她跟巴拉巴的子孙做夫妻,①
　　　　也强似嫁给了基督徒!

　　　　（向波希霞）

----

① 　巴拉巴（Barrabas）,古时强盗名。（见《新约·马太福音》27,15—20）

我们耽误工夫啦;请快些儿判决吧。

波　希　霞　这个商人身上的一磅肉判给你了;

法律上许可,法庭上已经承认。

夏　洛　克　大公无私的法官!

波　希　霞　你必须从他的胸口割下这磅肉来;

法律准许你,法庭上已经判给了你。

夏　洛　克　精通律法的法官!

（向大公鞠躬)判下来啦!

（走向安东尼)来,准备吧!

波　希　霞　（站到他面前)

慢些儿,还有话说。这一张借据

并没有规定你可以取他的一滴血;

写明的只是"一磅肉"。那就割一磅肉,

照你的条款执行吧;可是,割的时候,

你要是流了一滴基督徒的血,

那你的土地、你的财产,按照

威尼斯的法律,就要全部充公,

没收入威尼斯国库。

葛　莱　兴　正直无私的法官哪! 你听听,犹太人。

啊,精通律法的法官哪!

夏　洛　克　这可是写明在法律上?①

波　希　霞　　　（打开手中的法典)你自己去查看吧;

既然你坚持王法,那最好没有,

就给你王法,而且比你要求的还多。

---

① "向公爵哽嗫地发问,带着惊恐,一边儿鞠躬。他对波希霞的看法如今改变了。他以下的话全都是向公爵说的,只除了说'我满意'时,才正眼注视波希霞。"——蒲斯:《舞台提示》

葛 莱 兴	精通律法的法官哪！——你听听，犹太人。
	好一个精通律法的法官！
夏 洛 克	也罢，我愿意接受刚才的条件。
	还我三倍的钱，放这基督徒走。
巴 珊 尼	钱就在这儿。
波 希 霞	别忙！
	已同意这犹太人，绝对依法办理。
	别忙！急什么。他什么都不能接受，
	除了按照条文处罚。
葛 莱 兴	噢，犹太人，来了个正直无私的法官！
	来了个精通律法的法官！
波 希 霞	所以说，犹太人，你准备动手割肉吧。
	不准流一滴血；割下去，不准多也不准少，
	要刚好一磅肉。要是有一点轻、一点重，
	哪怕相差只区区二十分之一丝——
	不，就算天平上只高低一根汗毛儿，
	就叫你死；你的财产，全充公。
葛 莱 兴	但以理再世啦！又是个但以理，犹太人！
	这一回，你的辫子可叫我抓住啦，
	你这异教徒！
波 希 霞	犹太人干吗不动手？快割你那磅肉吧！
夏 洛 克	把我的本金还给我，放我走吧。
巴 珊 尼	钱早已给你准备好啦，拿去吧。①
波 希 霞	他不要钱，他已经当庭拒绝过了；
	只能给他王法，让他照章办事。

———————————

① 按照英美舞台传统，夏洛克伸手接受钱袋，却给葛莱兴一把夺过去，他高举起钱袋，摇晃着，嚷道："再来一遍；又是个但以理！……"

葛 莱 兴	再来一遍:又是个但以理——但以理再世啦!
	你教会我说这句话,谢谢你,犹太人!
夏 洛 克	难道你们叫我连本金都落空吗?
波 希 霞	一个钱都不能拿,要拿只能拿
	那磅肉,犹太人,拼着你自己活不成!
夏 洛 克	(把刀子摔在地上)
	嘿,罢了,算是魔鬼便宜了他!
	这场官司我不打了。
波 希 霞	慢着,犹太人。
	法律还要向你追究呢。
	(打开法典,宣读)
	威尼斯的法律规定:如查明有异邦人
	企图使用直接、或间接的手段,
	谋害我邦公民;他的财产难保——
	半数应划归被企图谋害的一方;
	其余半数,当即没入公库;
	犯罪者的生命,全凭大公发落,
	不容任何人异议、过问。告诉你,
	你现在就在这一条上触犯了法网;
	但凭方才那一连串的事实,
	显然是,你啊,有用直接或间接的手段,
	谋害被告生命的意图;所以,
	方才所说的罪名,已落在你头上。
	快快跪下来,请求大公开恩吧。
葛 莱 兴	求大公让你自个儿去上吊自尽!
	可是如今,你的钱财全充公了,
	买根麻绳你也买不起啦;所以,
	还得让公家来破费把你吊死!

[他乘势一推，把夏洛克推倒在公爵座下]

大　公	好让你瞧瞧，基督徒的精神又怎样——
	你还没开口，我就饶恕了你死罪。
	你所有的财产，一半划归安东尼，
	另一半，由公家没收。要是你能够
	诚心悔过，还可以酌减为一笔罚金。
波　希　霞	这是指没入公家的；安东尼的，不能减。
夏　洛　克	不，把我的命、我的一切都拿走吧！
	不要饶恕我！拆掉了支撑房子的栋梁，
	就是拆毁了我的房子；你们夺去了
	我活命的根本，就等于要了我一条命。
波　希　霞	安东尼，你能不能为他开一点恩？
葛　莱　兴	做好事吗，就送他一根上吊的绳子，
	别的东西，看天主面上，别给！
安　东　尼	要是大公殿下和全体法庭
	从宽发落，减免他一半罚金，
	只没收他半份财产，我也就满意了。
	只要他答应，他另外一半财产
	由我保管和经营，等他死后，
	交给新近和他女儿私奔的绅士；
	可是，有两个条件，接受了这恩典，
	他就得立刻改信天主教；
	另外，他必须当庭立下文契，
	声明他身后的全部财产都传给
	他的女婿罗伦佐，和他的女儿。
大　公	这两个条件他必须办到，否则，

方才宣布的宽大就马上取消。

波　希　霞　你满意吗,犹太人? 你有什么话要说?

夏　洛　克　(哽咽地)我——满意。

波　希　霞　(向奈莉莎)

　　　　　书记,写一张授赠财产的文契。

夏　洛　克　求求你们,放我走吧。我身子不好受。

　　　　　文契随后送给我,我一定签字。

大　　　公　你去吧,可是一定要给我做到。

　　　　　　　　　　　　　　　(夏洛克鞠躬,蹒跚退下)

葛　莱　兴　(追上去)

　　　　　在受洗的时候,你要有两位教父,

　　　　　要是我做法官,再给你添上十个——①

　　　　　不是领你去受洗,是送你上绞架!

　　　　　　　　　　　　　　　　　[夏洛克下]

大　　　公　(起立,离座)

　　　　　先生,我请你一起到我家去吃饭。

波　希　霞　请殿下原谅:今天晚上,我必须

　　　　　回帕度亚——现在就得动身了。

大　　　公　没法挽留你,真是非常遗憾。

　　　　　安东尼,你该向这位先生表示些谢意,②

　　　　　我说,你这回多亏他出了大力。

　　　　　　　　　　　　　　[大公,众贵族及侍从等下]

巴　珊　尼　最可尊敬的先生,我和我朋友,

　　　　　今天全仰仗你,你的智慧解救了

────────────

① 再给你添上十个,按天主教教规,接受洗礼时,受洗者应有教父、教母各一人在场。
当时法庭审判,由十二人组成陪审团。

② 表示些谢意,“酬劳”的委婉的说法。

我们的急难，作为我们的敬意，

这三千两银子，本应该还给犹太人，

现在诚意奉上，补报你这一番辛苦。

安 东 尼　而且一生一世忘不了大恩大德，

永远感激你，我永远供你驱使。

波 希 霞　心满意足，就是极大的报酬了；

而我，能救你的急，心里很满足

认为自个儿已得到了极大的报酬；

此外的好处，我就从没指望过。

（从他们面前走过，鞠躬）

但愿下次见面，两位还认得我。

祝你们二位好，我这里就此告辞了。

巴 珊 尼　（赶上去）

好先生，我无论如何还得求求你：

随便从我们这儿拿一些什么，

不当做酬谢，只算是留个纪念。

请你答应吧，我这双重的心愿：——

既不推却，还原谅我这个恳求。

波 希 霞　你们把我逼得紧，那只好依你们了。

（向安东尼）①

把你的手套送我吧，将来常戴着

也好留个纪念。

（向巴珊尼）难得你一片情意，

我就拿你这个戒指吧——别把手缩回去呀，

---

① 从"剑桥版"、"河滨版"、西松编全集。有一些版本作（向巴珊尼）。"新莎士比亚版"说：波希霞先让丈夫脱下手套，露出戒指，然后再讨戒指。译者按，女主人公是安东尼的恩人，先问他要纪念品，似较合情理。请注意第五幕中巴珊尼的表白："人家偏什么都不要，单要这戒指。"

我不再问你讨什么了；你情深意重，
想必不会拒绝我这一个。

巴　珊　尼　这个戒指？好先生——唉！那只是
不值钱的玩意儿，怎么好意思送给你？

波　希　霞　我什么都不要，单要这一个；现在，
我更加觉得想要这个戒指了。

巴　珊　尼　并非我不舍得，只因为有别的缘故——
让我想法征求威尼斯的最名贵的
戒指送给你吧——这一个，请你原谅……

波　希　霞　我明白了，大爷，原来你只是口头上
说得漂亮。你先教我伸手乞讨，
然后再教我怎么把叫化打发掉。

巴　珊　尼　好先生，这戒指是我的太太给我的；
她给我套上这戒指，要我发下誓：
永远也不把它卖掉、丢掉、送掉。

波　希　霞　这推托倒也方便，让人家好省却
多少礼！只要尊夫人不是个疯女人，
她知道了我无论如何总还受得起
这一份礼，就决不会因为你把
这个戒指送给我，而跟你闹得个
没完没了。好吧，祝你们平安无事！

　　　　　　　　　　　　　　　　［一怒而下，奈莉莎随下］

安　东　尼　巴珊尼大爷，让他把这戒指拿去吧。
他的这番功劳，和你我的交情，
就算是重于你的夫人的命令。

巴　珊　尼　（捋下戒指）
葛莱兴，你去吧，快快追上他们；
把这个戒指送给他；最好能把他

请到安东尼家里去。去！赶快！

［葛莱兴急下］

来，我陪同你一起到你家去；
明天一清早，咱们就赶往贝尔蒙。
来吧，安东尼。

［同下］

第二景　威尼斯；街道

［波希霞披律师袍，奈莉莎穿书记服上］

波　希　霞　去打听犹太人住在什么地方，
　　　　　　把这张文契交给他，要他签个字。
　　　　　　我们俩今夜就走，比咱们的丈夫
　　　　　　早一天赶回家中。让罗伦佐看到了
　　　　　　这份文契，他该不知怎样欢迎呢。

［葛莱兴急上］

葛　莱　兴　好先生，我好不容易追上了你们。
　　　　　　巴珊尼少爷，他又仔细想了想，
　　　　　　决定派我来把这个戒指送给你，
　　　　　　还要请求你赏光去吃一顿饭。
波　希　霞　嗯，那恐怕不可能了。他的戒指，
　　　　　　我十分领情地受了，就请你代我
　　　　　　谢谢他。还有件事儿得拜托你：
　　　　　　给我这小伙计领一下路，带他到
　　　　　　夏洛克老头儿家里去。

葛 莱 兴	可以可以。
奈 莉 莎	大哥,还有句话没跟你说——
	（走近波希霞,悄声）
	我可要试我丈夫一试,看能不能
	把他的戒指拿到手;我叫他起过誓,
	永远别脱下来。
波 希 霞	（悄声）一定能够,我保证。
	到时候,我们会听见口口声声的
	赌咒:他们是把戒指送给了男人;
	可是我们要叫他们下不了台,
	我们要赌咒,比他们赌得凶。
	（高声地）
	赶紧去吧! 你知道我在哪儿等着你。
奈 莉 莎	来,大哥,你领我到他家去好吗?

[分头下]

第五幕

第一景　贝尔蒙;林苑

[罗伦佐挽吉茜卡上]

罗 伦 佐	好皎洁的月色! 正是这么个夜晚,
	阵阵香风轻轻地抚弄着树叶,
	没一些儿声息——正是这么个夜晚,
	特洛伊罗斯登上了特洛伊的城墙,

遥望着克瑞西达所寄身的希腊军营，

发出心底的悲叹。①

吉 茜 卡　　　　　　　　正是这么个夜晚，

瑟丝贝提心又吊胆，踩着露珠儿，②

去到郊外幽会，冷不防瞥见了

一头狮子的影儿，来不及看第二眼，

吓坏了，只顾逃。

罗 伦 佐　　　　　　　　正是这么个夜晚，

黛多女王手拿着一枝杨柳条儿，③

站在海堤上，向一片汪洋招手，

一声声呼喊，叫她负心的情郎

回到迦太基来。

吉 茜 卡　　　　　　　　正是这么个夜晚，

美狄亚在采集仙草，让年老的公公

恢复那青春。④

罗 伦 佐　　　　　　　　正是这么个夜晚，

吉茜卡，从有钱的犹太人家里逃出来，

跟一个没出息的情郎从威尼斯一逃

逃到了贝尔蒙。

吉 茜 卡　　　　　　　　正是这么个夜晚，

年轻的罗伦佐，口口声声说真爱她，

---

① 特洛伊罗斯（Troilus），小亚细亚特洛伊城的王子，爱希腊少女克瑞西达（Cressida）；当时特洛伊正跟希腊交战，由于双方遣返战俘的安排，克瑞西达给遣送希腊军营；她忘了先前的山盟海誓，又另爱上了希腊将领。

② 瑟丝贝（Thisby），古代巴比伦少女，于月夜赴情人约会，遇见狮子，弃肩巾而逃。参见《仲夏夜之梦》第五幕第一景戏中戏。

③ 黛多（Dido），古代迦太基女王。

④ 美狄亚（Medea），希腊英雄伊阿宋的妻子，曾在月光下披发赤足，为公公埃宋采集恢复青春的仙草，炼制成液，灌注在他的血液里。参见奥维德《变形记》7,162 以下。

山盟海誓,骗去了她的心;可是,

没一句话,是真的。

罗 伦 佐　　　　　　　　　　正是这么个夜晚,

可爱的吉茜卡,倒像一个小泼妇,

骂起了她情哥儿,亏得那男的宽恕了她。

吉 茜 卡　任凭你有多少个今夜长、今夜短,

我准可以打倒你,要是没有人来——

可是听! 这不是一阵脚步声?

[一使者上]

罗 伦 佐　谁跑得这么快呀——在这静悄悄的晚上?

使　　者　一个朋友。

罗 伦 佐　朋友? 什么朋友? 你尊姓,朋友?

使　　者　我叫史蒂番诺,特地来报个信,

我家女主人在天亮之前,就要

赶回贝尔蒙啦。她总是走走又停停,

跪在十字架前,祈求婚姻美满。①

罗 伦 佐　谁跟她一起来?

使　　者　　　　　　　　没有什么人,

就只是一个修道士和她的侍女。

请问,我家主人回来了没有?

罗 伦 佐　还没有,也没听到他的消息。

可是,吉茜卡,我们不如进去吧,

让我们按照着礼节,准备欢迎

这宅子的女主人。

---

① 意大利的大道旁,往往立有十字架和神龛,用以纪念圣徒或英雄的事迹。

［朗西洛上］

朗 西 洛 索拉,索拉! 哦,哈,——呵! 索拉,索拉!①

罗 伦 佐 谁在那儿嚷嚷?

朗 西 洛 索拉! 看见罗伦佐少爷吗? 罗伦佐大爷! 索拉,索拉!

罗 伦 佐 别嚷啦,伙计! 在这儿哪。

朗 西 洛 索拉! 在哪儿? 在哪儿?

罗 伦 佐 在这儿。

朗 西 洛 告诉他,我家主人派了一个信差,带来了满满一大堆好消
息。我家主人在天亮之前就要来到啦。

［下］

罗 伦 佐 亲爱的,让我们进去,守他们回来吧。——

不过有什么要紧,何必进去呢?

史蒂番诺,我的朋友,劳驾你,

去通知一家大小,女主人就要到啦;

把乐队带到户外来,准备欢迎吧!

［使者下］

看月光倾泻在花坛上,多么幽静啊!

我们就在这儿坐下吧,让阵阵音乐

柔柔地送进我们的耳管。这恬静,

这幽夜,正好衬托那美妙的和声。

坐下吧,吉茜卡。你瞧,那高高的天穹上,

嵌满了多少金光灿烂的宝石。

你所望见的每一颗微小的天体,

在运转的当儿,都发出天使般的歌声,

---

① 索拉,索拉! ——朗西洛在这里模仿号角的声音。信差赶到时吹起号角。

永远应和着那明眸的天婴的妙唱。

这和声原来就存在于人的灵魂里；

可是，封上了这一重泥壳，我们，

心窍就给塞没，再也听不到了。

[众乐师上]

来啊！ 奏起赞美歌叫狄安娜别睡吧。①

把最美妙的旋律送进女主人的耳里。

让飘飘的音乐引导着她回家来吧。

[开始奏乐]

吉 茜 卡	听着那动人的音乐，总感到一阵惆怅。
罗 伦 佐	这是因为你有颗敏感的灵魂。

你只要看一群横冲直撞的畜生，

或是那还没上鞍、未驯服的小驹，

欢蹦乱跳，高声嘶叫，只顾逞着

那一股猛烈的性子；可是，这时候

让它们听见了一声喇叭响，或是

让一段音乐钻进了它们的耳朵，

你看那：它们的脚步，一齐停住啦，

那狂野的眼光，变成柔和的注视啦——

中了音乐的魔力！ 诗人说，奥菲斯

用音乐感动木石、平息风浪，②

---

① 狄安娜（Diana），希腊罗马神话中的月亮女神。

② 奥菲斯（Orpheus），希腊神话里著名的音乐家。父亲阿波罗（Apollo）给了他一张弦琴，母亲缪斯女神教他弹琴。他那美妙的琴声不但感动禽兽，而且奥林匹斯山（他的生长地）上的树木与岩石都为之感动。"诗人说"可能指奥维德而言，在他的《变形记》第10、11卷里，记载奥菲斯的故事。

正因为世上不论什么东西，

任凭它有多么迟钝、顽固、狂暴：

听到了音乐，都跟着转移本性。

一个人，要是他内心没有音乐，

听了美妙的和声，无动于衷；

那么他，就是为非作歹的料子，

他的灵魂像黑夜一样昏沉，

他的心胸：地狱一般幽暗。

这种人，可不能信任。听这音乐吧！

　　　　　　［波希霞，奈莉莎自远处上］

波　希　霞　我们望见的灯光，从我家透出来。

　　　　　小小一支蜡烛，把光明送得多远啊！

　　　　　一件好事，也这样，在这黑暗的世界上。

奈　莉　莎　月光出来了，我们就望不见那烛光。

波　希　霞　大的掩盖了小的，人间的光荣就这样：

　　　　　一个摄政，本来像皇帝般荣耀，

　　　　　等来到皇上面前，他那份煊赫，

　　　　　像影儿般不见了——好比一江流水

　　　　　消失在大海里一样。音乐！你听！

　　　　　　　　［传来音乐声］

奈　莉　莎　小姐，这是我们家里的音乐呢。①

波　希　霞　没有衬托，哪儿就见出好处来；

―――――――――

① 在伊丽莎白时代，贵族家里常供养私人的乐队。

　　　　　这音乐，我觉得比白天好听得多了。

奈　莉　莎　是幽静给音乐增添了优美，小姐。

波　希　霞　谁都不许有陪衬，那乌鸦的啼叫

　　　　　也就跟百灵的歌声一样好听。

　　　　　夜莺要是在白天献她的歌喉，

　　　　　那么，夹杂在鹅鸭的一片嘈杂里，

　　　　　人家还道她唱得并不比桃雀高明。

　　　　　多少事物，多亏得跟时机合拍，

　　　　　才达到尽善尽美，博得了赞赏！

　　　　　（向乐师们）

　　　　　喂，静下来吧！月亮姐跟她的情郎①

　　　　　正一块儿睡着，不愿被吵醒呢。

　　　　　　　　　　　　　　　　　　　　　［音乐停止］

罗　伦　佐　要是我没听错，这准是波希霞的声音。

波　希　霞　（向奈莉莎）

　　　　　他听出我来，就像瞎子听出了杜鹃——

　　　　　凭那条破嗓子。

罗　伦　佐　　　　　　好夫人，欢迎你回来！

波　希　霞　我们一直在为我们的丈夫祈祷，

　　　　　但愿他们在外边，如意平安。

　　　　　他们回来了吗？

罗　伦　佐　　　　　　夫人，还没回来呢；

　　　　　可是方才已经有人来报过信，

　　　　　说他们就要到达了。

波　希　霞　　　　　　　进去吧，奈莉莎。

────────────

① 希腊罗马神话，月神狄安娜爱上牧羊青年恩底弥翁（Endymion），每晚经过拉特摩
　山（Latmos）时，和她睡熟的情人见面一次。

关照仆人们别提我们出过门;

还有你,罗伦佐,你吉茜卡,都别提。

[传来一阵喇叭声]

罗 伦 佐　巴珊尼来啦,我听见他的喇叭声。①

我们决不多嘴,夫人,你放心好啦。

波 希 霞　这么亮光光的晚上,我觉得,就像是

一个昏沉沉的白天——稍微暗淡点儿。

太阳不露面的白天,也不过是这样。

[巴珊尼,安东尼,葛莱兴上。侍从等随上]

巴 珊 尼　只消有你的形体显映在黑夜里,

我们跟那地球对面的人,就同时

承受着阳光。

波 希 霞　　　　　　让我发出光亮,

可别像亮光,轻得没有些分量。

轻浮的妻子可是个沉重的包袱,

压在她丈夫的心头上;我可不愿意

我的巴珊尼为了我而这样。可是,

万能的天主! 欢迎你回家来,我的爷!

巴 珊 尼　谢谢,夫人。请你向我的朋友

表示欢迎。就是这一位:安东尼,

我受过他的恩惠可没有穷尽。

① 我听见他的喇叭声,欧洲封建贵族讲究排场,常由一班随从吹奏喇叭,宣告自己的
出行、到达等;喇叭调子,各个贵族间不尽相同。

波　希　霞　你的确是受惠无穷,可是我听说

人家为了你的缘故,受累无穷哪。

安　东　尼　没什么,好在已经逢凶化吉了。

波　希　霞　大爷,我们非常欢迎你光临;

可是欢迎不就是在嘴上热闹,

所以一切客套话我都免除啦。

葛　莱　兴　（向奈莉莎）

拿天上的月亮赌咒,你冤枉我啦!

说正经话,我送给了法官的书记。

小亲亲,你为这回事多生出一条心,

我啊,但愿那拿的人少了个鸡巴。

波　希　霞　吵架了,嘿,已经! 为什么来着呀?

葛　莱　兴　（轻描淡写）

为了一个金圈儿,不值钱的东西——

她给我的一个戒指,上面刻了字——

其实天底下的刀匠都会在刀子上

刻那么几个字——什么"相亲相爱不分离"。①

奈　莉　莎　你管它什么字不字,值钱不值钱!

当初我给你的时候,你是怎样

向我起誓的? ——你要永远戴着它,

临到死,还要把它带进坟墓里;

那么不为我,就为你罚下的重咒,

也该看重它几分,好好戴着它呀。

送给了法官的书记! 不,天主看得清,

---

① 当时戒指上刻字的风气盛行,铭句、韵文都有,刻在戒指内侧。刀子上镂刻短小的
铭文,也是当时一种风气。参阅《亨利四世》(下,2,4,195):"火枪"的刀子上刻有
两行铭文。

　　　　　你这个"书记",脸蛋上永远不长毛!

葛　莱　兴　他会长毛的! 等他成丁了,你瞧吧。

奈　莉　莎　哼,等一个女人长成了壮丁?

葛　莱　兴　瞧,我拿这只手来向你赌咒,

　　　　　这戒指确实是送给了一个小伙子——

　　　　　简直还是个小把戏,这一位书记——

　　　　　矮矮的——不比你高;小家伙真会说话,

　　　　　一定要问我讨这个戒指做报酬。

　　　　　我,情面难却——就只好依他啦。

波　希　霞　那就是你的不对了——我实话实说;

　　　　　怎么能把你太太的第一件礼物

　　　　　随随便便给了人? 你戴上那戒指,

　　　　　立下了誓;只要你真心诚意,那么

　　　　　套在你指上就等于钉在你肉里。

　　　　　我也送给我那亲爱的一个戒指,

　　　　　我叫他发誓永不跟它分手;

　　　　　他就在这儿。我敢代替他发誓,

　　　　　哪怕拿天下的金银来跟他交换,

　　　　　他也不会把它送掉,不肯把它

　　　　　从手指上捋下来。我说,真的,葛莱兴,

　　　　　你呀,你太对不起你的夫人了。

　　　　　要是换了我,嗳,早把我气昏啦。

巴　珊　尼　(暗中发急)

　　　　　唉,我恨不得把我的左手砍了,

　　　　　好发誓,只为了保护那个戒指,

　　　　　我连自己的手都拼着不要!

葛　莱　兴　(大声宣布)

　　　　　咱家大爷的戒指早让法官要去啦!

说真的,他拿去那戒指也不算过分。

随后那个小家伙,他的书记,

因为写了几行字,也来问我讨啦;

他们俩,一个大爷,一个二爷,

什么都不要,就偏要这两个戒指!

波 希 霞　我的爷,你把什么戒指送了人啦?

我想不会是我给你的那一个吧。

巴 珊 尼　要是我不怕拿谎话来加重我罪过,

那我一定会抵赖的;可是,你瞧,

(从背后伸出他的左手)

我这手指上的戒指没有了——完啦。

波 希 霞　你这假情假意的心就这么虚伪!

天哪,你要是拿不出我的戒指来,

我永远不上你的床!(背转身去)

奈 莉 莎　　　　　(向葛莱兴)我也不上你的床,

除非给我拿出戒指来!

巴 珊 尼　　　　　　　　好波希霞,

要是你知道了:给谁的,这一个戒指;

要是你知道了:为谁,我给了这戒指;

要是你想到了:为什么,才送这戒指;

而我又多么舍不得捋下这戒指;

人家什么都不要,偏要这戒指;

你就不会生那么大气,为着这戒指!

波 希 霞　要是你懂得它的价值:这戒指;

或是多少体会到:怎样一片情意

我送你这个戒指;只要你想得到

这本是你的荣誉:保存这戒指;

那你就不会轻易送掉这戒指!

天下哪儿有这么不讲理的汉子，
假使费你一点心，花一点力气，
稍为表明几句，不能送这个戒指，
他还是死乞白赖讨人家的纪念品？
奈莉莎的话，我相信；我豁出我的命——
要不是给哪个女人弄了去：这戒指！

巴 珊 尼　不，凭我的名誉，我赌咒，太太，
凭我的灵魂：并没有给女人弄了去——
他是位法学博士；三千两银子
我送他，他不收，偏要讨那个戒指——
我答应不下，看着他气呼呼地走了——
可是人家救了我好朋友的性命呀，
叫我怎么办？好太太，你看呢，你说呢。
我没法可想，只好叫人追上去，
把戒指送给他。我真是又窘又惭愧；
我可不能让自己的名誉背上了
忘恩负义的罪名。原谅我，好太太！
凭着那许多黑夜的明灯起誓，①
要是你也在场，我相信你一定会
向我讨了戒指去送给那可敬的博士。

波 希 霞　别叫那博士打我的门口经过；
既然我心爱的首饰都让他拿去了——
你还向我起过誓，它永不离你的身；
那我也乐得看你的样，放大方些，
凡是我有的东西他都可以问我要。
要我的身子，行；要睡我的床，行。

――――――――――

① 黑夜的明灯，指天上的星星。

总有一天,我会跟他有来往——
那毫无疑问。你一夜也别离开家;
像百眼怪人那样看守着我吧。①
要是你放松了一夜,丢下我一个人,
那么凭我还没失去的贞操起誓,
我会让那个博士来陪我睡觉。

奈 莉 莎　（向葛莱兴）

我呢,当然是他那个书记来陪伴我了。
所以留些神,别让我自个儿照看自己。

葛 莱 兴　好,随你的便;可别让我抓住他,
免得他那支"笔",连字都写不成!

安 东 尼　（窘迫）

这一番口角都为了我这个害人精。

波 希 霞　大爷,没你的事。你来,我们很欢迎。

巴 珊 尼　波希霞,饶恕我这一回不得已的过错吧;
当着这许多朋友,我向你发誓,
凭着你的这一双美妙的眼睛,
在那里我看到了自己——

波 希 霞　　　　　　　　你们听听!

他说他在我这一双眼睛里看见了
两个自己——一只眼睛里有一个。
既然你怀着两条心,你发的誓,
再动听也没人相信!

巴 珊 尼　　　　　　不,听我说——

饶了我这一次,从今以后,我起誓,

---

① 希腊神话,百眼怪人(Argus)奉天后之命,日夜守卫一头系在橄榄树下的白母牛,
即使睡觉时,也睁着五十对眼睛。

再不敢违反我对你立下的盟誓。

安　东　尼　我曾经为他的幸福,把自己的身子

向别人抵押;要没有那问你丈夫

讨戒指的人,我这保人早就不保了;

我不怕再立一张字据,这一回,

拿我的灵魂做担保:你的丈夫

决不会再发了誓,又故意失信啦。

波　希　霞　那么就请你做保人——

　　　　　　（拿出一个戒指,交给安东尼）

　　　　　　　　　　　　把这个交给他。

叫他这一回可要比上回看得牢些。

安　东　尼　拿着,巴珊尼;发个誓,永远戴着它。

巴　珊　尼　我的天,这就是我送给博士的那一个!

波　希　霞　我是从他手里拿来的。别见怪,巴珊尼,

那博士凭这个戒指,已跟我睡过觉啦。

奈　莉　莎　也得请你包涵些,我的好葛莱兴,

那个矮矮的小家伙——博士的书记,

昨儿晚上,就借这个做口实,

已经跟我睡过觉啦。（拿出她的戒指）

葛　莱　兴　哎哟,这倒像是大热天修筑马路,

多此一举:这段路本来很通畅啊!①

　　　　　　（拖住巴珊尼）

怎么! 我们还没有做丈夫,倒先做起

王八来了吗?

波　希　霞　　　　　　别把话说得那么难听!

————————————

①　葛莱兴向巴珊尼暗示,他们的妻子早已不顾体面了,他们又何必为自己的面子操
　　心呢?（勃朗）

　　　　　你们俩都是糊涂虫。这儿有封信，

　　　　　拿去慢慢地念吧。这是从裴拉里奥——

　　　　　从帕度亚寄来的，读了信，你们就知道

　　　　　原来那位博士就是波希霞，

　　　　　她手下的书记就是这位奈莉莎。

　　　　　罗伦佐可以当场向你们证明，

　　　　　我紧跟在你们后面，立刻就动身，

　　　　　现在才回来，还不曾进得家门。

　　　　　安东尼，我们欢迎你，我还给你

　　　　　带来了一个意想不到的好消息呢。

　　　　　快拆开这封信吧，它自会向你报告

　　　　　你的三艘大船，满装着财货，忽然间，

　　　　　一齐进港来啦。我先不告诉你

　　　　　这封信怎样碰巧落到了我手中。

安 东 尼　我话都不会说啦。

巴 珊 尼　（狂喜，拥抱波希霞）

　　　　　你就是那位博士，我却认不得你？

葛 莱 兴　（拥抱奈莉莎）

　　　　　你就是要叫我做王八的那个书记？

奈 莉 莎　对，不过这书记并没有起坏心，

　　　　　除非有一天，他脸上长了毛。

巴 珊 尼　（鞠躬）

　　　　　亲爱的博士，你今晚就陪我睡觉吧；

　　　　　我不在家，就请你陪我的太太睡吧。

安 东 尼　好夫人，你救了我的命，又养活我这人。

　　　　　这信上写得明明白白，我的船，

　　　　　都已经平安进港了。

波 希 霞　　　　　　　　　　怎么啦，罗伦佐！

　　　　　　　我的书记也给你带来好东西啦。

奈　莉　莎　可不,而且手续费也不收他的。

　　　　　　　瞧,我这儿给你和吉茜卡一张

　　　　　　　产业授赠状,富有的犹太人的笔据;

　　　　　　　他一死,他的财产全都归你们啦。

罗　伦　佐　两位好夫人,你们就像是天使

　　　　　　　救济饥饿的人们。

波　希　霞　　　　　　　　　天都快亮了,

　　　　　　　可是我知道你们对这许多事情,

　　　　　　　还没听个够。我们且进宅子去吧,

　　　　　　　有不明白的,你们尽可以细细地问,

　　　　　　　我们就一五一十把话来回答。

葛　莱　兴　那也好。第一个要请我的奈莉莎

　　　　　　　宣誓答复的问题是:

　　　　　　　　眼看差两个小时,天就要亮,

　　　　　　　　等明晚,还是趁今夜,就进入洞房?

　　　　　　　　天亮我不喜欢,天黑我最盼望——

　　　　　　　　好早点跟博士的书记睡一张床。

　　　　　　　　天不怕,地不怕,怕就怕这一桩:

　　　　　　　　丢了奈莉莎的戒指,这罪名怎么当?

　　　　　　　　　　　　　　　　　　　　　〔同下〕

考　证

版　本

　　《威尼斯商人》有三种最早的版本：1600 年出版的"第 1 四开本"，1619年的"第 2 四开本"（书名页上伪称 1600 年出版），以及 1623 年出版的"对开本"。在这三种版本中，以第一种最为重要。这"第 1 四开本"是少见的好版本，错误不多，后出两种都依据它排印，文字间或有相异之处，似乎曾略加修订；但是现代编者们认为这些改动并非出自落翁手笔，价值不大。

　　"四开本"全剧不分幕、景，"对开本"分幕不分景，舞台指示也以"对开本"较为充实，例如摩洛哥亲王的上下场，阿拉贡亲王的上场，"对开本"都加上"喇叭高声齐奏"。

写作年份

　　1598 年 7 月，在伦敦书业公所登记录有关于出版商为《威尼斯商人》一书申请登记出版的记载。这一年秋天，米尔斯的《才子宝库》出版，以赞美的语气提到莎士比亚的十二种剧作，《威尼斯商人》也在其内。这喜剧的写作，年份的"下限"当为 1598 年。至于"上限"在哪一年却难以断定。

　　当时伦敦剧场的经营者亨斯罗（P. Henslow）写有"日记"一册，记录1592—1604 年剧场票房收入等情况，其中记载着 1594 年 8 月 25 日演出新戏《威尼斯喜剧》，有的学者认为这个喜剧就是《威尼斯商人》。

　　1594 年 6 月 7 日，伦敦的一个西班牙籍犹太医生罗培斯（Lopez）以谋弑女王罪被判处绞刑，引起社会上极大轰动，剧院里演出不少关于犹太人的戏剧。《威尼斯商人》法庭一场戏里葛莱兴辱骂夏洛克道：

我看你前生，一定是头狼，伤了人，

给人家捉住了吊死……

"狼"（西班牙文是"lupus"）和犹太医生的名字（人家通常称呼他"lopus"）十分近似，很可能是犹太医生的影射。这就增加了上述《威尼斯喜剧》就是《威尼斯商人》的可能性，因为它恰好在犹太医生受极刑后两个月演出。

但有的学者认为《威尼斯商人》的人物性格鲜明，文笔生动，富有激情，显示剧作家的功力已趋于成熟阶段，莎翁在1594年还不可能写出这么成功的作品来。

在喜剧开头部分，安东尼的朋友假想道："我那豪富的'安德鲁'搁浅在沙泥里"，学者们认为有所指。西班牙有旗舰"安德鲁号"，1596年7月在卡狄兹（Cadiz）海湾搁浅，为英国海军浮获，船上的贮藏极为丰富，当时是轰动的新闻。因此也有理由假定《威尼斯商人》最后写定当不早于1596年8月。

贝文顿在他编的全集中提出最有可能的写作年份是1596—1597。

取材来源

《威尼斯商人》的主要故事情节无疑来自1558年出版的意大利故事集《呆子》（*Il Pecorne*，写于1378年），当时可能有英译本，故事梗概如下：

威尼斯富商出资帮助教子基安纳托（Giannetto）去海外经商，商船经过贝尔蒙，听说有寡居的郡主立下奇特的求婚规约，上岸去求婚，在她宫里喝下了一杯药酒，昏睡过去，错失了求婚时机，他的财货，按照规约全给没收。他第二次前去求婚，又输去一船财货。他还不死心，可是他的教父——那威尼斯商人已没有余力筹划财货，只能向犹太人借贷一万银币，立下借约，到期不还，听凭犹太人从他身上割一磅肉。

郡主隆重接待青年，殷勤劝酒，那青年事先得了侍女的指点，暗中把酒泼了,逃过了这一关,赢得了郡主,在宫里过着快乐的日子。一天,他凭窗闲眺,看见人们结队游行,原来圣约翰的节日到了,他这才想起了他的教父,因为借约正是在这节日到期,于是急忙辞别新娘,赶往威尼斯。

犹太人坚持要割一磅人肉,拒绝了商人们愿意出钱赎回他的请求,说是他能把最大的一个基督徒商人宰了才高兴呢。青年赶到,愿意十倍偿还,犹太人却说,你即使把整个意大利的金子都拿来,他也决不答应。

新娘乔装律师也赶到了,青年请她做仲裁,她把一磅肉判给了犹太人,但又声明:割肉时流了一滴血,或有一点轻重,就要将他斩首,并且召来了刽子手。犹太人一怒之下,撕毁契约,不打这场官司了。接下去是戒指的穿插,与喜剧大致相同,在关键时刻给青年指点的宫女嫁给了威尼斯商人。

这故事虽有相当长度,却很粗糙。不像喜剧中的女主人公,是父亲立下求婚规约,郡主则自立规约,凡求婚失败,财货就给没收,又暗中使用药酒。青年第三次求婚,假装中计喝醉,她得意地嘲弄道:"小伙子,你再开一条船来吧,这一次你又完蛋啦!"没想到当她在青年身边躺下时,却给他制服了。这样,在喜剧中,贝尔蒙是寄托着人文主义理想的一个人间乐园,而在原来的故事中,竟像一家黑店,女店主以自己的色相来欺诈钱财。

挑选彩匣这一关节可能采自中世纪拉丁文故事集《罗马人的事迹》(*Gesta Romanorum*),1524年左右有英译本,曾多次重印。集子共收一百个故事,其中第三十二篇叙述一公主乘船去罗马和王子完婚,在海上遭到暴风雨,只有她一人脱险,终于来到罗马宫中。皇帝对公主的身份有所怀疑,安排她挑选三个彩盒,选中了才认她做儿媳。第一个是金匣:匣内刻着一行铭文:"谁选了我,得到他分所应得的。"第二个银盒内的铭文是:"谁选了我,满足他天性的要求。"第三个铅盒内的铭文:"谁选了我,得到上帝为他安排的。"

金盒里装着尸骨,银盒装泥土和蛆虫,公主选的是铅盒,盛的是黄金和珠宝。王子和她于是立即举行隆重的婚礼。

夏洛克的女儿和基督徒私奔这一穿插,可能也有所依傍。莎翁同时代剧作家马娄（C. Marlowe，1564—1593）的戏剧《马尔他的犹太人》（约1589），主人公犹太人巴拉巴，有女儿阿比盖尔，爱上基督徒，在晚上从阳台向情人摔下钱袋，离家私奔，并背弃自己的宗教，改信天主教。

二

哈姆莱特

前　言

　　人们常说,有一千个哈姆莱特的演员就有一千个哈姆莱特;同样,历来的评论家也一个个在各自的心目中塑造着不同精神面貌的哈姆莱特的形象。弗洛伊德学派用他们的性心理学说来给哈姆莱特作心理诊断,丹麦王子报仇心切,却为什么迟迟没有行动,一再拖延呢? 英国琼斯博士认为:这缺乏行动意志力的病根子归源于恋母仇父的"俄狄浦斯情结"。他的叔父杀兄夺嫂,正是实现了潜伏在他内心深处的一个秘密愿望。原来在这个恋母者的心目中,父亲成了不能容忍的情敌。这一学说,似乎在西欧很有影响。

　　如果认真研读原作,从文本出发,那么可以说恰恰和"恋母仇父"相反,王子在不同场合屡次表白了自己的真实心态:热爱父亲,并且由于认为他母亲背叛了父亲,又由爱父而憎母。

　　在人的一生中,尤其在青少年时期,总是有自己心目中崇拜的偶像,而树立在年轻的王子心中的一尊偶像,就是父王老哈姆莱特。他的叔父窃据了丹麦的王座,曾这样开导他——那一番话听来似乎并非完全没有道理:"要知道,你父亲也曾失去过父亲,那失去的父亲又曾失去了他的",千万人都曾为父亲送过丧,"像日常的吃啊穿啊那么地平常",那么为什么惟独他的悲痛却漫无止境呢?

王子没有吭声,他不理会那套花言巧语,他的父王可不同于一般的父亲,尤其是那个居然妄想取而代之,以"慈父"自居的家伙,更是和他的父王天差地远了。

> 多么好的一位国王,比起这一个来,
> 简直是太阳神对半人半兽的精怪。

在哈姆莱特的眼里,有人凭着高贵的品质把自身提高到接近于威严的天神;可是另一方面,有人从外表到内心,一身丑恶,堕落到只配和禽兽为伍。现在把父亲和叔父这一对亲兄弟放在一起,请看看他们所各自代表的"人"的形象吧:——一边俨然是神,雄伟刚健的男性美的象征,是"人"的骄傲;另一边是人面兽身的怪物,是"人"的耻辱。人和人之间竟存在着神和兽的差别,可在血缘上却又是那么接近!——多么可怕啊,这两兄弟来自同一的生命的源泉!

在他所尊敬、崇拜的父王身上,哈姆莱特看到了人的仪表、品德的最高理想。当他在寝宫里毫不留情地责问再婚的母后时,指给她看父王的画像,再一次热烈赞美道:

> 你瞧这一个的容颜,多高雅庄重,
> 长着太阳神的鬈发,天帝的前额;
> 叱咤风云的战神的威武的双眼,
> 像刚从天庭降落的神使,挺立在
> 高耸入云的摩天岭上,那仪表,那姿态;
> 十全十美,就仿佛每一位天神
> 都亲手打下印记,向全世界昭示:
> 这才是男子汉!

越是把父亲当作偶像般崇拜,对于迫不及待地再嫁的母亲,他越是厌恶。他几乎不愿意承认有这么一个母亲；在他眼里，她只是一个为了肉欲而背弃爱情的女人罢了，竟这么快就把他父亲生前对她的种种情意忘个干净："待我的母亲又这么恩爱，甚至不许天风吹痛了她的嫩脸蛋。"

而母亲呢，"偎依在他胸怀，简直越尝到滋味越要尝，越开了胃"。这分明是一对你恩我爱的好夫妻。年轻的王子看在眼里，激发了他对人生的无限憧憬。

青春本是多梦的季节，哪一个少男少女不怀着对人生的美好的希望和期待呢？哈姆莱特是一个感情丰富的青年，更是陶醉在一个美丽的梦想中：——

有那么一天，他也将成为一个成熟、完美的男子汉，像他的父王那样；而且将继承他父亲的大业，也将成为丹麦英明威武的国王。那时候，他现在的温柔纯洁的情人奥菲丽雅就是他美丽的王后。他们俩将像父王和母后那样相亲相爱、形影不离。在他最美好的梦幻中，他把自己和他所崇拜的父王合二为一了；而在母后的娇爱的形象里，他看到了自己恋人的倩影。

谁想父王暴死，紧接着这晴天霹雳，母后又随即再嫁，这天旋地转般的人生变故，把他震撼得心都碎了，温馨、美好的青春梦想，全破灭了，只剩下辛酸的回忆不断地在他脑海里翻腾着：

> 短短一个月，她哭得像泪人儿一般，
> 给我那可怜的父亲去送葬，她脚下
> 穿的那双鞋，还一点没穿旧呢——哎哟，
> 她就——老天呀，哪怕无知的畜生
> 也不会这么快就忘了悲痛……
> 她就改嫁了——无耻啊，迫不及待！
> 急匆匆地，一下子钻进了乱伦的被子！

他跟好友提到这回事，那讽刺的尖刻辛辣，已近乎现代的"黑色幽默"

了。"丧礼上吃剩的凉了的烤猪肉,就端上了吃喜酒的筵席。"

丧礼,婚礼,前后相隔只短短两个月,已经够叫人寒心了;经过他的"剪接",呈现出丧礼和婚礼同时进行的一幅荒诞的、格外叫人恶心的画面!

如果母亲这么快就能把神明般的丈夫忘个干净,把他们几十年恩爱忘个干净,甘愿委身于一个禽兽不如的人,那么世界上还有什么真诚的、天长地久的爱情可言?还怎么可能相信一个女人的爱情?

他不仅永远失去了他崇拜的父亲,连"母亲"也只剩下了失去任何意义的空洞概念了。那个不惜把自己的人格降低到与禽兽为伍的女人已玷污了"妻子"和"母亲"这最亲、最圣洁的称呼。

我们这个世界包围在情意缠绵的母爱、妻爱、情人的爱中间。女性给人间带来了最温柔纯洁的爱,使得世俗的贪欲和野心显得格外的可鄙。受崇拜的爱神本是爱的女神;爱和女性是分不开的。现在,上古神话时代所树立起来的端庄美丽的爱神的形象,在哈姆莱特的心目中一下子倒塌了。极端的悲痛使他产生了极端的偏见,以为从母亲的水性杨花中看到了全体女性的耻辱:

"脆弱"啊,你的名字就叫"女人"!

宇宙虽大,他的理想已无所寄托了;理想的光辉一旦熄灭,那个没有人间真情的天地,在他眼里顿时变色了,改观了:

在我看来,人世的一切,多么地无聊,
多么地腐败乏味,一无是处啊!
呸,呸,这是个荒废了的花园,
一片冷落,那乱长的荆棘和野草
占满了整个园地。

在这蔓草丛生的荒废的园地里,他已看不到人生的任何意义。生命还有什么可留恋的呢。

也许一个更可怕的思想袭上他的心头:他是他母亲生下的儿子,那么在他血管里流动着的血液有一半来自那个堕落的女人,他还怎么能洁身自好呢? 后来他竟然叫奥菲丽雅"给我进女修道院去吧。嘿,你喜欢养一大堆罪人吗?"明显地表达出这种"原罪"的悲观思想。他从痛恨叔父、谴责母亲、贬低女性、厌恶人世,进而厌恶自身。他第一段内心独白的第一句话就是:

> 唉! 但愿这一副——这一副臭皮囊
> 融化了,消解了,化解成一滴露水吧!

《哈姆莱特》本该是一个复仇剧;丹麦王子哈姆莱特为父复仇是北欧的一个很古老的故事。早在莎士比亚写下这一杰作(1600)的十几年前,伦敦的舞台上已经有过一个复仇剧搬演哈姆莱特的事迹了。复仇剧很受当时伦敦观众的欢迎。可是对于莎翁的这个杰作,却不能仅仅用复仇剧来概括它的巨大的思想容量了。

被巨大的悲痛压倒的哈姆莱特,只知道父亲是在花园里午睡时被毒蛇咬死的。在父王的亡灵午夜出现,揭露了那伤天害理的谋杀案,把庄严的复仇任务托付给王子之前——也就是说,这悲剧还没有把"复仇"这一主题引进之前,观众首先看到的是一个经历着精神危机,失去了对人生的一切信仰和希望,失去了精神上的支撑点的哈姆莱特。

比起复仇这一主题,美好的理想和无情的现实的冲突,该是一个更普遍、更能触动个人亲切感受的主题。这几乎是一个永恒的主题。谁都有自己美好的青春的梦想,可是往往经不起现实的碰撞,破灭了;这幻灭感,这梦醒后的失落感,几乎是每个人在他的人生阶段所曾经经历过的或大或小的个人悲剧。所谓"一寸相思一寸灰",就是古代诗人倾诉着内心的这一种失落、痛苦和无奈。

在美国著名作家海明威笔下出现了垮了的一代,迷失了的一代,写的就是上世纪二十年代的青年男女的人生理想被第一次世界大战的无情的炮火摧毁了。

现在,这幻灭感、失落感,把年轻的哈姆莱特推向了生和死的边缘。

把生和死的矛盾、困扰,引进复仇剧,最能显示出莎士比亚的非凡才华。按理说,怀着深仇大恨、誓和敌人不共戴天,冤仇未报,是决不会先想到死的。在莎翁早期的复仇剧《泰特斯·安德洛尼克斯》中一群被迫害、被侮辱、怀着深仇大恨的受难者就是这样,忍辱偷生。可是对于已失去了人生理想的哈姆莱特,生命的负担对于他却太沉重了。于是父王显灵,告诉他:"咬死你父亲的那条'毒蛇',他头上正戴着王冠"——

> 在睡梦中,我被兄弟的那只手
>
> 一下子夺去了生命,王冠,和王后。

这里是国仇(篡位),家仇(奸母),父仇。三重的深冤大仇把三倍神圣的复仇任务压到了哈姆莱特的肩上。他热血沸腾:"我要啊,张开翅膀,飞快地像思想……那么迅猛地扑过去,报我的仇!"

复仇的使命给他注入了一股生命的动力,却不能帮助他找回生命的意义,在他内心深处重新建构起一个爱的世界。

老王的阴魂说,要是他把地狱里可怕的景象,只吐露一句话,就会"吓破你的胆,冻结了你青春热血",可是亡魂所揭露的那伤天害理的谋杀案,让哈姆莱特看到了人性的阴险恶毒,就像直看到了燃烧着硫磺烈火的地狱里的最深处!

鬼魂消失在黎明的曙色中。当天早晨,哈姆莱特直奔奥菲丽雅家中。她正在闺房做针线活,只见衣服不扣、帽子不戴的王子脸色死白、膝盖发抖,好像刚从地狱里放出,要讲那里的恐怖,接着,"他一把抓住了我手腕——抓得好紧啊……一眼不眨地瞧着我的脸"——

于是他一声长叹，好凄惨，好深沉，

仿佛他整个儿躯壳都被震碎了，

生命都完了；这以后，他放开了我的手，

转过身去，可又回过头来，朝我看。

他一步步往后退，目光始终盯住在少女的身上，他这是在断绝对人世的一切眷恋之前，和自己的恋人作最后的告别，和人生的幸福、理想告别。不管后来哈姆莱特的疯疯癫癫、语无伦次是真疯，还是掩护自己的斗争艺术，从奥菲丽雅的眼里看到的那个仿佛从地狱里逃出来的青年人。确然已经濒临疯狂的边缘了。来自地狱深处使他毛骨悚然的那一个秘密，把一切光明都从他眼里抹去了，剩下的只是一片天昏地黑。

"活着好还是别活下去了"，这一段著名的独白，吐露了他这种极端苦闷的心情；即使三倍神圣的复仇任务压在身上，也始终不能帮助他从死亡的阴影中摆脱出来。死亡对于他似乎始终是一种难以摆脱的诱惑。

按理，复仇剧中的主人公该是一个积极行动着的人。拿奥菲丽雅的哥哥莱阿提斯来说吧，正像哈姆莱特的父王是给叔父谋杀的，他的父亲是给哈姆莱特刺死的。这两个青年都要报杀父之仇；前者却踌躇徘徊，无所作为，徒然一再谴责自己；而后者一听说父亲死于非命，就从国外赶回，高举利剑，率领一批追随者，冲进王宫，大声呼喊："你这个万恶的国王，还我父亲！"

对于莱阿提斯，子报父仇，天经地义，理所当然，"还我父亲！"这大声呼号，这冲动，这血气，并没超出封建伦理道德的范畴。对于哈姆莱特，复仇如果只为了维护古老的社会秩序（杀人者死），为了捍卫王室、家族的荣誉，那就简单得多了。

然而青年王子却被翻腾在心中的一系列问题难住了：他用正义的利剑惩罚了那个凶手，人间能够重新恢复原来的光明灿烂吗？他能重新建立起对人生的信念，找回那已经破灭的理想和信仰吗？"时代整个儿脱节了！"如果我们把这声惊呼理解得深入些，该是同时指的内心世界：他能够把他已经破碎了的心重新修复,重新给以信仰和希望吗? 他那骚动又无奈的心中一片茫然。

他感到自己的无能为力。即使他为人间剪除了那个大坏蛋,但是这个人世已无从拉回到当初美好的时光了。这样,为王室、家族的荣誉而复仇,失落了它固有的光彩。"男子汉果断的本色蒙上了顾虑重重的病态、灰暗的阴影。"

理想破灭,他的行动的意志随之瘫痪了。也许我们可能从这里去理解为什么哈姆莱特复仇心切,却一再拖延,迟迟没有行动,一再为此而谴责自己。

这样,莎翁把本来一个复仇剧深化为性格悲剧、心理悲剧。

主人公本应该像莱阿提斯那样,是一个行动着的人;现在出现在舞台上的却是一个不断思索着的人,一个被人生的根本问题困惑着的人,一个对人生固有的价值观念产生了怀疑的人。正因为这样,哈姆莱特更容易为我们现代人——被各种社会问题所困扰的现代人在思想感情上所认同。我们的确可以这么理解:"这个悲剧,在某种特殊意义上,是属于今天这个世界的。"(大卫·丹尼尔语)

不仅是复仇剧,也许从整个戏剧发展史来说,出现在古代舞台上的,总是在喜怒哀乐,悲欢离合的各个人生场面中感受着、行动着的人;手拿着骷髅,对人生陷入哲理性思考的哈姆莱特,该是戏剧史上的一个新人的形象。

当然,哈姆莱特并非只是在拖延,没有行动,方才只是着重说明:悲剧性格是他最值得注意的性格特征。首先,他"疯"了,在他的疯言疯语里带着一种使对方坐立不安的锋芒。"丹麦是一所监狱",他半真半假、肆无忌惮地吐出了郁积在心头的愤怒。

第二步,他斩断情丝,向温柔的奥菲丽雅声称"我从前不曾爱过你",冷酷地劝告她进女修道院。在他的心里只有愤世嫉俗,再容不下爱情的位置了。

这个不幸的少女像哈姆莱特一样(只是在较小的幅度内)经受了理想

破灭的痛苦。在王子的心目中,父王就是一尊天神;而在这位少女的内心深处也供奉着一个最完美的男性形象,他是:

> 朝廷大臣的眼光,学者的口才,
> 是军人的剑术,国家的精华和期望,
> 是名流的镜子,举止风度的模范
> 举世瞩目的中心……

那就是她心目中的情人哈姆莱特。现在她眼看着一世的英才就这么"倒下了,坍下来了",曾经"从他那音乐般的盟誓吸取过甜蜜"的最幸福的姑娘,现在却是"天下的女人,要数我最命苦、最伤心了"。

再加上父亲突然死于非命,她小小的心灵承不住这接连而来的打击,得不到一点精神力量的支持(不像哈姆莱特还有复仇的使命在支撑他),她疯了,真的疯了。她忘记了闺阁身份,唱开了平时她听着都会害羞的民间的情歌儿——她始终忘不了往日的那一段柔情。纯洁的奥菲丽雅是肮脏的宫廷阴谋的牺牲品。

用演戏作为"捕鼠机"是哈姆莱特的第三个步骤。当时的迷信观念:鬼魂有善有恶,哈姆莱特在复仇之前必须证实夜半显灵的果真是父王的亡灵。他表白过这样一层顾虑:"我看到的那个阴魂,也许是魔鬼呢——魔鬼有本领变化成可亲的形状……迷惑我,坑害我。"

果然,戏中戏演到凶手下毒时,观众席上的那个谋杀者顿失常态,跳了起来,这戏他再也看不下去了。哈姆莱特和受了他嘱托的好友霍拉旭把这一切看在眼里。国王的反常的举止,可说是他阴暗的内心世界第一次在大庭广众之间的大暴露。

谋杀者为自己行将败露的罪行跪在神像前忏悔,手拿着出鞘的利剑的王子,悄悄出现在他身后。这正是复仇的大好机会。谁知哈姆莱特却把这机会轻轻放过了。他的想法是:把正在忏悔中的凶手送上天堂,"这倒是报德,不是报仇"!

这最清楚不过地表明了哈姆莱特所要求的不仅仅是杀人者死、一命抵一命的原始性复仇。在宗教观念上,他要叫谋杀者的灵魂直滚进漆黑的地狱才算报了仇。他必须等候机会。他拖延又拖延,迟疑再迟疑,因为超出于宗教观念,超出于家族的荣誉观念,更有怎样找回他美好的理想世界、怎样重新建立起人生信仰的大问题——他所无法面对的问题。

可是复仇的庄严使命不容许不执行,决不能放过了那个头戴王冠的毒蛇,他于心不甘。最后,他怀着自我谴责的心情,要以福丁布拉为榜样,只知道封建骑士的荣誉观念。那位挪威王子为了弹丸之地,即使豁上两万条生命也在所不惜,他逼着自己从今以后,排除一切杂念,满脑子"只一股杀人的动机"!

他终于和敌人同归于尽,这是他最好的解脱。他的临终遗言很简短,要说的,在他充满痛苦的时刻里都说了,而此时此刻,他的灵魂正从痛苦中解脱出来。他留下的最后一句话,最使人回味不尽:"一切都归于沉默。"

即将消逝的生命,连同一生的恩怨,都被包围在一片无言的空白、一片虚无中了。

剧中人物

哈 姆 莱 特　　丹麦王子

克 劳 迪 斯　　丹麦国王,哈姆莱特的叔父

葛 特 露 德　　丹麦王后,哈姆莱特的母亲

老王哈姆莱特的阴魂

波 洛 纽 斯　　御前大臣

莱 阿 提 斯　　其子

奥 菲 丽 雅　　其女

雷 那 多　　其仆

霍 拉 旭　　王子的好友

伏 特 曼

科 尼 留 斯

罗 森 克 兰　　　廷臣

吉 登 斯 丹

奥 里 克

巴 那 多

弗 兰 西 斯 科　　　值班的军士

玛 塞 勒 斯

福 丁 布 拉　　挪威王子

挪威军队的队长

英 国 使 臣

演员三四人

掘墓人及其伙伴

牧　　　师

众大臣，侍从，卫队，兵士，水手等

场　景

丹麦首都埃尔西诺

第一幕

第一景　城堡高处平台

［夜色深沉。弗兰西斯科站在台上守望，
军士巴那多自远处上］

巴　那　多　　前面是哪一个？

弗兰西斯科　　不，你回答我。站住，你是什么人？

巴　那　多　　（报口令）"吾王万岁"！

弗兰西斯科　　巴那多？

巴　那　多　　正是我。

弗兰西斯科　　你接班来了，时刻一点都不差。

巴　那　多　　已打过十二点了，去睡吧，弗兰西斯科。

弗兰西斯科　　你来接替我，太感谢了。好冷的天气啊！
　　　　　　　我心里真不是滋味。

巴　那　多　　你站这一班，一无动静吧？

弗兰西斯科　　没听得耗子吱一声。

巴　那　多　　（接班）好吧，晚安。
　　　　　　　要是你碰见霍拉旭和玛塞勒斯——
　　　　　　　我值班的搭档——叫他们赶紧来。

弗兰西斯科　　（走远去，自语）好像听到他们了。

　　　　　　［霍拉旭及玛塞勒斯自远处上］

　　　　　　　站住！前面是哪一个？

霍　拉　旭　　本国的臣民。

玛 塞 勒 斯　　　　　　　　效忠丹麦王的军人。

弗兰西斯科　　祝你们晚安。

玛 塞 勒 斯　　再见了，正直的军人，谁替了你的班？

弗兰西斯科　　巴那多接了班。祝你们二位晚安吧。

　　　　　　　　　　　　　　　　　　　　　　［下］

玛 塞 勒 斯　　(向岗哨走去)喂，巴那多！

巴　那　多　　好，呃，霍拉旭也来了吗？

霍　拉　旭　　他吗，只剩一团冻肉了。①

巴　那　多　　欢迎，霍拉旭；欢迎，好玛塞勒斯。

霍　拉　旭　　(神秘地)怎么，这东西今晚上又出现了吗？②

巴　那　多　　我什么也没看见。

玛 塞 勒 斯　　霍拉旭说，那无非是咱们的幻觉。

　　　　　　　他就是不信有这等的事，尽管

　　　　　　　这可怕的异象，我们已看到两回了；

　　　　　　　我这才把他拖了来，要他今晚上

　　　　　　　陪我们一起守夜；要是这阴魂

　　　　　　　又出现了，也好请他做个证，证实

　　　　　　　咱们并没看花了眼，好由他来

---

① 极言其夜寒侵骨，据"牛津版"(1987)，"新剑桥版"(1985)注释译出。又，另据"新
　亚登版"(1993)注释，则此句极言夜色如漆，似可译作：
　　　(笼罩在夜色中，伸过手去)这只手倒是他的。
　舞台演出，这样处理，似更易见出霍拉旭的风趣。

② 译者手边的四种现代版本都把这话归给霍拉旭；哈姆莱特的好友首先提出鬼魂的
　事似更为确当。较早的版本把此句归给玛塞勒斯；不同的文字处理都有原始版本
　作依据。

　　　　　　　　向阴魂说几句话。①

霍　拉　旭　　　　　　　　　　　嘿,嘿,

　　　　才不会出现呢。

巴　那　多　　　　　　　　　咱们且一起坐下吧。

　　　　不管你多么不爱听咱们的故事,

　　　　咱们偏要把这两夜看到了什么

　　　　硬塞进你的耳朵。

霍　拉　旭　　　　　　　　　　好,坐下吧。

　　　　我们且听听巴那多谈一谈这回事。

巴　那　多　就在昨天那一晚,

　　　　就是北极星西边的那颗星星

　　　　移到了它现在闪耀光辉的位置,

　　　　玛塞勒斯和我,这时候,钟敲了一下——

　　　　　　　　　　〔阴魂穿戴甲胄上〕

玛　塞　勒　斯　别做声,快别讲了! 瞧,它又来啦!

巴　那　多　简直跟咱们的先王一个模样!

玛　塞　勒　斯　你是位学者,霍拉旭,跟他说话吧。

巴　那　多　那模样不像先王吗? 瞧呀,霍拉旭。

霍　拉　旭　太像了! 我毛骨悚然,又充满了疑虑。

巴　那　多　他等着咱们先开口呢。

玛　塞　勒　斯　　　　　　　　　去问他,霍拉旭。

霍　拉　旭　（走上前去）

　　　　你是什么东西? 在深更半夜,

————————————

① 意即霍拉旭是位学者,懂得该怎样向阴魂问话;当时以为必须先有人发问,阴魂才
　　能表明它的来意。

　　　　　闯了来,冒充着已入土的丹麦先王,

　　　　　他那昂首阔步、英武的姿态;

　　　　　凭上天的名义,我命令你回答我。

玛塞勒斯　它生气了。

巴　那　多　　　　　　瞧,它大踏步走了。

霍　拉　旭　(追上去)

　　　　　不要走,说呀,快说呀,我命令你快说!

　　　　　　　　　　　　　　　　　　　　　　　[阴魂消失]

玛塞勒斯　它走啦,就是不开口。

巴　那　多　怎么啦,霍拉旭? 脸儿都发白了,直哆嗦。

　　　　　这一回可不是什么幻觉了吧?

　　　　　这回事你怎么看?

霍　拉　旭　老天在上,要不是我亲眼看到了,

　　　　　向自己证实了,我怎么能够相信

　　　　　有这等的事!

玛塞勒斯　　　　　　　它像不像老王?

霍　拉　旭　就好比你像你自个儿。

　　　　　当年的老王,就是穿了这身盔甲

　　　　　跟野心勃勃的挪威王进行决斗。

　　　　　有一回,冰天雪地,谈判破裂了,

　　　　　他就是这么怒容满脸,痛击了

　　　　　波兰的雪车队。好奇怪啊!

玛塞勒斯　　　　　　　　　　前两次,

　　　　　也挑着大地像死了一般的时辰,

　　　　　他威武地大踏步走过了我们的眼前。

霍　拉　旭　这回事究竟该怎么看,我不知道。

　　　　　可是我不免产生了朦胧的忧虑,

　　　　　只怕这是个预兆:我们这国家

要发生非同寻常的变故了。

玛 塞 勒 斯　　　　　　　　　　请坐下吧。

谁要是知道,就给我说个明白吧:

为什么要布置这森严的岗哨,

闹得军民们夜夜都不得安宁?

为什么天天都赶着制造铜炮,

还要向国外添购弹药和刀枪,

征集了造船工,起早摸黑地干活,

把一星期一天的礼拜日都给取消了,

这淌着汗水的忙碌,把黑夜也拖来,

和辛苦的白天做搭档——究竟为什么,

谁能说个明白呀?

霍 拉 旭　　　　　　　　我能够告诉你。

至少那流传的悄悄话是这么说的:

咱们的先王——刚才他还露过脸呢,

你也知道,当年被那气焰嚣张的

挪威的福丁布拉激怒了,立即

接受了他的挑战,就在那决斗中,

咱们英武的哈姆莱特(在这半个世界里,①

他的英名是无人不晓的)当场

杀死了福丁布拉,根据事先定立的

法规,和骑士制度认可的协定,

那倒下去,送了命的败者还得赔上

他全部的领土,归胜利者所有;

当然,先王这一边,也押下了一份

---

① 在这半个世界里,直译为"在我们已知世界的这一边",当指西半球而言,泛指西欧
各国。

　　　　　相当的土地作赌注,那土地将归
　　　　　福丁布拉所有,要是他成了征服者;
　　　　　正像同一条款所明文规定的,
　　　　　他输了,他的土地归哈姆莱特没收。
　　　　　如今,这小福丁布拉,血气方刚,
　　　　　不可一世,在挪威边境,到处都
　　　　　招兵买马,纠集了一批亡命之徒,
　　　　　供他们吃喝,好驱使他们去干
　　　　　向来就配他们胃口的冒险勾当,
　　　　　他那份用心,我们看得很清楚,
　　　　　无非要使用武力和强硬的手段,
　　　　　从我们手里,夺回当年他父亲
　　　　　丧失的土地。照我看,这就是为什么
　　　　　我们紧张地备战的主要动机——
　　　　　我们日夜戒备的缘故,也是
　　　　　全国乱成一团的重要原因。

巴　那　多　我想,不为别的,就是这一个缘故吧。
　　　　　怪不得亡灵向站岗的我们走来,
　　　　　穿甲戴盔的,活像是老王,正因为
　　　　　这冲突,过去和现在,都跟他有关。

霍　拉　旭　那一粒灰尘,却搅乱了我们的心眼儿。
　　　　　正当罗马如日方中,在全盛时期,
　　　　　盖世无双的恺撒,遇刺的前几天,
　　　　　坟墓都裂开了,吐出了裹殓衣的尸体,
　　　　　在罗马的大街小巷,啾啾地乱叫;
　　　　　天上的星星,拖一条火焰的尾巴,
　　　　　地下是血红的露珠。太阳变色,
　　　　　支配着潮汐的月亮,满脸病容,

奄奄一息,像已到了世界末日。
大难临头,必出现种种征兆,
劫数难逃,少不了先有那警告;
如今上天下地,都一齐向我国,
向人民,显示出种种不祥的迹象,
重大的灾祸要降临了。

　　　　[阴魂自远处上]

　　　　　　　　别做声,瞧,
看哪,它又来啦! 我不怕招来祸殃,
也要上前去拦住它!
　　　　(阴魂张开双臂)
　　　　　　　　　留下来,幻影。
要是你也能开声口,说得出话,
快对我说吧。
要是我能为你做一些什么好事,
好让你在地下安心,我也积了德,
快对我说吧。
要是你预先知道了祖国的命运,
凭着你指点,也许能逃过了灾难,
那么快说吧!
要是你把生前搜括来的金银都埋进了
大地的肚子,听人说,你们这些阴魂
舍不下财宝。因而在半夜现形。
那就说吧。

　　　(传来鸡啼声。阴魂后退)

　　　　　　　　　　别走,快说! 拦住他,玛塞勒斯!

玛 塞 勒 斯　（惶恐地）

　　　　　　我能用我手里的长枪朝准它刺去吗?

霍 拉 旭　　刺好了,如果它不站住。

　　　　　　　　（军士们持枪逼近阴魂）

巴 那 多　　它在这儿!

霍 拉 旭　　它在这儿!

　　　　　　　　　　　　　　　　　　　　［阴魂隐灭］

玛 塞 勒 斯　它走了。

　　　　　　咱们不该动刀动枪的,把这么

　　　　　　威严的亡灵得罪了。它就像空气,

　　　　　　刀枪伤不了;这一阵乱砍乱刺,

　　　　　　恶狠狠,却不过白费了劲,惹人笑。

巴 那 多　　它正要开口说话了,公鸡就啼了。

霍 拉 旭　　它吓了一跳,像囚犯听到了点名,

　　　　　　不由得胆战心惊。我听人说,

　　　　　　公鸡是向人间报晓的号角手,扯开了

　　　　　　它那高亢尖锐的嗓子,去唤醒

　　　　　　黎明的女神;一听到它发出警报,

　　　　　　不论在海里火里,在地下,在空中,

　　　　　　那些个擅自私下出游的幽灵,

　　　　　　一个个都赶紧钻回自己的地牢;

　　　　　　眼前这情景,证实了这么个传说。

玛 塞 勒 斯　公鸡一啼叫,那幽灵就此消逝了。

　　　　　　有人说,年年在庆祝圣诞的节日

　　　　　　将要降临的前几天,这司晨的家禽,

　　　　　　就彻夜啼叫,据说,那些个阴魂;

就此给吓得不敢闯入到人世；
那时候，黑夜报平安，当空的星辰，
不带来无妄之灾，小仙子不作祟，
妖巫的符咒失了灵，那大好的时光
真是一派祥和，充满了圣洁。

霍 拉 旭　我也这么听说过，也有点儿相信。
可是瞧，清晨，披着紫绛色的纱衣，
踏着东边高山上的露珠儿，降临了。
咱们也可以下岗、解散了。依我说，
我们要把今夜看到的这一幕，去告知
小哈姆莱特；我深信不疑，这阴魂
对我们一言不发，可是会对他
开口说话的。你们可同意我这话：
以交情，论责任，咱们都该去告诉他。

玛塞勒斯　对啦！就这么办！今天早晨，
要找他，我知道最好到哪儿去找。

〔同下〕

第二景　丹麦宫廷

〔喇叭齐声高奏。国王克劳迪斯挽王后
葛特露德上。王子哈姆莱特（穿黑衣），
大臣波洛纽斯，其子莱阿提斯，大臣伏
特曼，科尼留斯及众人随上〕

国　　王　（和王后同登宝座）
亲爱的王兄哈姆莱特去世不久，
固然是难以忘怀，压在我们心头的

理当是悼念之情;全国臣民,

不分上下,眉尖上聚结着一片悲戚;

然而,理智在跟我们的天性较量,

一方面,对去世的,有恰如其分的哀思,

一方面,也忘不了生者应有的责任;

因此我,跟当初的王嫂,如今的王后——

这称雄的王朝平起平坐的女君主——

想我俩,好比得欢乐中拥抱辛酸,

仿佛一只眼报喜,另一只垂泪,

含几丝笑意送葬,婚礼上唱挽歌,

悲和喜,是半斤八两,平分秋色——

我们俩已结为夫妇;事先也未曾

疏忽了先听取各位的高见,多承

一致拥护,并无异议,为种种一切,①

特此申谢。

       再说那少年福丁布拉,

各位也知道,小看了我朝的实力,

也许他还道先王去世了,这国家,

便没有人了,就此瘫痪了,瓦解了;

再加上他痴心妄想,自高自大,

只道大好的机会已来了,胆敢

向我朝投来了文书,竟提出要求

归还他父亲丧失的那一份土地,

全不顾那本是完全合理合法地

割让给我们英勇无比的王兄。

他的事,且讲到这里。

————————————

①   为种种一切,当指娶王嫂为妻,和他的登基,朝廷众臣并未表示异议。

现在谈咱们吧：

此番把各位召集来，为的是这回事：

现有国书一封在此，要送交

挪威国王——小福丁布拉的叔父——

他年老体衰，卧病在床，全不知

他侄子的所作所为，居心何在——

在他的臣民中间招兵买马，

因此请挪威王管束他侄儿，不许他

再继续胡作非为，现在我派遣你

好科尼留斯，还有你，伏特曼，为特使，

把国书递交挪威的老王，可是，

你们和挪威王磋商，不得超越

这详细的训令所许可的范围。

（授予文件）再见了。

让马上动身，来表明你们的忠心吧。

科 尼 留 斯　不论什么事，我们随时把忠心献上。
伏 特 曼

国　　王　我完全信得过二位。一路顺风吧！

[二大臣下]

现在，莱阿提斯，你有什么事情呢？——

你对我说，有一个请求，那是什么呢？

只要你说得有理，丹麦王决不会

听不进的。你有什么请求，莱阿提斯，

不等你开口，还不是我先答应你了？

要知道丹麦王室和你的父亲，

就像头之于心那样，共存共荣；

就像手对于嘴那样，乐于效力。

你要求的是什么呢，莱阿提斯？

莱 阿 提 斯	陛下,
	求陛下恩准,容许我回到法兰西。
	从法国,我一片诚心,赶回丹麦,
	来参加陛下的加冕礼,尽为臣之道;
	现在任务完成了,我不想隐瞒:
	我心心念念地又在想念法兰西了。
	伏请陛下宽恕我,又开恩俯允我。
国 王	你父亲答应了吗?波洛纽斯,你怎么说呀?
波 洛 纽 斯	陛下,他几次三番,苦苦地哀求,
	到最后,硬是逼得我只好答应了,
	给他的请愿,盖上我勉强的"同意"。
	我这里向陛下请求了,就放他走吧。
国 王	去享受属于你的好时光吧,莱阿提斯,
	愿你的美德,指引你不辜负青春吧。
	(向默无一语的哈姆莱特)
	可是来吧,哈姆莱特,我的侄子,我的儿子——
哈 姆 莱 特	(不答理,低头自语)
	说亲上加亲,倒不如说是陌路人。①
国 王	怎么,还是让一片愁云笼罩着你?
哈 姆 莱 特	才不呢,殿下,太阳晒得我受不了。
王 后	好哈姆莱特,从愁云惨雾中摆脱出来,
	用友好的眼光,看待丹麦的君主吧;
	别老是低垂着眼帘,只想向黄土下
	去寻找你那高贵的父亲。你知道,
	这也是情理之常,有生必有死——

---

① 亲上加亲,指国王在口头上,不仅称他侄子,而且说成了继子。陌路人,指双方的
感情,冰炭不能相容。

	总是从此生,过渡到那彼岸的永恒。
哈 姆 莱 特	是的,母亲,是很平常。
王 后	既然是平常,
	为什么偏是你,却好像这么看不开呢?
哈 姆 莱 特	"好像",母亲? 不,就是这回事呀。
	我不懂得什么叫"好像"。好母亲,
	尽管我披一件墨黑的外套,哪怕是
	我遵照礼节,穿一身黑色的丧服,
	从沉重的胸中吐出一声声哀叹,
	不,哪怕我泪珠儿像滚滚的江水,
	也不管我愁眉不展,一脸的憔悴,
	从内心到外表,都被哀痛压倒了,
	都没法表白真实的我。这么说,
	倒真有些"好像"了——像这些,是人人都能
	扮演的姿态啊。可是我内心的痛苦,
	想装也装不成呀——那装模作样,
	无非是悲哀的虚有其表的装饰品!
国 王	哈姆莱特,你克尽为子之道,为父亲
	致哀尽孝,足见你天性的淳厚,
	大可称道。可你要知道,你父亲
	也曾失去过父亲,那失去的父亲
	又曾失去了他的——后死者理该
	尽孝心,有一段悲戚哀悼的时期。
	可是,那无休无止的哭哭啼啼,
	却只能是违反天意人情的固执了,
	失落了男子汉的气概;这可表明了
	不听天由命的任性,简单的头脑,
	一颗经不起考验的心,加上了

缺少忍耐的性子，没一点教养；
既然都知道这是人生所难免的，
像日常的吃啊穿啊那么地平常——
那么为什么我们偏要赌着气，
耿耿于怀呢？哎哟，真是罪过呀！——
对上天，对死者，对人性，都是罪过啊；
对理性，更显得荒谬了——父亲去世了，
理性看得很平常，它始终在高喊——
从最早归天的亡灵直喊到今天
老父刚去世："就是这么一回事！"
我求你，快把于事无补的悲伤
都抛到九霄云外；就把我认作
你的父亲吧。我要让天下都知道：
你，是我王位的最直接的继承人；
我将给你的高贵的父爱，不差于
世上最慈爱的父亲疼爱他亲儿子。
至于你打算要回到威登堡大学，①
这可不合我本人的心意；请听从
我们的劝告，留下来吧，我们好欣慰地
眼看你，我的爱侄，我的王子，
成为我朝廷的首席大臣。

王　　　后　　　　　　　　　　哈姆莱特，
别让你母亲的恳求，落了空；请留在
我们的身边吧，别再到威登堡去了。

哈 姆 莱 特　我就尽量听从你的话吧，母亲。

————————————

① 威登堡大学为当时欧洲著名学府，初创于 1502 年，当时丹麦学子出国游学，很多
去威登堡大学进修。

国　　王	这就对了,好一个有孝心的回答!
	待在丹麦,跟我们做一家人吧。
	王后,来吧。哈姆莱特有情义,
	顺从我们,真乐得我心花怒放。
	为了表示庆祝,今晚,丹麦王
	每一回举杯祝饮,鸣一次礼炮,
	高响入云,把国王的宴席上的欢呼
	向天庭传送,让天上应和着地下——
	那一阵阵欢声雷动。来吧。

　　　　　　　　　　　　　　〔号角齐鸣。国王挽王后下,

　　　　　　　　　　　　　　　　除哈姆莱特外,众下〕

哈姆莱特	唉! 但愿这一副——这一副臭皮囊 ①
	融化了,消散了,化解成一滴露水吧!
	又但愿永恒的天意,并没有定下了
	严禁自杀的戒律。上帝呀,上帝!
	在我看来,人世的一切,多么地无聊,
	多么地腐败乏味,一无是处啊!
	呸,呸,这是个荒废了的花园,
	一片冷落,那乱长的荆棘和野草,
	占满了整个园地。想不到居然会
	落到了这一步! 才不过死了两个月——
	不,还不到呢,还不满两个月——
	多么好的一位国王,比起这一个来,
	简直是太阳神对半人半兽的精怪;

———————————

① “这一副臭皮囊”,此句现代版本多作“this too too sullied flesh”。较早的中译本多依据“第 1 对开本”“…solid flesh”译作“结实的肉体”。关于“sullied”(“第 2 四开本”),“solid”两词的依违取舍,英美学者意见纷纭,根据王子的悲剧性格,译者认为以前者为是(见前言)。

待我的母亲，又这么恩爱，甚至
不许天风吹痛了她的嫩脸蛋。
天在上，地在下，我非得记住这一切？
记得当初，她偎依在他胸怀，她简直
越尝到滋味越要尝，越开了胃，
谁知不出一个月——不想它也罢，
"脆弱"啊，你的名字就叫"女人"！——
短短一个月，她哭得像泪人儿一般，
给我那可怜的父亲去送葬，她脚下
穿的那双鞋，还一点没穿旧呢——哎哟，
她就——老天呀，哪怕无知的畜牲
也不会这么快就忘了悲痛——她就
嫁给了我的叔父——我父亲的兄弟，
可是跟我父亲，天差地远，就像
我不能跟赫克勒斯比。不到一个月，①
等不及她那假心假意的眼泪干了，
等不及哭红了的眼睛，消去了红肿，
她就改嫁了——无耻啊，迫不及待！
急匆匆地，一下子钻进了乱伦的被子！
这不是好事，决不会有什么好结果。
（听得有人声）
碎了吧，我的心；可是我必须闭上嘴。

　　　　　　［霍拉旭，玛塞勒斯及巴那多上］

霍 拉 旭　向殿下请安。

――――――――――

①　赫克勒斯（Hercules），古希腊罗马神话中魁伟的大力神。

哈姆莱特	很高兴看到你很好。
	正是霍拉旭，我忘了自己，也忘不了你。
霍 拉 旭	正是他，殿下的忠心不变的仆人。
哈姆莱特	好朋友——咱们快换上"朋友"这称呼吧。
	你离开威登堡有什么事呢，霍拉旭？——
玛塞勒斯	好殿下。
哈姆莱特	看到你，我很高兴。
	（向巴那多）下午好，朋友——
	可是你，究竟为什么离开了威登堡呢？
霍 拉 旭	无非是为了偷懒，想逃学吧，好殿下。
哈姆莱特	我可不愿听到你仇敌在这么说你，
	也不让你冲着我耳朵说得多难听，
	硬是要它接受你对自己的糟蹋。
	你不是那种偷懒的人，我知道。
	可是你来到埃尔西诺有什么事儿吗？
	趁你还没走，我要跟你痛饮一番。
霍 拉 旭	殿下，我此来参加你父王的葬礼。
哈姆莱特	老同学啊，请你不要这么挖苦我吧，
	我想你是来参加我母后的婚礼吧。
霍 拉 旭	倒也是，殿下，婚礼和葬礼跟得紧。
哈姆莱特	图方便，图方便，霍拉旭。丧礼上吃剩的
	凉了的烤猪肉，就端上了吃喜酒的筵席。
	我宁可去天上面对我的死对头，
	也不愿亲眼目睹那一天，霍拉旭！
	我的父王——我想我看见了父王。
霍 拉 旭	在哪儿，殿下？
哈姆莱特	在我的心眼里，霍拉旭。
霍 拉 旭	我曾见过他一次，好一位国王！

哈姆莱特	他是个男子汉,怎么看,他都是好样的;
	再也看不到第二个他那样的人物了。
霍 拉 旭	殿下,昨晚上我想我看到了他。
哈姆莱特	看到了? 谁呀?
霍 拉 旭	殿下,看到了你父王。
哈姆莱特	我的父王?
霍 拉 旭	别吃惊,请镇定一下。
	且听我说一说——有这里的两位,
	能为我作证——有这么一件怪事儿——
哈姆莱特	看在老天的分上,快说给我听吧!
霍 拉 旭	接连两夜,这两位守岗的军人,
	玛塞勒斯和巴那多,在深更半夜,
	那一片死寂的时辰里,望见了他——
	一个像你父王的身影,毫不含糊地,
	从头到脚,全副武装,出现在
	他们的眼前,姿态庄严,从容不迫,
	迈着大步走过去——当着他们的
	惊慌失措的眼睛前,三次走过了
	他们的身边,接近得他手持的宝杖①
	够得到他们;直吓得他们全身都
	瘫痪了,不中用了,剩下软绵绵的一堆;
	目瞪口呆,不敢冲着他吭一声。
	他们惴惴不安地,私下告诉我
	有这么一回事;第三夜,我陪同他们,
	一起去守夜,正像他们所说的,
	就在那时分,出现了这么个形状,

———————————

① 宝杖,原文是"truncheon",系标志权威的短棒。

字字句句都不差分毫——只见它，

那阴魂，又来了。我认得你的父王——

就连我这双手，也不能彼此更相像了。

哈姆莱特　在哪儿见到它的呢？

霍　拉　旭　殿下，就在我们守夜的平台上。

哈姆莱特　你对它说话了没有？

霍　拉　旭　　　　　　　　　　殿下，我说了。

可是它并没有回答。不过我觉得

好像它终于抬起头来，那神态，

仿佛它要开口说话了；可正这时候，

只听得报晓的公鸡扯开了嗓门，

一声啼叫，它就此慌忙缩回去，

顿时就无形无踪了。

哈姆莱特　　　　　　　　　　这可是怪了。

霍　拉　旭　这可是当真不假啊，我尊敬的殿下，

就像我活着一般。我们都认为

按条文规定，我等的职责所在，

理该报与殿下知道。

哈姆莱特　就是啊，朋友们——可我心里很不踏实。

你们今晚上还守夜吗？

众　　人①　　　　　　　　　　是的，殿下。

哈姆莱特　听你们说，是披甲戴盔吗？

众　　人　披甲戴盔，殿下。

哈姆莱特　从头到脚，全副武装吗？

众　　人　殿下，是从头到脚。

---

① 众人（ALL）据"四开本"。有些版本作"玛，巴"，不包括霍拉旭；但当晚霍拉旭将和
　他们一起参加守夜。

哈姆莱特　那么说，你们没看见他的脸？

霍　拉　旭　看见的，殿下，他把脸罩掀起了。

哈姆莱特　他神情怎么样？皱紧着眉头吗？

霍　拉　旭　那神情说是愤怒，不如说是悲痛；

哈姆莱特　那脸色，是灰白还是红？

霍　拉　旭　可不，很苍白。

哈姆莱特　　　　　　　两眼盯着你看吗？

霍　拉　旭　直盯着我看。

哈姆莱特　　　　　　可惜啊，我没有在场。

霍　拉　旭　说不定你会大大地受惊的。

哈姆莱特　　　　　　　　　也难说。

　　　　　它待了好一会儿吗？

霍　拉　旭　数得不太快，可以计数到一百。

玛塞勒斯 ⎫
　　　　 ⎬ 待得还要长些——还长些吧。
巴那多 ⎭

霍　拉　旭　长不了——我是说在我看到它之后。

哈姆莱特　它的胡子花白了吧——不是吗？

霍　拉　旭　正像我在先王生前看到的那样，
　　　　　乌黑里镶嵌着银丝。

哈姆莱特　　　　　　　　　我今晚去守夜，
　　　　　说不定它还会出现。

霍　拉　旭　　　　　　　　我保证会出现。

哈姆莱特　要是它借着我高贵的父王的形象，
　　　　　我一定要对它说话——哪怕地狱
　　　　　裂开了口，禁止我出声。求各位啦，
　　　　　要是你们到现在，还没把所看到的
　　　　　泄露出去，那就继续封住它，
　　　　　保持你们的沉默吧。不管今晚上

会闹出什么事，心里明白也就是了，

不必放在嘴上。我自会报答你们的。

就在平台上，十一点到十二点之间，

我会来找你们。

众　　人　　　　　　　　　听从殿下的意旨。

哈姆莱特　说"友谊"吧，我对各位也这样。再见了。

[三人鞠躬下]

我父王的阴魂——披甲戴盔！好蹊跷啊！

莫非有隐瞒的罪孽吧。黑夜快来临吧。①

　耐性吧，坏事儿总有暴露的一天，

哪怕盖上了厚土，不许它露眼。

[下]

第三景　室　内

[莱阿提斯和其妹奥菲丽雅上]

莱阿提斯　我一应行李都装上船了；再会了。

妹妹，只要有顺风，有便船来往，

别贪睡，写几行字，也好让我得知

你的近况。

奥菲丽雅　　　　　你不放心我吗？

莱阿提斯　说到哈姆莱特，他献上一连串小殷勤，

只当是学时髦的小伙子逢场作戏；

一朵早春的紫罗兰，开得早，谢得快，

香了一阵子，不长久，很快就散失了。

----

① 意谓阴魂出现，应是要向人间揭示不为人知的罪恶。

甜蜜的情意，不过是一时的逗乐——
就这么一回事。

奥菲丽雅　　（不能接受）不过是"就这么一回事"？

莱阿提斯　　别把它当作一回事。一个人的成长，

不只是添筋肉，长骨骼，那"庙宇"扩大了，①
责任感，事业心，也随着加重、加深了，
也许他目前是爱你的，还没有俗念、
欺诈玷污他无邪的心地；可是，
你得提防啊，多想想他崇高的地位吧，
他作不了自己的主，因为他得受
自己的身份的约束；他做不到
像平民百姓般由着自己的心意，
爱怎么样就怎样。他作出一个选择，
先得考虑国家的安危和利益。
他是首脑，他这样那样的选择，
必须要听取"躯体"各部分的意见，②
取得他们的赞同。他说他爱你，
你可得保持清醒啊：他这话究竟
有几分说到做得到——处在他地位上，
容不得他的一举一动超出了
丹麦的朝野的舆论所认可的范围。
如果你耳根子太软，听着他献上
求爱的情歌，心神动摇了，听凭他
冲动地苦求胡缠，竟为他打开了
童贞的宝库；那么你好好想想吧，

---

① 庙宇，指供养性灵的肉体。

② 当时常以人体结构比作国家机构。

你会蒙受多大的耻辱。奥菲丽雅，
留神啊，我的好妹妹，你得留神啊，
可不许让七情六欲来制服你。
要拿定主意，守住了你的清白；
自爱的姑娘，如果向月亮袒露了
她肉体的美，那也就放荡得可以了。
冰清玉洁，都逃不过恶口毒舌的
肆意中伤。青春的嫩芽还没有
把花蕾开放，往往被毛虫摧残了；
朝霞般晶莹的青春，怕的是一瞬间
卷起了天昏地暗的恶风瘟雨。
要小心啊，只有战战兢兢最安全，
哪怕没眼前的诱惑，青春也会
造自己的反呢。

奥 菲 丽 雅 　　　　　　　我一定要把这一番
好教训记住了，让它看守住我的心。
可是好哥哥，千万别学那坏牧师，
只管指点我一条上天堂去的
陡峭的荆棘路；自己却像个浪荡子，
只知道寻欢作乐，只顾得流连在
花街柳巷，忘却了自己的规劝。

莱 阿 提 斯　别为我担心吧，我耽搁太久了。你瞧，
父亲来啦。

[波洛纽斯上]

两次祝福带来了双重的吉利，
好运，冲着第二次告别，在微笑呢。

波洛纽斯　还没走，莱阿提斯？不像话，上船去！上船去！

好风正息在帆顶上要送你启程，

人家都在等候你呢。（把手掌按在儿子头上）

好吧，我为你祝福。

有几句训诫，你可得牢记在心啊：

不要心里怎么想，嘴里就怎么说，

也不可不假思索，想怎么就怎么干。

待人要随和，可决不能勾肩搭背；

做你的朋友，交情经过了考验，

就该用钢圈把他们在心灵上箍牢；

不要只知道去应酬那初出茅庐、

羽毛未干的阔少，把手掌都磨破了。①

留神啊，别轻易跟人吵起来，可一旦

吵开了，就要让对方知道你、认识你。

要多听每个人的意见，少开你的口；

有批评，要接受；可保留你自己的判断。

衣着要考究——只要你荷包里有钱；

不追求标新立异，富丽而不招摇，

要知道，一个人的穿着表明了他人品，

这方面，首推那法国的名流要人——

最有讲究，最显得高雅大方。

不向人借钱，也不把钱借给别人。

借出去，往往丢了钱，还丢了朋友；

伸手借钱呢，会忘了钱要省着用。

这一点最重要：——必须要忠实于自己，

就像那黑夜随着白天而来，

---

① 指由于频频握手，手掌皮都磨破了。

对自己忠实了,对别人就不会不忠实。

再会吧,愿祝福和这番话保佑你。

莱 阿 提 斯　父亲大人,孩儿这就告辞了。

波 洛 纽 斯　去吧,时间在催你,仆人们在守候你。

莱 阿 提 斯　再会吧,奥菲丽雅,你要好好记住了

我对你说的话啊。

奥 菲 丽 雅　　　　　　　　你的话都锁在我心里,

那钥匙就由你替我保管好了。

莱 阿 提 斯　再会吧。

[下]

波 洛 纽 斯　怎么,奥菲丽雅,他跟你说了些什么呀?

奥 菲 丽 雅　回父亲的话,谈到了哈姆莱特殿下。

波 洛 纽 斯　嗯,倒是想得周到。

我听人家说,他近来常把闲工夫

都花在你身边;而你呢,有求必应,

他一次次上门,你乐于一次次奉陪,

要真是这样——人家就这么跟我说,

也无非为了好留意些——那我得对你说,

你还不清楚该怎样做我的女儿,

爱你自己的身份。你们俩之间,

是什么关系,要给我把实话说清楚。

奥 菲 丽 雅　父亲,他近来一再向我献上了

他的一片真情。

波 洛 纽 斯　真情?呸,你说话真像是一个

黄毛丫头,不知道这花言巧语中

隐藏着危险的陷阱。你就这么

相信他献上了真情——正像你所说的?

奥 菲 丽 雅　父亲,我不知道究竟该怎么想。

波 洛 纽 斯　　好，我就教你吧。你给我这么想：
　　　　　　　你是个小娃娃，他"献"上什么，你都
　　　　　　　受下来，只当是真的，不懂得是假货。
　　　　　　　"显"出你自己的身价吧——可怜这字眼儿，
　　　　　　　一口气连说好几回，接不上气了。——
　　　　　　　否则，只怕你要"献"丑了，给我"献"上
　　　　　　　一个小傻瓜！

奥 菲 丽 雅　　　　　　　　　父亲，他向我求爱
　　　　　　　是正大光明的追求。

波 洛 纽 斯　　　　　　　　　　　　给你说对了，
　　　　　　　他只想把你追到手呀。算啦，算啦。

奥 菲 丽 雅　　父亲，他为了表明自己的心迹，
　　　　　　　对着天，把一切山盟海誓都说尽了。

波 洛 纽 斯　　对啊，布下了陷阱，好捕捉傻山鹬，
　　　　　　　我还不知道吗？——欲火烧起了烈焰，
　　　　　　　丢了魂，就但凭舌尖去花言巧语地
　　　　　　　发假誓。这一片欲火，多的是红光，
　　　　　　　小丫头，缺的是热量；许你长，许你短，
　　　　　　　话音刚落，却已是烟消云散了。你千万
　　　　　　　别以为这烧的是真火。从今以后，
　　　　　　　少给我亮出你黄花闺女的这张脸，
　　　　　　　多抬高你千金之躯的身价，可不能
　　　　　　　听得他一声召唤，就笑脸相迎。
　　　　　　　哈姆莱特殿下，你要明白，还很年轻，
　　　　　　　他，你不能比，活动在更自由、
　　　　　　　更宽广的天地；总而言之，奥菲丽雅，
　　　　　　　别相信他的盟誓，那不过是牵线，
　　　　　　　外表的洁白不就是内心的色彩；

施展出一套又一套小手段,无非想
拖人下水,去干那非礼的勾当。
口头上,鸨母也能够讲天理良心,
为了更好地欺骗人。干脆一句话,
跟你说明白了:从今以后,不许你
糟蹋闲工夫,去跟哈姆莱特殿下
有一言半语的来往和交谈。记住吧,
给我留点儿神吧。你可以走了。

奥 菲 丽 雅 (哀怨地)

我一定听从你的吩咐,父亲。

〔同下〕

第四景　城堡平台上

〔哈姆莱特,霍拉旭,及玛塞勒斯上〕

哈 姆 莱 特 好冷的天气,好尖利的寒风啊!

霍 拉 旭 这凛冽的寒风,只想咬你一口似的。

哈 姆 莱 特 什么时辰了?

霍 拉 旭 　　　　　　恐怕还不到十二点。

玛 塞 勒 斯 不,已敲过了。

霍 拉 旭 　　　　　　　是吗?我可没听到。

那么时候快到了,按照老规矩,
阴魂又要出现了。

(远处传来喇叭齐奏声,鸣炮声)

这是怎么一回事呀,殿下?

哈 姆 莱 特　今晚上，国王要闹通宵，安排下盛宴，

　　　　　　大吃大喝，还大跳疯狂的日耳曼舞，

　　　　　　他每次干了一大杯莱茵河葡萄酒，

　　　　　　就响起了定音鼓和喇叭的齐奏声，

　　　　　　为主上的洪量而欢呼。

霍 拉 旭　　　　　　　　　　　　　　一向是这样吗？

哈 姆 莱 特　怎么不是呢。

　　　　　　虽说我土生土长，从小看惯了

　　　　　　这风俗习惯，可是依我说，这习俗

　　　　　　遵守它，不如破除它来得更体面。

　　　　　　这昏头昏脑的狂饮纵乐，招来了

　　　　　　东西各国纷纷的非议和诋毁——

　　　　　　他们叫我们做酒鬼，用瘟猪一类的

　　　　　　可耻的绰号加在我们的头上，

　　　　　　我们有成就，哪怕多崇高，多伟大，

　　　　　　也为之而黯然失色，没人夸声好。

　　　　　　拿个人来说，不往往也是这样？

　　　　　　有些人，品性上有些小小的瑕疵，

　　　　　　由于是天生的（那就怪不得他们，

　　　　　　一个人的本性没法由本人来挑选啊），

　　　　　　也或许某一种气质畸形的发展，

　　　　　　失去了分寸，到不近情理的程度；

　　　　　　又或许养成了一种不良习惯，

　　　　　　扭曲了本该是值得称道的举止——

　　　　　　这些人就打上了一种缺点的印记

　　　　　　（可看作天然的胎记，或命运的注定）

　　　　　　他本来的德性，不管多纯洁，多美好，

　　　　　　不管那美德让人说不尽这许多；

可是在一片纷纷的责难声中,不免被
那一个污点沾染了,就此给抹了黑,
就为了一点儿病根子,高贵的品质
往往整个儿地全给抵消了,只落得
受人们的冷笑。

[阴魂在远处出现]

霍 拉 旭　　　　　　　　　瞧,殿下,它来啦。

哈 姆 莱 特　仁慈的天神和天使,保佑我们吧!
（一步步向阴魂走去）
不管你是精灵,还是万恶的妖魔,
带来了天风,还是地狱里的狂飙,
不管你居心不良,还是慈悲为怀,
你这副模样形状,好叫人猜疑!
我非得跟你说话不可。我就叫你
"哈姆莱特",称呼你丹麦的君主,王上,
父亲;回答我吧! 别蒙我在鼓里,憋死我。
快跟我说吧:为什么已举行过葬礼,
入土为安,你却又把寿衣挣破了?
分明埋下你尸骨,已封没的墓穴,
为什么又裂开了沉重的大理石牙床,
把你又吐了出来? 这为的是什么? ——
你这副尸骨又全身披甲戴盔,
踏碎了寒月的清光,重返大地;
黑夜变得阴森森,叫我们一个个
傻瓜似的目瞪口呆,心惊肉跳,
我们的灵魂猜不透这可怕的神秘!

快说吧,这为的什么,你要干什么?
你叫我们怎么办?

　　　　　　（阴魂向他招手）

霍　拉　旭　　它在向你招手,要你跟着他走,
　　　　　　好像它有什么重要话只能对你
　　　　　　一个人说。

玛 塞 勒 斯　　　　　　看他的举动,有礼貌,
　　　　　　挥着手,招呼你到远一些的地方去。
　　　　　　可是你去不得啊!

霍　拉　旭　　　　　　　　千万不能跟他走!

哈 姆 莱 特　他不肯开口。我只能跟着他走了。

霍　拉　旭　　别去,殿下!

哈 姆 莱 特　　　　　哎哟,有什么好怕的?
　　　　　　我早把这条命,看得还不如一枚针;
　　　　　　至于我灵魂呢,它能拿我怎么样?
　　　　　　我那灵魂跟这阴魂不同样是不灭的吗?——
　　　　　　　　　（阴魂再次招手示意）
　　　　　　它又在招呼我上前去,我要跟他走!

霍　拉　旭　　殿下,万一他把你引向了浪潮呢?
　　　　　　或者领你到悬崖峭壁的顶峰上,
　　　　　　俯视着汹涌的大海,于是它变成了
　　　　　　狰狞的厉鬼,吓得你魂不附体,
　　　　　　丢失了理智,发了疯,那可怎么得了?
　　　　　　想想吧,一旦身临其境,不说别的,
　　　　　　只消看一眼万丈下那一片怒海,
　　　　　　耳听得浪涛的一阵阵咆哮,那时候,

　　　　　　莫名的恐怖就一下子主宰了你。

　　　　　　　　　（阴魂再次招手示意）

哈 姆 莱 特　它还在招呼我呢。

　　　　　　　　　（向阴魂）带路吧,我跟你走!

玛 塞 勒 斯　（一把拉住王子）

　　　　　　去不得呀,殿下!

哈 姆 莱 特　　　　　　　　放开你的双手!

霍 　拉 　旭　（也拖住王子）

　　　　　　听劝吧,去不得啊!

哈 姆 莱 特　　　　　　　　　我的命运在呼唤,

　　　　　　我周身每一条微细的血管,都绷紧得

　　　　　　像一头雄狮的筋脉。

　　　　　　　　　（阴魂又招手示意）

　　　　　　　　　　　　它还在招呼我呢,

　　　　　　放开你们的手,大爷们。（挣脱他们）

　　　　　　　　　　　　老天爷,

　　　　　　谁拦住我去路,我叫谁变成鬼。

　　　　　　给我走开吧!

　　　　　　　　　（向阴魂）你带路,我后面跟上来。

　　　　　　　　　　　　　　　　　　［随阴魂远去］

霍 　拉 　旭　幻想主宰了他,他不顾一切了。

玛 塞 勒 斯　咱们得跟上去,不能听他的话。

霍 　拉 　旭　跟上去吧。谁知道会落到怎么个结局!

玛 塞 勒 斯　丹麦这王国有不可告人的丑事。

霍 　拉 　旭　一切由天意安排吧。

玛 塞 勒 斯　可不,咱们跟住他走吧。

　　　　　　　　　　　　　　　　　　　　　［同下］

第五景　城堡最高处的平台

[哈姆莱特随阴魂上]

哈 姆 莱 特　　你要领我到哪儿去呀？说吧，我不走了。
阴　　　魂　　听我说。
哈 姆 莱 特　　　　　我听着。
阴　　　魂　　　　　　　　我的时间快到了。
　　　　　　　　时辰一到，我就得赶回去，跳进那
　　　　　　　　硫黄的烈焰，去受尽炼狱的煎熬。
哈 姆 莱 特　　唉，可怜的亡魂。
阴　　　魂　　　　　　　　不要你可怜，
　　　　　　　　只消你好好地听着我向你诉说的话。
哈 姆 莱 特　　快说吧，我哪有不听的道理啊。
阴　　　魂　　你听我说完了，也同样没有理由
　　　　　　　　不为我报仇雪恨。
哈 姆 莱 特　　　　　　　　　你说什么呀？
阴　　　魂　　我是你父亲的亡魂，受到的惩罚是
　　　　　　　　在一段时期内，夜夜在人世游荡，
　　　　　　　　白天，空肚子去忍受烈火的烧烤，
　　　　　　　　直到我生前的罪孽都在烈火里
　　　　　　　　烧个干净。可是地狱里的禁令
　　　　　　　　不许我泄露秘密，要是我能把
　　　　　　　　那里的亲身遭遇讲一下，只一句话，
　　　　　　　　就吓破你的胆，冻结了你青春热血，
　　　　　　　　叫你的双眼，流星般跳出了轨道，
　　　　　　　　一束束纠结的鬈发，一根根都分开，

都直竖起来,像愤怒的豪猪矗竖着
一身刺毛——可是那永劫的内情,
怎么能向血肉之躯的耳朵细诉!
听着,听着,听我说! 如果你也曾
爱过你亲爱的父亲——

哈 姆 莱 特　　　　　　　　　啊,上帝!

阴　　　魂　他惨遭谋杀,你就得替他报仇!

哈 姆 莱 特　谋杀!

阴　　　魂　说得最好听,也是最恶毒的谋杀——
就数这谋杀,最恶毒,最骇人听闻,
最伤天害理!

哈 姆 莱 特　　　　　快说呀,快让我知道!
我要啊,张开翅膀,飞快地,像思想,
像对亲人的怀念,那么迅猛地
扑过去报我的仇!

阴　　　魂　　　　　　　你敢作敢为;
如果这一宗谋杀案,不能够叫你
热血沸腾,那你真是比随意地
丛生在忘川边的野草,还要迟钝了。①
现在,哈姆莱特,且听我说吧。
我突然死亡,对外界,是这么宣布的:
我正在花园里午睡,给一条毒蛇
咬了一口。这恶毒地捏造的谎言
把整个丹麦王国都蒙在鼓里。
可是你,品德高尚的青年,要知道:
咬死你父亲的那条"毒蛇",他头上

———————————

① 忘川(Lethe),冥府的河流,饮下忘川水,能使人忘却生前的一切。

正戴着王冠。

哈姆莱特　　　　　　　　　我未卜先知的心灵啊！①

我的叔父？

阴　　魂　正是那一个乱伦通奸的禽兽！

狐狸般狡猾，天生有一肚子奸诈，

诡计多端，施展出诱惑的手段

勾引人，是他的本领。为了满足他

无耻的兽欲，把我那模样儿最正经的

王后骗上了手。唉，哈姆莱特，

这人心的堕落，叫我怎么说好呢！

我把我对她的爱，看得那么重，

始终信守着当初婚礼上我对她

立下的盟誓；谁想她毫无珍惜地

把自己交托给这么个人，比起我，

人品，仪表，各方面都天差地远！

贞洁永远不会受诱惑，哪怕

淫欲假扮成天仙来向她求欢；

淫荡，即使跟光明的天使做配偶，

天堂的婚床，也会叫她倒了胃口，

只想到垃圾堆去狼吞虎咽。

且慢，我好像嗅到了清晨的气息，

说得简短些吧。我正在花园里睡觉——

每天下午，我照例要睡一会儿，

正当我无忧无虑的，正自好睡；

你叔父，手拿着一小瓶致命的毒草汁，

───────────

① 　未卜先知（Prophetic），指哈姆莱特一眼看透了他叔父的本性，不是指他早已识破
这一起谋杀案。

悄悄地走近来,把我的耳朵当作了

方便的通道,把毒汁全灌下了;

那浓液,麻风病般可怕,碰上了血液,

是势不两立的克星,像水银一般

无孔不入,一下子流遍了周身的

门户关节;猛烈的药性,叫流动

畅通的血脉,顿时凝住了,就像

酸汁滴进了牛奶,结成了硬块;

那毒药,一进入我体内,就是这光景;

我统体光滑的皮肤,顿时就出现

一大片疹疮,像染上麻风病似的,

只见周身布满了鳞片似的硬皮屑。

就这样,在睡梦中,我被兄弟的那只手,

一下子夺去了生命,王冠,和王后。

来不及临终忏悔,涂圣膏,受赦礼,

我一生所作所为,来不及向上帝

作一个交代——可怜我,一笔糊涂账,

一身的罪孽,就这么给砍断了命根子。

哈姆莱特　　啊,可怕!啊,可怕!真可怕呀!①

阴　　　魂　　要是你天性还在,能容忍这一切吗?

不许把丹麦王宫的御床,糟蹋成

荒淫无耻、恣意乱伦的窝巢。

可是,不论用什么手段去复仇,

决不可玷污你的动机,也不必

---

① 三种原始版本都把此行归给阴魂。约翰生首先提出归给王子更合情理,有许多编者(如基特勒奇)从之;一些饰王子的著名演员如盖立克、欧文等都念了这一行。从舞台效果而言,这样改动确是起了很好的烘托作用。

去追究你母亲。让上天处置她吧，
她的良心，自会像长满了荆棘似的
受到日夜的刺痛。

我们得分手了。
萤火虫的点点火光，暗淡下去了，
黎明眼看就来到。再会了，再会了，
再会吧。要记住我啊！

[阴魂隐灭]

哈 姆 莱 特 （扑倒在地，呼号）

噢，天上的诸神啊！大地啊！还有呢？——
还得向地狱呼吁吗？要挺住，要挺住，
我的心！周身的筋肉，别一下子垮掉啊，
要硬是把我支撑起来！

（摇晃地站立起来）记住你？
当然！可怜的阴魂，只要我还不至于
昏头昏脑，把我的记忆都丧失了。
记住你？当然！我要把印在我心版上
无关紧要的无聊的记录，都抹掉，
一切书本上的格言，形形色色的、
少年时所见所闻，所留下的印象，
统统都抹掉，只留下你对我的告诫，
像印在书本上那样，印进我脑海。
没有半点儿掺杂。愿上天作证吧！
哼，好一个邪恶的女人！
哼，奸贼，奸贼，脸上堆笑的
十恶不赦的奸贼！我的记事本呢？
这一点我该记下来：别瞧有的人
笑嘻嘻，笑嘻嘻，原来他是个大恶棍！——

至少，我敢说，在丹麦，就是这样的。

（写进记事本）

好，叔父，我把你记下来了。现在，
再记下我自己的铭句："再会了，再会了，
要记住我啊！"（下跪，举手起誓）
我立下誓言了。

[霍拉旭，玛塞勒斯自远处呼号上]

霍　拉　旭	殿下！殿下！
玛塞勒斯	哈姆莱特殿下！
霍　拉　旭	上天保佑他吧！
哈姆莱特	（自语）但愿如此。
玛塞勒斯	喂，喂，喂，殿下。
哈姆莱特	喂，喂，喂，伙计。来，鸟儿，来吧！
玛塞勒斯	（自远而近）怎么啦，高贵的殿下？
霍　拉　旭	（走近）有什么可说的吗，殿下？
哈姆莱特	哎哟，不得了！
霍　拉　旭	好殿下，跟我们说一说吧。
哈姆莱特	不行，你们会泄漏出去。
霍　拉　旭	老天在上，我不会的，殿下。
玛塞勒斯	我也不会，殿下。
哈姆莱特	那么你们说，谁想得到有这回事——
	可你们能保守秘密吗？

霍　拉　旭 }
玛塞勒斯 } 老天在上，能做到，殿下。

哈姆莱特　在整个丹麦，没有哪个坏蛋
　　　　　不是十足的恶棍。

霍 拉 旭　殿下,这可用不到鬼魂从坟墓里

　　　　　钻出来告诉我们啊。

哈 姆 莱 特　　　　　　　　　　对啊,你说对了。

　　　　　所以我不必转弯抹角地多说了,

　　　　　我看最好是大家握下手,分手吧。

　　　　　你们按你们的意思干你们的事吧——

　　　　　因为各人有各自的事儿和考虑,

　　　　　事实也这样——至于我,说也可怜,

　　　　　我要去做祷告了。

霍 拉 旭　殿下说话,怎么是没头没脑的?

哈 姆 莱 特　真抱歉,我说话冒犯了,我打从心底里——

　　　　　可不,打从心底里抱歉。

霍 拉 旭　说什么"冒犯"呀,殿下。

哈 姆 莱 特　不,凭圣徒的名义,我冒犯了,霍拉旭,

　　　　　而且是严重的冒犯。说到那幽灵,

　　　　　我可以告诉你们,是正派的阴魂。①

　　　　　你们想知道,它和我之间有了些

　　　　　什么事,只好请你们暂且忍耐一下了。

　　　　　现在,好朋友,你们是朋友,是学者,

　　　　　是军人,请答应我小小的一个请求。

霍 拉 旭　是什么要求,殿下。我们答应就是了。

哈 姆 莱 特　今晚看到的,绝对不能传出去。

霍 拉 旭　　　殿下,我们不会的。
玛 塞 勒 斯

哈 姆 莱 特　不,要发誓才算。

霍 拉 旭　说真心话,殿下,我决不会。

―――――――――――

①　正派的阴魂,意即不是作祟的恶鬼。

玛塞勒斯　　我也决不会,殿下,说良心话。

哈姆莱特　　(倒持佩剑,伸过去)

　　　　　　把手按在我的剑柄上吧。①

玛塞勒斯　　殿下,我们已经发过誓了。

哈姆莱特　　我就是这意思,按着我的剑柄起誓吧。

(地下传来阴魂的呼喊声:"起誓吧!")

哈姆莱特　　(向地面)

　　　　　　啊哈,伙计,你也是这么说吗? 你在

　　　　　　地下吗,我的好人儿?

　　　　　　来吧,你们没听见地窖里这家伙吗?

　　　　　　快快发誓吧。

霍　拉　旭　　　　　　　　　该怎么发誓呢,殿下?

哈姆莱特　　你们看到的这一切,绝口不提起。

　　　　　　按着我的剑柄发誓吧。

(传来阴魂转移后的呼喊声:"起誓吧!")

(二人跪下,按剑柄起誓)

哈姆莱特　　"又是这里,又在那里"吗? 咱们换地方吧。②

　　　　　　(转移到另一处)这里来吧,二位大爷。

　　　　　　再一次把手按在我的剑柄上吧。

　　　　　　按着我的剑柄发誓吧:

_____

① 倒持的剑柄可权充十字架,使按着剑柄起誓带有神圣的意义。

② "又是这里"一句原文是拉丁成语。

你们听到的这一切,绝口不提起。

（传来阴魂又转移后的呼喊声：

"按着他的剑柄起誓吧！"）

（二人跪下,再次按剑柄发誓）

哈姆莱特　（向地面）

说得好,老田鼠！在地下钻得这么快？

好一个带路人！好朋友,再换个地方吧。

霍　拉　旭　白天好,黑夜也好,这真是太稀奇了啊！

哈姆莱特　那么就当它是个稀客来欢迎吧。

在天地之间,有许许多多事情,

霍拉旭,是你们的哲学所梦想不到的啊。①

可是来吧,（又转移地点）

在这儿,天保佑你们,再发一次誓。

不管我日后的行为多古怪,多出格

（也许我将来会认为这样最合适）,

装出了一副疯疯癫癫的样子——

那时候,你们看到了我这个光景,

千万不可以像这样,把双手一叉,

或是这样地摇摇头,或是说一些

暧昧的话："哼,我有什么不知道,"

或是"要抖出来还不容易,"或是

"把话摊开来,得看我们是否高兴了,"

"你让人说话,还怕没人开口？"——

故意吐一半,留一半,含糊其辞,

---

①　这里所说的"哲学"相当于现代的自然科学。

表示你们知道我有什么内情——
发誓吧,愿上帝的恩惠保佑你们。

(传来阴魂的呼喊声:"起誓吧!")

(二人跪下,三度按剑柄发誓)

哈 姆 莱 特　安息吧,安息吧,不安的灵魂。这就好,
我一片诚心地完全信赖二位了。
可怜的哈姆莱特,凡是他力所能及,
愿上帝帮助,一定少不了向二位
表示他的爱和对你们的友谊。
咱们都进去吧。请你们总是把手指儿
按在你们的嘴唇边吧。我求你们啦。
　时代整个儿脱节了,唉,真倒楣,
　偏要我把重整乾坤的担子挑起来。
不,来吧,咱们一块儿走。①

〔同下〕

---

① 二人谦让,让王子先走,他因之说了这句话。

第二幕

第一景　室　内

［大臣波洛纽斯上，仆人雷那多随上］

波 洛 纽 斯　把这钱，这几封信，交给他，雷那多。

雷 那 多　知道了，老爷。

波 洛 纽 斯　好雷那多，你可以干得很聪明——
　　　　　　在找他之前，不妨先去打听打听
　　　　　　他行为怎么样。

雷 那 多　　　　　　　　　　老爷，我也有这意思。

波 洛 纽 斯　呃，好说，说得好。你听着，老兄，
　　　　　　先给我打听：居留在巴黎的丹麦人
　　　　　　都是些什么人，干什么，有钱还是没钱，
　　　　　　住什么地区，跟哪些人来往，开销
　　　　　　大不大；你拐弯抹角，有心去套话，
　　　　　　得知了他们也认识我的儿子，
　　　　　　就凑近一步，可不要直截了当地
　　　　　　问对方，只说你跟他有泛泛之交，
　　　　　　说什么"我认得他父亲，他的朋友，
　　　　　　也有些认识他"——你听明白没有，雷那多？

雷 那 多　是，全明白了，老爷。

波 洛 纽 斯　你不妨说，"有些儿认识他，可不熟，
　　　　　　要是果真是他，那么他真胡闹，

沾染上了什么什么的"——你可以随便

编派他一些缺点——自然,那只是

无损于他声誉的一些小节罢了——

这点你要记住了——于是你,不妨举一些

那纨绔子弟十之八九都难免的

轻佻、放浪的行为。

雷　那　多	像赌博,老爷?
波洛纽斯	对啊,像喝酒、像斗剑、赌咒啊,吵架啊,
	甚至玩女人啊——连这个你也可以说。
雷　那　多	老爷,说不得,这会坏了他名声的。
波洛纽斯	不会的,提起这,你轻描淡写些好了,
	你千万不能添油加酱地去抹黑他——
	说他是嫖客,那可不是我的本意;
	只说是逢场作戏,就一笔带过了,
	听起来那不过是年轻人血气方刚,
	心血来潮,自己都管不住自己了,
	因此难免有一时的不检点。
雷　那　多	可是好老爷——
波洛纽斯	为什么要你这么做呢?
雷　那　多	是啊,老爷,我是想知道呀。
波洛纽斯	呃,老兄,我把我主意说你听吧。
	我认为耍这点儿手段,合情又合理。
	你往我儿子身上添一些小污点,
	只当是做针线活,洁白的绸布上
	难免留下些指印。你给我听好,
	你想在谈话中把对方的话套出来,
	提起了这么个有缺点的年轻人,而对方
	果然看到了那青年有那么些缺点,

保证他跟你会一拍即合,接着说:——

"好大爷",或者说"朋友",也或者说"阁下"——

究竟怎么个称呼,就得看对方是

什么人,哪国人而定了。

雷 那 多　　　　　　　　　　很好,老爷。

波 洛 纽 斯　于是对方就——对方就——我刚才要说一句什么话

呀?我的天,我正要说一句什么话。我说到哪里啦?

雷 那 多　说到了"会一拍即合。"①

波 洛 纽 斯　"会一拍即合",对了,可不是!

他接着你的话,说道:"我认识这少爷,

昨天还看见他",或者是:"前几天还看见他",

——或者这一天,或者那一天,跟这个人

或者那个人在一起,正像你所说的,

"来一场赌博","喝酒喝得凶,都醉倒了",

"打网球却打起架来了",也许会这么说,

"看见他踏进了那一家'做买卖的'人家"——

就是说,闯进了一家妓院,等等的;

现在你该明白了吧,

用谎话把人引上钩,你钓到的鲤鱼,

是人家吐出了真心话。我们聪明人,

办法多,就这么旁敲侧击,绕着圈儿,

左转右拐地通向了你想要听的话。

根据我这一番指点,开导,你不难

打听到我儿子的行为,你懂我的话吗——

听明白了没有?

───────────

① 从"亚登版","贝文顿版",(从"四开本")。一般版本其后还有"说到朋友或者阁
下"一语(从"对开本"),应是衍文。

雷 那 多	老爷,我听明白了。
波 洛 纽 斯	再见吧,一路顺风。
雷 那 多	多谢老爷。
波 洛 纽 斯	你也得用自己的眼睛留心观察他。
雷 那 多	我会的,老爷。
波 洛 纽 斯	要他好好地学音乐。
雷 那 多	是,老爷。
波 洛 纽 斯	再见吧。

〔雷那多下〕

〔奥菲丽雅慌张上〕

怎么,奥菲丽雅,有什么事儿呀?

奥 菲 丽 雅　哎哟! 爸爸,好爸爸,真把我吓坏了呀!

波 洛 纽 斯　是什么吓了你呀? 天啊,快说吧!

奥 菲 丽 雅　爸爸,我正在闺房里做针线活儿,

　　　　　　哈姆莱特殿下——只见他上衣也没扣,

　　　　　　帽子也不戴,沾满着污泥的袜子,

　　　　　　没有吊袜带,褪落下来,脚镣般

　　　　　　拖在脚脖子上,膝盖和膝盖只是

　　　　　　来回地碰撞,一张脸,像衬衫般白,

　　　　　　好悲惨的一副可怜相,看他那光景,

　　　　　　就像刚从地狱里放出来,只想向人讲:

　　　　　　他吓坏了,好恐怖啊。他直冲进来,

　　　　　　站住在我面前——

波 洛 纽 斯　他想你想得发了疯?

奥 菲 丽 雅　父亲,我说不上来——只怕是这回事。

波 洛 纽 斯　他怎么说呀?

奥菲丽雅　　　　　　　　他一把抓住了我手腕——

抓得好紧啊,接着他伸长了手臂,

往后退,另一只手,遮在额头上,

一眼不眨地瞧着我的脸,好像

要给我画个像。就这样,他纹丝不动,

过了好一会儿,才轻轻抖一下我的手,

他把头抬起又点下,一连点三次;

于是他一声长叹,好凄惨,好深沉,

仿佛他整个儿躯壳都被震碎了,

生命都完了;这以后,他放开了我的手,

转过身去,可又回过头来,朝我看,

他身子往后退,似乎不用眼睛,

也找得到路。他这么一步步倒退着,

跨出了房门,他的眼光始终

在我身上打转。

波洛纽斯　　　　　　　　来,跟我走,我一定要

去见国王。这是他爱你爱得发了狂,

这一股狂热的劲儿,会昏天黑地地

毁了自己,干得出不顾死活的事;

好厉害啊! 天底下多的是迷失了本性的

盲目冲动。我好后悔啊—— ①

你最近冲着他说过什么生硬的话吗?

奥菲丽雅　　没说过,好父亲,只是遵照你吩咐,

拒绝接受他给我的那几封信,

也不肯再和他见面。

波洛纽斯　　　　　　　　　就害得他发了疯。

———————————

① 他说到一半岔开去了,到后来才接下去说:他后悔没有把王子的为人看得准。

我后悔,没有把眼光看得更准些,
对他的行为了解得更深些;我原先
只怕他玩弄你,会毁了你;只恨我
不该没来由地怀疑他! 真是要命啊,
年轻人往往太莽撞,干事儿欠思量,
我们上了年纪的呢,又瞻前顾后的,
反而误了事。来吧,咱们见王上去。
这事一定得捅出来,紧紧地掩盖着,
也许会闹乱子的,那还不如说出来,
哪怕给自己讨来的,是别人的见怪。
来吧。

[奥菲丽雅随父亲下]

第二景　宫　中

[喇叭高声齐奏。国王挽王后上,罗森
克兰,吉登斯丹及侍从等随上]

国　　王　欢迎,亲爱的罗森克兰,吉登斯丹
我不仅一直很想念二位,而且
还有要借重二位的地方,这才
急匆匆地把你们召了来。想必你们
也有所听闻了,哈姆莱特像换了个人,
我这么说,因为他从外表到内心,
跟过去都大不相同了。他父亲去世了,
除了这悲痛外,究竟还有什么原因
害得他疯疯癫癫,连自己都不认得了,
我可没法儿想像。我想,你们是

> 从小跟他一起长大的,后来又
> 青春作伴,了解他一举一动,
> 所以请二位在宫里小住一阵,
> 陪着他散散心,也好趁这个机会,
> 试探他心里,究竟有什么隐痛
> 在折磨他,摸清楚了,我们也就好
> 为他对症下药了。

王　　后　　二位好大爷,他经常提起你们呢,
　　　　　我相信,这世上找不到比你们二位
　　　　　更经常在他的心头了。如果承蒙
　　　　　二位见爱,又看重情义,有雅量,
　　　　　答应在我们这儿多逗留一阵子,
　　　　　好帮助我们,成全了我们的心愿,
　　　　　那么身为国王的,对于二位
　　　　　此番的光临,自当有相称的谢意。

罗森克兰　　二位陛下是统治万民的君主,
　　　　　有什么意旨,只管吩咐,小臣等
　　　　　敢不服从,无须说半个"请"字。

吉登斯丹　　我们俩理当把忠诚都献给殿下,
　　　　　只知道唯命是从,效犬马之劳;
　　　　　我们听候差遣。

国　　王　　多谢了,罗森克兰,还有你,好吉登斯丹。

王　　后　　多谢了,吉登斯丹,还有你,好罗森克兰。
　　　　　我请求二位尽快去看望我那
　　　　　像换了一个人似的儿子。来人,
　　　　　你们领二位去跟哈姆莱特见面吧。

吉登斯丹　　愿上天保佑,使我们在一旁伺候他,
　　　　　能讨他的喜欢,有助于他的身心。

王　　后	说得好，阿门。

[二人随侍从下]

[波洛纽斯上]

波 洛 纽 斯	禀报陛下，派往挪威的使臣 已经高高兴兴地回国了。
国　　王	吉祥的老人家，你总是带来了喜讯。
波 洛 纽 斯	真的吗，陛下？好陛下，你可以信得过， 我把我对上帝，对仁爱的王上 应尽的责任看得跟我的灵魂 一样重。我相信——除非我这老脑筋 不中用了，看问题，察言观色不比 以前那么有把握了——我已经发现了 是什么原因，让哈姆莱特发了疯。
国　　王	噢，快说出来吧，我急于要知道呢。
波 洛 纽 斯	请陛下还是先接见那两位使臣吧。 我这个发现，且留作盛宴后的水果吧。
国　　王	有劳你亲自把他们带来见我吧。

[波洛纽斯下]

	亲爱的葛特露德，他说他已经发现了 你儿子得病的起因和内中的缘故。
王　　后	（内疚地） 依我说，不为了别的，都是为了 他父亲死了，我们俩的结婚又太仓促了。
国　　王	好吧，待我们细细地问了他再说。

[波洛纽斯引伏特曼、科尼留斯上]

欢迎，我的好朋友们！

伏特曼，咱们的挪威王兄怎么说？

伏　特　曼　他同样热情地回敬了陛下的问候，

谢陛下的致意；我们一提出要求，

就传喻他侄子，不准再招兵买马——

他本以为这一切无非是为了

对付波兰人；可是经过了调查，

才知道原来是为了针对陛下的；

他痛心自己只因为年老多病，

软弱无能，不知道已受了蒙蔽，

就传令福丁布拉，一切活动必须

立即停顿。总算那年轻人还听话，

被挪威王训斥了一番之后，

当着他叔父面，立下了誓言，今后

决不轻举妄动，竟敢侵犯陛下了。

他知错认罪，使老王大为高兴，

当即赐给他三千克朗的岁收，

委派他率领那征募来的士兵，

仍按照原先的计划，向波兰进军；

只是他有一个请求，已写明在这里，

（呈上一文件）

求陛下允许他军队入境借道，

去攻打波兰，一路所经过之处，

怎么保证秋毫无犯，都考虑了，

而且都写明在这里了。

国　　　王　　　　　　　　我听了很高兴。

等以后时间从容些，再好好读一遍，

考虑之后，再答复吧。现在我得
多谢你们，干得很出色，辛苦了。
回去休息吧，今晚上，我们少不得
设宴招待，为二位洗尘呢。

[两使臣鞠躬下]

波洛纽斯 这回事总算有了个圆满的结局。
王上，王后娘娘，我要是长篇大论
谈什么是君主的尊严，臣子的责任，
为什么白天是白天，黑夜是黑夜，
时间是时间，那不过是白白浪费了
白天，黑夜，又浪费了时间，所以，
（越说越得意）
我说，既然简洁是智慧的灵魂，
冗长乏味，是添油加酱的门面话，
我只说三言两语吧。殿下是疯了。
我说他疯了——要细细地表一表什么叫
真正的疯了，除了说是疯了，还能
叫人怎么说呢？这也不去多谈了——
王　　后 请多一些事实，少几分口才吧。
波洛纽斯 娘娘，我发誓，我根本用不到口才呀。
（越说越兴奋）
说他疯了，是真疯了；真是疯了，才真可惜啊；
真可惜，为的是真疯了。——这可是在胡扯了，
少给我来这些吧，我才不卖弄口才呢。
咱们就同意他是疯了；接下来就该
找一找这么个结果是什么缘故——
或者不如说，是什么缘故，有这么个恶果，——
这结果成了恶果，总有个缘故吧；

这就落到了这一步,接下来的一步是——①
请想想吧。
我有个女儿——女儿还是我的,就逃不了——
我有个女儿——难为她好一片孝心,
肯听话,你瞧,把这个交给了我。
这是怎么回事,请你们听好了——
(朗读)

　　寄天仙般的,我灵魂的偶像,香艳无比的奥
菲丽雅——
这是什么话呀,多难听,多不正派——"香艳"可
不是个正派的词儿啊——可是请听下去吧:——
　　这几行诗留在她那雪白的胸怀中吧,这几行
诗——等等。

王　　后　是哈姆莱特写给她的吗?
波洛纽斯　好娘娘,等一下,且让我照实念来:

　　　许你怀疑星星会发光,
　　　　许你怀疑太阳在远行,
　　　许你怀疑真理会说谎,
　　　　切不可怀疑我对你一片情!

　　亲爱的奥菲丽雅啊,要我做诗可真是要命! 我缺乏才
华,不能把我一声声悲叹变成一行行诗句;可我最爱最爱的
就是你啊。亲人儿,请相信我吧。再见了。
　　　　　　　　　最亲爱的小姐,只要我一息
　　　　　　　　　尚存,我永远是属于你的
　　　　　　　　　　　　哈姆莱特

---

① 这位大臣说到这里,已不知所云,再一次陷入了不知道"我说到了哪里啦?"(见前
景)的窘境。

这是我女儿听我的话，交出来的。

她此外还向我交代了他怎么一次次

来求爱：在什么时候，什么场合，

用什么方式，全都说给我听了。

国　　　王　可是她，接受不接受他的求爱呢？

波 洛 纽 斯　陛下以为我是怎么一个人呢？

国　　　王　是忠心耿耿、正直可靠的人。

波 洛 纽 斯　但愿我能证明自己是这么个人。

可是陛下会怎么说呢？ ——假如我看到了

这热烈的爱情已着火了——不瞒陛下说，

女儿还没告诉我，我已经觉得了——

陛下，还有好王后娘娘，会怎么想呢？ ——

要是我扮演了送情书、传条子的角色，

或是故意地眼开眼闭，装聋作哑，

或是瞧着这爱情，只当看热闹；

陛下会怎么想呢？ 不，我开门见山，

跟我家大小姐说明白："哈姆莱特殿下

是王子，是天上的星，你高攀不上！

不许这样下去了！"于是我告诫她

把自己禁闭在房里；要躲避王子，

不接待他派来的人，不收他礼物；

她听了这番话，就遵照吩咐她的去做，

殿下就吃了闭门羹——长话短说吧——

就情绪不佳了，就茶饭无心了，接着，

夜不成眠了，人一天比一天憔悴了，

就神思恍惚了，就这么越来越糟，

终于发了疯，眼看他胡言乱语，

　　　　　　　　　　叫大家都心痛。

国　　　王　　　　　（向王后）你看是这么回事吗？

王　　　后　　　有可能，很像是这么回事。

波 洛 纽 斯　　　我倒是很想知道，难道有哪一回

　　　　　　　　　我断然地说了："就是这么一回事"，

　　　　　　　　　而结果却不是那么一回事？

国　　　王　　　我想不起来有那样的事。

波 洛 纽 斯　　　我这话要是说错了，（指自己的头，

　　　　　　　　　又指自己的肩）就把这家伙

　　　　　　　　　从这老家搬走吧。只要有线索可寻，

　　　　　　　　　我一定会找出真相来，哪怕它躲进了

　　　　　　　　　地球的最深处。

国　　　王　　　　　　　　　　怎么样进一步试探呢？

波 洛 纽 斯　　　你知道，有时候他在这儿走廊里

　　　　　　　　　一连走上三四个小时。

王　　　后　　　　　　　　　　　　这情况是有的。

波 洛 纽 斯　　　趁他在踱步，我就把我女儿放出来。①

　　　　　　　　　陛下和我可以躲到挂毯后面去，

　　　　　　　　　听他们是怎样见面的。若殿下不爱她，

　　　　　　　　　也不是为了失恋而失去了理性，

　　　　　　　　　那么我再不配助理那国家大事；

　　　　　　　　　去种田、赶大车算了。

国　　　王　　　　　　　　　　　　我们且试一下。

　　　　　　　　　［哈姆莱特边走边看书上］

————————————

① 　放出来，这位大臣用了一个粗俗的词，原文"loose"，本是有把圈里的牲口放出来
　　交配之意。

王 后	瞧我那可怜的孩子来了,多苦恼,
	一边在看书。
波 洛 纽 斯	请二位回避一下吧。
	我这就上去招呼他。留下我一个人吧。

[王和后躲到幕后,侍从退下]

	(迎上前去)哈姆莱特殿下可好?
哈 姆 莱 特	(茫然地)好啊,老天放慈悲些吧。
波 洛 纽 斯	(一怔)你认得我吗,殿下?
哈 姆 莱 特	怎么不认识呢。你是鱼贩子一个呀。
波 洛 纽 斯	我可不是啊,殿下。
哈 姆 莱 特	那么我但愿你是一个老实人。
波 洛 纽 斯	老实,殿下?
哈 姆 莱 特	对了,大爷,如今的世道,做老实人,一万个人,才挑得出那么一个。
波 洛 纽 斯	(顺着他)这话说得有道理,殿下。
哈 姆 莱 特	要是太阳能在一条死狗身上孵化出一窝蛆虫,就因为那是供众人亲吻的一块臭肉①——你有一个女儿吧。
波 洛 纽 斯	是有一个,殿下。
哈 姆 莱 特	别让她走在光天化日下,肚子里有东西,那是好福气;可是你女儿的肚子里也会藏着好东西呢——朋友,这可得小心啊。
波 洛 纽 斯	(悄声,向幕后)你们瞧,这个怎么说呢?三句不离我的女儿。可是一上来他认不得我呢,还说我是一个鱼贩子。他的病根子已很深了。说老实话,当年我正青春年少,也失魂落魄的,一头跳进了爱河,跟眼前的他也不差多少。让我再

① 暗指卖淫妇的肉体,在哈姆莱特的心目中,也许泛指不忠实于爱情的女人的肉体。

上去跟他谈几句——你在读些什么呀，殿下？

哈 姆 莱 特　话语、话语、话语。

波 洛 纽 斯　都是谈些什么事啊，殿下？

哈 姆 莱 特　谁跟谁闹事呀？

波 洛 纽 斯　我是指你读的是什么内容啊，殿下。

哈 姆 莱 特　都是些诽谤人的话，老兄。那个爱说刻薄话的坏蛋在书里说：老头儿长着一脸花白的胡须，一脸的皱纹，眼睛里分泌出松香般的黏胶，一个好宽广，空洞的脑袋，再加上一双站不稳的火腿——这一切虽然我说什么也是绝对地相信的，可我认为就这么写下来，就很不得体了。就说你吧，大爷，会活得一年比一年轻，直活到我的岁数，又要你能像螃蟹一般，一步步倒退着走。①

波 洛 纽 斯　（悄声）虽说这些都是废话，可也有它的条理——殿下想避开这通风的地方吗？②

哈 姆 莱 特　躲进我的坟墓里吗？

波 洛 纽 斯　（顺着他）可不，那真是一个避风的地方。（悄声）有时候他回答你的话也真亏他想得出——头脑疯了，能不假思索随口说了出来；那头脑健全，思路清楚的，却往往左思右想都想不出来。我暂且离开他，马上想法让他和我的女儿见面——殿下，我失陪了。

哈 姆 莱 特　你让我失去你的陪伴，再没比这更高兴的了——除非你让我丢了我这条命——丢了我这条命，丢了我这条命。

波 洛 纽 斯　（惶惑地）再见了，殿下。（转身就走）

哈 姆 莱 特　（望着他背影）这些讨厌的老傻瓜！

——————

① 我们不妨想像，在舞台上，哈姆莱特年少气盛，一步步逼近波洛纽斯，那老头儿不由得一步步向后倒退。

② 当时认为病人不宜吹风。波洛纽斯在无意中泄露出他把王子当作病人看待。

［罗森克兰及吉登斯丹上，

与波洛纽斯相遇］

波洛纽斯	你们去找哈姆莱特殿下吧。他在那儿。
罗森克兰	上帝保佑你！大人。

［波洛纽斯下］

吉登斯丹	我尊贵的殿下。
罗森克兰	我亲爱的殿下。
哈姆莱特	我的两位出众的好朋友。你好吗，吉登斯丹？啊，罗森克兰。好伙计，你们两人都好吗？
罗森克兰	平平而过罢了，就跟芸芸众生一个样。
吉登斯丹	所幸的是我们不算太幸运，并不是幸运女神的帽子上的一粒金纽扣。
哈姆莱特	也不是给她踏在脚下的鞋底吧？
罗森克兰	倒也不是，殿下。
哈姆莱特	这么说，你们是落在她腰眼上——或者说，闯进了她恩宠的正中间？
吉登斯丹	说实话，她私下接待过我们。
哈姆莱特	进入了她那见不得人的私处？啊，千真万确，命运女神是个婊子。有什么消息吗？
罗森克兰	没什么好奉告的，殿下，我只能说，这世道比从前来得厚道了。
哈姆莱特	那么世界末日快到了。可惜你的消息不确实。让我问得更地道些。两位好朋友，你们在命运女神的手下有了什么不是，才给打发到这儿监狱里来？
吉登斯丹	怎么是监狱？殿下？
哈姆莱特	丹麦是一座监狱。
罗森克兰	那么全世界也是一座监狱了。

哈姆莱特　　好一座大监狱,里面有许许多多禁闭室、牢房、地牢,丹麦是其中最糟的一个了。

罗森克兰　　我们可不这么认为,殿下。

哈姆莱特　　呃,那么对于你们就不是一座监狱了。本来,也无所谓好,无所谓坏,只不过想得好、想得坏,才分出好坏罢了。对于我,这可是一座监狱。

罗森克兰　　呃,那是你的雄心壮志,使它成为一座监狱。它太狭小了,因为你的抱负太大了。

哈姆莱特　　天啊,把我关禁在一个硬果壳里,我也会自命为拥有无限空间的君王呢——要不是我做了一场恶梦。

吉登斯丹　　说真的,这些梦,就是雄心,或者野心;因为什么是野心? 无非是一场梦的影子罢了。

哈姆莱特　　一场梦,本身不过是一个影子。

罗森克兰　　可不是,照我看,野心是那么缥缈空虚,它不过是影子的影子罢了。

哈姆莱特　　那么我们那些叫花倒是真实的本体了,我们的君王和那些形象拔高了的英雄,却成了叫花的影子了。① 我们进宫去,好吗? 说实话,我越理论越糊涂了。

罗森克兰
吉登斯丹　　我们乐意伺候殿下。

哈姆莱特　　哪有这样的事? 我怎么也不能把二位归到我的仆人的队伍。我对你们说老实人的老实话吧,那些人伺候我真叫我受不了。可是凭我们的老交情,请教二位来到埃尔西诺,有何贵干?

————————

① 罗森克兰他们认为,野心起始于梦想,实现了梦想的君主、英雄,因此不过是影子(梦想)的影子罢了。哈姆莱特讽刺性地故意把这话推向极端;最没野心的叫花就该是实体,而有野心的大人物只能是实体(叫花)的影子了。

罗森克兰	不为别的,只为了来看望殿下。
哈姆莱特	我只是一个穷叫花,寒酸得连一声"谢谢"也说不出口;可我还是要多谢二位。不必说得,亲爱的朋友,我这个道谢连半个大钱都不值。不是人家派遣你们来的吧?还是出于你们的本意呢?这是一次无拘无束的访问吗?来吧,来吧,对人要讲个公道。(二人面面相觑)来吧,来吧,别这样,快说吧。
罗森克兰	(窘迫地)我们该怎么说好呢,殿下?
哈姆莱特	随你怎么说都行,可别扯开去。你们是给派遣来的,瞧你们脸上的神色,就已经招供出来了。你们未免太忠厚了,心里有鬼,不懂得该怎么掩盖才好。我知道,是好王上和王后把二位叫来的。
罗森克兰	叫来干什么呀,殿下?
哈姆莱特	那可得向二位请教了。可是我求你们啦,凭咱们老朋友的名分,凭咱们从小就好来好去的老交情,凭咱们保持到现在的友谊,以及凭口才比我好的人,所能提出的更情面难却的理由——求你们直截了当、痛痛快快,跟我说个明白吧——二位是人家派遣来的,是不是?
罗森克兰	(悄声,问同伴)你看怎么说好?
哈姆莱特	(悄声)好得很,我冷眼看着你们呢。——只要你们把我看作朋友,有什么是说不得的呢?
吉登斯丹	殿下,我们俩是奉命而来的。
哈姆莱特	我可以告诉你们,这是为的什么;我把话说在前头,也好免得你们把说不得的话吐了出来,泄露了国王和王后对你们私下的嘱托。 近来也不知为了什么缘故,我一点情绪都没有,一反往常,不想有什么活动,也不想走动。我的心情好沉重啊,只觉得这宽广的大地,就像一座荒凉的海岬;这氤氲清明的天幕,你们瞧,这覆盖大地的光辉灿烂的苍穹,这镶嵌着金色火球

的庄严的天顶——唉,在我眼里,不过是凝聚成一团的乌烟瘴气罢了。

人,是多么了不起的一件杰作啊!理性是多么高贵,发挥不完的才能和智慧;仪表和举止,又多么动人,多么优雅!行动就像天使,明察秋毫,多像个天神,宇宙的精英,万物之灵——可惜在我看来,这用泥土提炼成的玩意儿,又算得什么呢?人啊,我对他不感兴趣——就是女人,我也不感兴趣——不过我看你们微微一笑,好像在说,你们很感兴趣呢。

罗 森 克 兰　殿下,我心里并没这意思。

哈 姆 莱 特　那么你在笑什么呢?——当你听到我说:人啊,我对他不感兴趣。

罗 森 克 兰　我只是想,殿下,要是你对男人不感兴趣,那么只怕那上门来的戏班子,可得不到殿下的另眼看待了。我们一路上赶来,把他们撇在后面,他们要进宫来为殿下献艺呢。

哈 姆 莱 特　那扮演国王的自会得到我的欢迎——这位陛下会受到我的敬意。① 那闯天下的骑士,可以弄刀舞枪;那单相思的情人,不会白白地叹息一场;那大吼大叫的角色,吼够了,自会心平气和地下了场,那小丑会逗引得那一逗就乐的观众,笑得合不拢嘴,女主角可以灵机一动,发挥一通,不用管那素体诗和那音乐,站得住还是站不住脚。他们是一班什么戏子?

罗 森 克 兰　就是你向来喜欢的那一个戏班子,在城里专演悲剧。

哈 姆 莱 特　他们怎么走起江湖来呢?他们在固定的剧场演戏,于名于利不是更好吗?

罗 森 克 兰　我想他们在城里待不下去了,那是因为碰到了新的麻烦。

哈 姆 莱 特　他们近来的号召力,不差于当初我在城里时那样吗?来看

---

① 敬意,在这里指赏金。

戏的还是那么多吗？

罗森克兰　不,比不得当年了。

哈姆莱特　怎么会呢？ 他们的演技荒疏了吗？

罗森克兰　不是的,他们还是像先前那样卖力;可是,殿下,如今冒出了一窝娃娃,羽毛未干的小东西,扯直了嗓子直叫,把旁人压下去,博得了台下没命的鼓掌声。目前他们是红人儿,盖罩了他们所谓的普通戏班子。有许多佩剑的公子哥儿,只因为害怕文人的那支鹅毛笔杆,不敢再光顾老剧场了。

哈姆莱特　怎么,他们都是些孩子吗？ 谁供养他们吃,给他们穿？ 这些孩子们干他们这一行,到了嗓子唱不成了,①就此不干了吗？ 要是他们挣不了多少钱,将来他们长大成人后,很有可能当上了一个普通戏子;那时候,他们不会埋怨给他们写脚本的吗？ ——不该让他们当初在台上大喊大骂地笑话自个儿今后的日子。②

罗森克兰　说真的,双方都你来我往的,好不热闹,偏是城里的人不怕造孽,又都帮着双方起哄。有一阵子,要是脚本里没有那写戏的以及做戏的大打出手,那么这脚本就卖不出钱。

哈姆莱特　有这样的事吗？

罗森克兰　噢,双方面你来我往,真是钩心斗角呢。

哈姆莱特　结果是孩子们占了上风吗？

罗森克兰　对啊,占了上风的是孩子们,殿下,连带赫克勒斯和他扛在肩上的地球,都成了他们的战利品。③

哈姆莱特　那也没什么好奇怪的;看我那当上了丹麦国王的叔父好了:当初父王在世,那些冲他做鬼脸的,现在一个个愿意拿出二

①　当时童伶班的成员多来自教堂的童声合唱班。唱不成,指童伶的变声期。
②　1600 年、1601 年,童伶班上演《辛茜雅的欢宴》、《蹩脚诗人》,本·琼森在他的这两个戏剧里讥嘲了露天剧场的(成人)演员。
③　莎士比亚所属的"环球剧场"以希腊大力神赫克勒斯肩负地球为剧场标志。

十个、四十个、五十个、一百个银币来买他的一幅小小的肖像画呢。见鬼去吧，单凭常情常理，你别想说得明白，只能看哲学家能不能推究出其中的道理了。

（远处传来一阵喇叭声）

吉 登 斯 丹　戏班子来啦。

哈 姆 莱 特　二位大爷，欢迎光临埃尔西诺。来吧，握握手吧，表示欢迎，总得有个讲究，那一套世俗礼节是少不得的。让我先在这里客气一番吧；戏班子来了之后，少不得也要给个面子，这是要跟你们说明在先的，免得还道是我接待他们，显得比对你们更殷勤。欢迎二位光临。只可惜，我那做父亲的叔父和做母亲的婶娘，上当了。

吉 登 斯 丹　上当什么呀，亲爱的殿下？

哈 姆 莱 特　我疯了，那是在刮西北风；南风吹来了，我不会把一只老鹰看成了一只鹭鸶。①

［波洛纽斯上］

波 洛 纽 斯　（在远处）各位大爷们都好。

哈 姆 莱 特　你听着，吉登斯丹，还有你，也听着——我两个耳朵一边有一个人在听着。（向波洛纽斯瞟了一眼）你们看到的那个大娃娃，还没有脱掉他的襁褓呢。

罗 森 克 兰　也许他这是第二次给裹在襁褓里，人家说，人老了，又变成婴儿了。

哈 姆 莱 特　我敢预言，他是来向我报告有个戏班子要来了。听好。——

———————————

① 意谓别把我当作疯子般来糊弄，我还能辨别出真心和假意呢。

（转变话题）你说得对，老兄，星期一早晨，正是这个日子，没错。①

波 洛 纽 斯　殿下，我有消息要向你报告。

哈 姆 莱 特　大人，我有消息要向你报告。当年罗歇斯在罗马演戏的时候——②

波 洛 纽 斯　戏子们已上门来了，殿下。

哈 姆 莱 特　（嗤之以鼻）嗤！嗤！

波 洛 纽 斯　凭良心说——

哈 姆 莱 特　那时候，来了戏子们，每人骑一头驴——

波 洛 纽 斯　都是当今最出色的角儿，演什么像什么——无论是悲剧，是喜剧，是历史剧，是田园剧，历史性田园剧，悲剧性历史剧，悲剧性—喜剧性—历史性田园剧，场景不变的古典剧，或是不讲三一律的现代剧。塞内加的悲剧不嫌其太沉闷，普拉图斯的喜剧也不嫌太轻浮。③ 无论上演正规的、还是自由发挥的脚本，只有这些演员才演得像个样儿。

哈 姆 莱 特　噢，耶弗他，以色列的士师，你有一件多好的宝贝呀！④

波 洛 纽 斯　他有什么样宝贝呀，殿下？

哈 姆 莱 特　啊，——

　　　　　　　　他有一位独生的千金，

　　　　　　　　他爱闺女如同他的命。

波 洛 纽 斯　（悄声）他一开口总离不开我的女儿。

哈 姆 莱 特　我说得对不对，老耶弗他？

---

① 王子看到波洛纽斯来了，故意说些不相干的话给他听。

② 罗歇斯（Roscius），古罗马著名的喜剧演员，卒于公元前 62 年。

③ 塞内加（Seneca，约生于公元前 61 年），古罗马悲剧作家。普拉图斯（Plautus，约生于公元前 254 年，卒于公元前 184 年），古罗马喜剧家。

④ 耶弗他把女儿献祭上帝，事见《旧约·士师记》。王子下文所引歌词出自当时民谣《耶弗他，以色列的士师》。

波 洛 纽 斯　既然殿下把我叫做"耶弗他",那么我是有一个女儿,我爱她
　　　　　别提有多深。

哈 姆 莱 特　不对,这接不上。①

波 洛 纽 斯　那么怎么接下去呢,殿下?

哈 姆 莱 特　呃,

　　　　天晓得,命该如此,

　　　接下来,你也知道,

　　　　该怎样,果然是怎样。

　　　　这支圣歌的第一段还有好多事儿要交代给你听呢。

　　　　可是瞧,有人来打断我的话头了。

[戏班子的演员们上]

　　　　欢迎,各位名家。欢迎大家——看到你很好,我真高兴——
　　　欢迎! 好朋友们——噢,老朋友,怎么,你的脸上镶了一圈
　　　浓毛啦,上次看到你还是个光下巴呢;你到丹麦来是想拿胡
　　　子向我示威吗? ——(向一个童伶)怎么,我的年轻姑娘,小
　　　姐! 凭圣母娘娘起誓,小姐比我上次看见的时候,又朝天拔
　　　高一截了,大概是穿上了高跟靴吧? 求上帝保佑你的、嗓子
　　　吧,别成了破嗓子,像一枚边缘磨损了的金币,不通用
　　　了。② ——各位名家,欢迎大家光临。法国人训练猎鹰,一
　　　看见天上飞过鸟儿,就放出猎鹰去抓。我们也要这么办,马
　　　上就来一段台词。来吧,也好让我们品评一下你们的本领。
　　　来吧,来一段热情奔放的台词。

演 员 甲　殿下要听的是哪一段呢?

――――――――――

① 意谓你固然像耶弗他一样,有个女儿,但你并不像他那样爱自己的女儿。

② 意谓不希望童伶还没到发育期变了声,破了嗓子,就没法扮演女角了。

哈 姆 莱 特 我听过你为我念的一段台词,可从没有在台上演出过,即使
演出,最多不过一次罢了——这本戏,我记得,不受大众的
欢迎,是一盘不合一般人口味的鱼子酱。可是照我看
来——还有其他一些人,他们的鉴赏能力大大超过了
我——照他们看来,这是一个出色的脚本。一场场戏,都是
精心的安排,在朴实无华中,显示出高明的技巧。我记得有
人说过,字里行间,没有添油加酱,放了许多调味品;在一字
一句中也看不到矫揉造作的痕迹——要这么写,一个戏才
算得正派,读来真是朗朗上口,身心舒畅,是天然美质,而不
是刻意求工。有一段台词,我尤其喜爱——那是埃涅阿斯
对黛多女王自叙身世,谈到了父王普赖姆怎样惨遭杀害。[①]
如果你还记住这段台词,就请从这一行念起吧——让我想
想——让我想想——

　　　　杀气腾腾的庇勒斯像深山的猛虎——

不是这样的;不过是从庇勒斯开的头:——

　　　　杀气腾腾的庇勒斯,黑心黑肺,
　　　　披一身黑甲,赛过漆黑的黑夜,
　　　　潜伏在那招来国破人亡的木马里,
　　　　这狰狞漆黑的凶相,更套上一张
　　　　令人心惊胆战的脸具。从头到脚,
　　　　只见是血人儿似的一片殷红——

---

① 古希腊联军围攻特洛伊城,十年不下,后用木马计于黑夜破城,特洛伊沦亡,国王
　普赖姆惨遭杀戮,王子埃涅阿斯出海逃亡,见爱于迦太基女王黛多,他为女王追叙
　遇难情景,事见维吉尔史诗《埃涅阿斯纪》。

可怕啊,沾满了父母子女们的鲜血,

让烧焦的街道烘成干硬的血块;

熊熊的大火照亮了那惨不忍睹的

屠城的景象,连邦君都遭到谋杀!

那杀人杀红了两眼、射出了凶光,

凶神恶煞般的庇勒斯,东闯西冲,

搜寻着普赖姆老王。

你接下去念吧。

波洛纽斯　老天啊,殿下,念得好,抑扬顿挫,恰到好处!

演 员 甲　　　　　　　老王像困兽,

跟希腊人拼命,可刀锋碰不到敌人,

古老的宝剑,不听他手臂的使唤,

不由自主地掉下来,跟他脱离了关系。

像饿虎扑羊,庇勒斯直奔普赖姆,

狠命地一刀砍下去,并没有砍中,

可快刀过处,那呼啸而过的猛风,

把老太爷轰倒了。这当头一击的厉害,

叫瘫痪的特洛伊都震撼了,火烧的城楼

坍倒在墙脚,那轰然一声的巨响,

把庇勒斯也给怔住了,只见他的剑,

本来照准了一头银发的老王,

直劈下来,却忽然像粘住在半空中;

站定了的庇勒斯,俨然是画中暴君,

下不了决心干到底,又不肯缩回去,

倒像在袖手旁观。

在暴风雨来临之前,我们常遇到

宇宙间肃然无声,乌云像凝住了,

粗暴的狂风顿时无声无息了——

死一般的沉寂笼罩着整个大地；

忽然间，心惊肉跳的一声霹雳，

震破了长空，动弹不得的庇勒斯，

杀心又起了，他顿时直跳起来，

天上的大匠，挥舞千钧的巨锤，

为战神打一副刀枪不入的铠甲，

要万世经用；那无情的打铁锤铜，

怎及得眼前庇勒斯的血淋淋利剑，

狠命地向老王砍下来！

去你的，去你的吧，婊子般的命运女神！

天上的众神啊，你们都一致同意吧——

剥夺她权力，把她那轮子的边盘

和轮轴都砸烂吧，只剩下那个轴心

从天庭的顶峰，一落千丈，直滚进

地狱的深渊！

波 洛 纽 斯　这一段台词太长啦。

哈 姆 莱 特　应该把这段台词，连同你这把胡子，一起送到理发师那儿去
修剪一下吧——（转向演员）请再念下去吧。他只爱听胡闹
的歌舞，淫荡的穿插；否则他就要打瞌睡了。——念下去
吧，来赫古芭那一段吧。

演　员　甲　谁见过——唉，谁见过啊！那蒙脸的王后——

哈 姆 莱 特　蒙脸的王后？

波 洛 纽 斯　这很好。"蒙脸的王后"，好得很呀。

演　员　甲　她那双光着的脚板奔去又奔回，

她红肿的双眼要用流成河的血液

去浇息熊熊的烈焰；一块布片

顶替原先的后冠，披在她头上；

惊慌中随手抓到的一条毛毯，

裹上了她干枯的、生育过多的腰身，

就算是体面的袍服了——谁见了这惨状，

不恶口毒舌地要咒骂那命运女神？

多阴险，反复无常！天上的神明

假使看到她当时眼见庇勒斯

杀得正高兴，横砍竖劈的只想要

把她丈夫的肢体剁成肉酱一团，

可怜她忍不住尖声惨呼——除非

人心的悲苦休想把天心感动，

那火球似的星星会流下了泪泉，

天神会为她而心酸。

波 洛 纽 斯 瞧，不是吗，他的脸色都变了，他眼睖里含着泪珠呢。请不要往下念了。

哈 姆 莱 特 很好。回头再请你念其余的部分吧——好大人，请你给这戏班子妥善安排个住处吧。你听见了没有？好好款待他们，要知道他们是这个时代的缩影，是一部简史。宁可在你身后只有一篇不光彩的墓志铭，也不要在你生前遭到他们不留情面的评论。

波 洛 纽 斯 殿下，我准备按他们该有的名分打发他们。

哈 姆 莱 特 老天啊，老兄，格外优待些吧。要是按每一人的名分来打发他，那么谁逃得了一顿鞭子的抽打？按照你本人的身份和体面，来打发他们吧。他们越是配不上这待遇，就越发显得你宽宏大量。带他们进去吧。

波 洛 纽 斯 各位来吧。

〔转身下〕

哈 姆 莱 特 跟他走吧，朋友们。明天我们要听一场戏了。

〔演员们下〕

（留住演员甲）听着，老朋友，你们会演《贡扎果谋杀案》吗？

演　员　甲　会演的，殿下。

哈姆莱特　明天晚上咱们就上演这本戏。我打算另外写上十五六行的
　　　　　一段台词，插在戏里，你能不能为了有这需要，预先把它念
　　　　　熟了，行吗？

演　员　甲　行，殿下。

哈姆莱特　很好。跟着那位老爷去吧——你可得留神，不能取笑他啊。

[演员甲下] ①

（向罗、吉二人）我的两位好朋友，晚上再见吧。欢迎你们光
临埃尔西诺。

罗森克兰　好殿下。

哈姆莱特　很好，再见吧。

[二人鞠躬告退，下]

现在，我独自一个儿了。

我啊，只算得是游民，是农奴罢了！

这真是不可思议啊！——你瞧这戏子，

无非是无中生有，做一场恶梦，

他却能把整个儿身心投入了幻想，

仿佛身历其境般，脸色都发白了，

热泪都淌下了；失魂落魄似的神情，

哽住的嗓音，只见他一举一动

都好像魂不附体——这一切为什么呀？

不为什么，只为了赫古芭！

赫古芭，跟他有什么相干？或者

———————

① 王子点戏，并插入自撰剧词，决不愿让波洛纽斯得知；由他领着戏班子先下场，演
　员甲留下，较为合理（据"对开本"）。现代版本多处理为：王子交代后，演员甲和戏
　班子同随波洛纽斯下（据"第2四开本"）。

他跟赫古芭,又相干什么? 他却要

为赫古芭号啕大哭! 你叫他怎么办? ——

要是他换了我,有我的悲愤、痛苦;

他泪如雨下,会把舞台都淹没了;

他大叫大喊,会震破了听众的耳膜,

直吓得有罪的,发了狂,没罪的,个个

心惊肉跳,吓坏了那不知内情的,

甚至连眼睛、耳朵的机能,都丧失了。

可是我——

一个傻瓜蛋,糊涂虫,垂头丧气,

只知道做梦,想不起杀父的大仇,

一声都不哼——哪怕是一国之君

给万恶的黑手夺去了大好江山,

连同他最宝贵的生命!

              我是个懦夫吗?

谁骂我恶棍,一棍子打破了我脑壳,

一把拔下我胡子,冲着我脸上吹;

谁拧我的鼻子,当面指控我撒下了

弥天大谎——是谁这般地糟蹋我?

嘿!

妈的! 活该我挨骂受欺! 难道说

我不是一个胆小如鼠的脓包吗?

只知道逆来顺受,要不然,我早就

拿这个奴才的一身臭肉去喂饱

满天的饿鹰了。血腥的,荒淫的奸贼!

狠心,奸诈,淫荡,没人性的奸贼!

仇要报,恨要雪!

唉! 我真是头蠢驴! 我好不"威风"啊! ——

亲爱的父亲给谋杀了，鬼神都在召唤
做儿子的去报仇，偏是我，像婊子一般
用空话发牢骚，学那咒天骂地的泼妇。
奴才！呸！哼！
开动吧，我的脑子。——我听人说起，
那作恶犯法的去看戏，台上表演得
正有声有色，一下子触动了他良心，
竟当场供出了他所犯下的罪行：
行凶暗杀。哪怕你咬紧了牙关，
还是会鬼使神差般说了出来。
我要让戏班子演一出戏，给叔父
看一段类似我父王被谋杀的情节；
那时候，我留意观察他的神色，
把他的心都看透了。只要他愣一下，
我就有了主意。我看到的那个阴魂，
也许是魔鬼呢——魔鬼有本领变化成
可亲的形状，也许是趁我一肚子
苦闷，忧郁，正好是它下手的机会，
迷惑我，坑害我。我不能偏听偏信，
　　要有根有据。这台戏是个巧计谋，
　　要掏出国王的内心，把它看个透！

[下]

第三幕

第一景　宫　内

［国王偕王后上，波洛纽斯，奥菲丽雅，
　罗森克兰，吉登斯丹随上］

国　　　王　　（向罗、吉二人）
　　　　　　　　二位有心去跟他聊了一阵子，
　　　　　　　　还是探听不出他究竟为什么
　　　　　　　　会疯疯癫癫，就不肯享他的清福，
　　　　　　　　却偏要胡闹、发疯、发狂，也不顾
　　　　　　　　这有多危险？

罗森克兰　　　　　　　　他自己也承认，他觉得
　　　　　　　　有些儿神经错乱，为什么会这样呢，
　　　　　　　　他却是绝口不提了。

吉登斯丹　　　　　　　　　我看他也不愿意
　　　　　　　　人家去多问他，每当我们想逗引他
　　　　　　　　把真情实况吐露出来，他跟你
　　　　　　　　来假痴假呆，甩掉了你的试探。

王　　　后　　他接待你们还和气吗？

罗森克兰　　　　　　　　　　彬彬有礼的。

吉登斯丹　　只是不怎么自然，有点儿勉强。

罗森克兰　　他不多说话，可倒是有问必答。

王　　　后　　你们曾劝导他找些什么消遣吗？

罗 森 克 兰　娘娘,我们一路赶来时,恰好
　　　　　　赶上了一个戏班子。我们跟他说了,
　　　　　　他听了好像很高兴似的。我估计,
　　　　　　这会儿,他们已经来这里了,而且
　　　　　　已得到王子的吩咐,定在今晚上
　　　　　　要为他演一场戏。

波 洛 纽 斯　　　　　　　　确实有这回事,
　　　　　　他托我代他有请两位陛下去听戏,
　　　　　　看他们演一些什么。

国　　　王　　　　　　　　我非常乐意。
　　　　　　他有这兴致看戏,我很是高兴。
　　　　　　还得请两位贤士多给他凑趣,
　　　　　　让他兴趣更高些,抛开了心事,
　　　　　　寻找他的乐趣。

罗 森 克 兰　　　　　　陛下,我等知道了。

　　　　　　　　　　　　　　　　　[罗、吉二人下]

国　　　王　好葛特露德,请你也离开一下,
　　　　　　我们已悄悄地派人把哈姆莱特请来,
　　　　　　让他好像碰巧似的正好碰见了
　　　　　　奥菲丽雅。
　　　　　　她的父亲和我本人,正大光明地
　　　　　　作暗探,躲起来,看得到而不被人看到,
　　　　　　瞧着他们俩的见面,看他怎么样
　　　　　　一举一动,我们就能下个判断,
　　　　　　他究竟是不是为了失恋的痛苦
　　　　　　而闹了疯病。

王　　　后　　　　　　我听从你的话就是了。
　　　　　　你呢,奥菲丽雅,我心里真巴不得

你的美貌就是他得病的根源；

那就好了，我可以指望你的美德

帮助他恢复正常，而你们二位

将同享尊荣。①

奥 菲 丽 雅 　　　　　　　愿娘娘一切如意。

［王后下］

波 洛 纽 斯 　奥菲丽雅，你就在这儿走过来——陛下，

我们要不躲起来吧——

（塞给女儿一本祈祷书）你读这本书，

好显得你正一心做功德，那么

你独自在这儿，也就没什么好奇怪了。

人家常怪我们——这话也真有道理——

我们常装出一脸纯洁的神情，

装出虔诚的模样，用甜美的外表

去掩盖魔鬼的本性。

国 　　　 王 　　　　　（悄声）给他说着了啊！

他这话狠狠地抽了我良心一鞭子！

那涂脂抹粉的娼妇的丑脸蛋

也不比我用尽那花言巧语

掩盖的所作所为，更丑恶。

唉，好沉重的负担啊！

波 洛 纽 斯 　我听得他来了。我们快躲起来吧，陛下。

［两人躲到挂毯后］

［哈姆莱特沉思上］

_____

① 王后向奥菲丽雅暗示，如果失恋是她儿子的病因，她有意促成他们俩的亲事。

哈 姆 莱 特   活着好,还是别活下去了,这是个难题啊:①

论气魄,哪一种更高超呢? ——忍受命运的

肆虐,任凭它投射来飞箭流石;

还是面对无边的苦海,敢挺身而起,

用反抗去扫除烦恼。死了——睡熟了,

就这么回事;睡熟了,如果可以说:

就一了百了——了却心头的创痛,

千百种逃不了的人生苦恼,那真是

求之不得的解脱啊。死了——睡熟了;

睡熟了,也许梦就来了——这可麻烦了啊;

一旦我们摆脱了尘世的束缚,

在死亡似的睡眠中,会做些什么梦呢?

想到这,就不能不为难了——正为了这顾虑,

被折磨的人们,会这么长期熬下去。

谁甘心忍受这人世的鞭挞和嘲弄,

受权势的压迫,看高高在上者的眼色,

挨真情被糟蹋的痛苦,法庭的拖延,

衙门的横暴,忍气吞声还免不了

挨作威作福的小人狠狠地踢一脚? ——

只消他拔出了尖刀,就可以摆脱

痛苦的残生。谁甘心压着重担,

流汗、呻吟,过着那牛马般的日子,

要不是害怕人死后,不知会怎么样;

害怕那只见有人去,不见有人回的

神秘的冥府——才把意志瘫痪了:

---

① 原文"to be or not to be",浑然天成,译文难于传神,几乎无从下笔。如果不受格律
约束,译成散文,拟试译为:"一息尚存好,还是了却此生好",语意上亦许庶几近之。

宁可受眼前的气,切身的痛苦,

却死活不肯向未知的苦难投奔。

正是这顾前思后,使人失去了刚强;

就这样,男子汉果断的本色,蒙上了

顾虑重重的病态,灰暗的阴影。

本可以敢作敢为,大干它一番,

就为了这缘故,偃旗息鼓地退下来,

只落得个无声无息。

    (发现奥菲丽雅正在一边祈祷)

                     啊,别作声,

美丽的奥菲丽雅!

           (上前去)女神啊,你作祷告,

别忘了也替我忏悔我许多的罪孽。

奥菲丽雅	好殿下,这一阵想必贵体安好吧?
哈姆莱特	(同样使用客套话)

    多谢小姐垂询,还可以,还可以。

奥菲丽雅　殿下,你送我的纪念品我都保存着,

早就想拿来奉还给你了。现在

(捧出一匣饰物)

就请殿下都收回吧。

哈姆莱特　 不,我不收——

我从没有送过你什么东西。

奥菲丽雅　尊敬的殿下,你分明知道是送过的,

送这些礼物,还添上了甜言蜜语呢,

使礼物更加地珍贵。芬芳消失了,

原物请收回吧;因为送的人变了心,

受的人,有自尊,贵重的礼物也变轻了。

都在这里了,殿下。

哈 姆 莱 特	哈哈！你贞洁吗？
奥 菲 丽 雅	殿下？
哈 姆 莱 特	你美丽吗？
奥 菲 丽 雅	殿下是什么意思？
哈 姆 莱 特	我是说，如果你又贞洁，又美丽，那你的"贞洁"就不该跟你的"美丽"打交道。
奥 菲 丽 雅	殿下，难道"美丽"除了"贞洁"外，还能找到更好的伴侣吗？
哈 姆 莱 特	唉，一点不假，"美丽"就有这本领把"贞洁"拉下水，叫它变成了"淫荡"；"贞洁"可没有这力量感化"美丽"一心向善。这话从前听来像是奇谈怪论，可是到如今，却得到了印证。从前我确是爱过你。
奥 菲 丽 雅	真的，殿下，你曾经使我相信过，你是爱我的。
哈 姆 莱 特	你当初就不该相信我；把"美德"嫁接到我们这躯干上，就能叫我们变得一清二白吗？没有的事！我从前不曾爱过你。①
奥 菲 丽 雅	（辛酸地）那么我是更加受骗了。
哈 姆 莱 特	给我进女修道院去吧。嘿，你喜欢生养一大堆罪人吗？我这个人还算是讲点儿道德，可我还是能指控自己作了不少孽，使我恨不得当初我母亲没有把我生下来才好。我这人骄傲得很，有仇必报，野心不少，我一心只想着为非作歹，连我的罪恶的念头也跟不上，我的想像也来不及描绘它们的形状。甚至要把它们一一都付之实现，时间都不够用呢。啊，像我这样的家伙，爬行在天地之间，能干出什么好事来呢？我们这批人全都是十足的坏蛋。一个也信不得。你快进女修道院吧。你的父亲呢？
奥 菲 丽 雅	在家里，殿下。

———————————

① "不曾爱过你"这句话否定了前面所说的"从前我确是爱过你"；似有这样的意味：我从前给你的爱不是爱，因为"美德"帮助不了我拿出真正的"爱"来。

哈 姆 莱 特　把他关在家里，不许他闯出去，只让他在家里做他的傻瓜。再见吧。

奥 菲 丽 雅　哎哟，仁慈的老天呀，快救救他吧！

哈 姆 莱 特　有一天你要出嫁了，我就送给你这一个诅咒当嫁妆吧，哪怕你冰清玉洁，白雪一般干净，你还是逃不过恶毒的毁谤。快进修道院吧，再见了。或者呢，要是你一心要嫁人，那就嫁给一个傻瓜吧，聪明人可不行，因为他们心里雪亮，你们女人要叫他们出什么样的丑。进修道院吧，去吧，趁早去吧。再见了。

奥 菲 丽 雅　天上的神明啊，让他清醒过来吧！

哈 姆 莱 特　我早就把你们看穿了——就喜欢涂脂抹粉，上帝给了你们一张脸，你们偏又给自己另外造一张。你们扭着腰肢走路，倒像在用脚尖跳舞，说起话来娇声娇气；给上帝创造的生物乱取名字；①搔首弄姿，只推说你们还不懂事。算了吧，我再也不敢领教了，我忍无可忍，要发疯了。我说，我们都不该结什么婚。已经结了婚的——除一个人之外，②都可以活下去；没结婚的，一律不用再男婚女嫁了。进修道院去吧，去吧！

〔转身就走〕

奥 菲 丽 雅　（泪流满面，望着王子的背影）

唉，多高贵的灵魂，却毁于一旦！

是朝廷大臣的眼光，学者的口才，

是军人的剑术，国家的精华和期望，

是名流的镜子，举止风度的模范，③

---

① 例如："姑娘们在一起笑着说的，别有所指的，那只'桃子'。"（《罗密欧与朱丽叶》第二幕第一景）

② 除一个人之外，应指霸占他母亲的叔父而言。

③ 镜子，在这里有典范之意。

举世瞩目的中心——倒下了，坍下来了！

天下的女人，要数我最命苦、最伤心了——

从他那音乐般的盟誓，我吸取过甜蜜，

如今却眼看他至高无上的理智，

像美妙的银铃，乱了套，失去了和音，①

只发出刺耳的噪声；翩翩美少年，

正当是花好叶好，如水的年华，

给疯狂一下子摧毁了。我好不苦命——

往事在眼前，又看到目前这光景！

[国王及波洛纽斯从挂毯后走出]

国　　王　失恋？看不出他是为此而发了疯，

他说的那些话，有些儿不伦不类，

可不像是疯话。一定另有什么事

郁结在他心头，害得他愁眉不展，

这叫我好担心，那酝酿的不是别的，

是危险的后果。为了预防万一，

我犹豫不得，当即作出这决定，

就照此办理：立即打发他去英国，

去追索他们迟迟未献上的贡品。

漂洋过海，踏上了异国的领土，

耳闻目见的，都是新鲜的事物，

也许能解开他盘踞在胸中的心事，

那叫他失去本性的满脑子疙瘩，

也得以缓解松动了。——你以为怎么样？

———————

① 银铃，指一组编套的构成和声的乐钟。

波洛纽斯　　　那当然好,可我还是这么认为:

他的苦闷,追根溯源,是起因于

他得不到爱情的回报。

怎么? 奥菲丽雅?

殿下怎么跟你说,你不必再说了,

我们全听见了。

照陛下的意旨办吧。

要是你认为合适,看完戏以后,

让他的母后单独跟他谈,恳求他

把心事说出来,一点也不跟他含糊。

陛下容许我,躲起来,伸出了耳朵,

听母子俩的密谈。要是她问不出什么来,

就送他去英国;否则凭陛下的高见,

看把他软禁在什么地方好。

国　　　　王　　　　　　　　　　　　行。

大人物发疯,可不是儿戏,要看得紧。

［同下］

第二景　大　厅

［哈姆莱特和三演员边谈边上］

哈　姆　莱　特　　（指着自己的手稿）念这段台词,请你们要像我方才念给你
们听那样,从舌尖上轻松地吐出来。要是你们也像如今许
多演员那样,只会大叫大嚷,那我还不如干脆让当众宣读公
告的公差来念我这儿几行台词算了。也不要只管把你的手
像这样地在空气里劈来劈去,一举一动文雅些;我还得说,
哪怕热情奔放,像激流,像暴雨,像旋风,你也必须努力取得

一种节制,在念的时候能够保持平稳。

唉,那真是要了我的命,叫我硬着头皮,去听一个戴着假发的家伙,声嘶力竭地把一股激情念得支离破碎,七零八落,只知道用大嗓门轰击那些站着看戏的耳鼓,①他们大多数什么都不懂,只爱听热闹,看那莫名其妙的手舞足蹈。我恨不得把这样的家伙从台上抓来抽一顿鞭子,只因为他把火爆的台玛刚演过了火,比希律王还要希律王。② 请你们务必避免才好。

演　员　甲　我一定小心避免,殿下。

哈姆莱特　也不能演得太瘟;要拿出你自己的主见来指点你该怎么演。动作要跟上台词,台词要配合动作。特别要注意的是,你们切不可超出了天然的分寸。因为不管怎样,演得过火了,就失去了演戏的本意。演戏的目的,当初也好,今天也好,始终好比得举起镜子照自然。③ 让德行看到了她的容貌,叫邪恶显现它的原形;让这时代,这世道,显示出它的轮廓,留下它的印记。

要是表演过火了,或者太瘟了,虽说可以博得外行的笑声,却使有识之士感到痛心。一位行家的高见在你们的心目中应当重于满院子其他的观众。

唉,我曾看过一些演员演的戏,也听说有人在捧,捧得可高呢——也不必去说缺德的话了——却既不会像人一般说话,也不会像人一般走路,别管这人是基督徒还是异教徒。瞧他们在台上大摇大摆,又吼又叫,使我不禁以为大概是大自然的雇工粗手笨脚地把他造出来的吧;实在太差劲了,要

① 站着看戏的,指付一便士入场费,站在池子里看戏的观众。
② 台玛刚是英国旧时宗教剧的一个性格火爆、大吼大叫的角色(代表伊斯兰教的神祇)。希律王是耶稣诞生时的犹太暴君。
③ 自然,这里指现实生活,即戏剧应是现实生活的真实反映。

不然,他们想模仿人,怎么会这么不堪入目呢。

演　员　甲　我希望我们在这方面多少有所改进了。

哈姆莱特　噢,下决心全改了吧。还有,你们中那些扮演小丑的,只能照着脚本上为他写下的台词念,不许他们任意添油加酱。有些小丑自己在台上先笑,好逗引台下一部分没头脑的观众的笑声,也不管戏剧正演到紧要关头,这会分散了场内的注意力。这太可恶了,明眼人看得出,这种人,光想到自己出风头,真叫人寒心! 你们去准备吧。

〔演员们下〕

〔波洛纽斯,罗森克兰,吉登斯丹上〕

怎么样? 大人? 王上来听这出戏吗?

波洛纽斯　王后娘娘也要来听,马上就要来了。

哈姆莱特　叫戏子们赶紧上场吧。

〔波洛纽斯下〕

你们两位去催一下,好吗?

罗森克兰　是,殿下。

〔罗、吉二人下〕

〔霍拉旭上〕

哈姆莱特　喂,霍拉旭!

霍　拉　旭　有,好殿下,为你效劳。

哈姆莱特　霍拉旭,在我所结识的那许多人中,要数你最稳重了。①

霍 拉 旭　　　　　　　　　　　啊,我的好殿下。

哈姆莱特　别说了,别以为我这是在恭维你,

我恭维你,能指望什么好处呢。

并没有高官厚禄供你吃,供你穿,

你能依赖的只有你乐观的精神;

干吗去讨好穷人呢? 不行,要讨好,

用甜嘴蜜舌,去舔那虚荣的浮华吧;

在好处跟着拍马而来的地方,

赶紧把关节灵活的膝盖弯下来吧。

你在听吗? 自从我心灵开了窍,成熟了,

有了主见,识得人,懂得了好坏,

你就是我的灵魂全心全意地

选中的人——因为你是那样一种人,

经历了一切痛苦却从不以为苦,

不论是命运的打击,或命运的照顾,

你都能处之泰然;有福的是那种人——

理智和感情是那么协调、均衡,

命运可不能把他当笛子来吹,

玩弄在她手掌里。指我看这么个人:

他不为欲念所驱使,我就会把他

珍藏在我心头——对,在心灵的最深处,

就像我那么珍重你——这也不多说了。

今晚要在国王面前演一出戏,

有一场情节,跟我对你讲过的

我父王死去的情况很有些相近;

---

① “稳重”和下文“理智和感情是那么协调、均衡”相呼应,原文“just”,据“亚登版”释义。

          当戏演到这关节上,我求你,集中了

          你全副精神,注意观察我叔父,

          要是他听了那一段,不动声色,①

          像没有亏心事似的,那么我们所见的,

          是跟魔鬼勾结的阴魂了;糟糕啊,

          我这胡思乱想,像铁匠的砧石一般黑。

          留神看着他,我也要把眼光盯住在

          他那张脸上;过后,我们把各自的

          观察凑合在一起,来议论一下,

          他神色是反常还是正常。

霍 拉 旭   很好,殿下。

          在演戏的中间,如果他有什么表情

          逃过了我的监视,这失窃,该我赔偿。

哈 姆 莱 特 他们来看戏了。我必须装得像没事人。

          你去找一个地方坐下吧。

          [喇叭高声齐奏。国王挽王后上。

           波洛纽斯,奥菲丽雅,罗森克兰,吉登斯丹及

           大臣等随上。卫队持火炬前导]

国 王 哈姆莱特王子吃好睡好吗?

哈 姆 莱 特 吃得很好呀,不瞒你说,吃的是变色龙的美食——吃下去的
          全是空屁,肚子给空欢喜的好听的空话填饱了,②你可不能
          用空话来塞饱填鸭啊。

国 王 你回我的话不是我问你的,哈姆莱特。你这些话跟我不相干。

---

① 那一段,指哈姆莱特有意插入的那一段台词。

② 当时传说变色龙以吞食空气为生。空话,指答应将来由他继承王位。

哈 姆 莱 特　可不,跟我也不相干。(转向波洛纽斯)听你说你从前也曾在大学里演过戏吗?

波 洛 纽 斯　演过的,殿下,而且还算得上一个出色的演员呢。

哈 姆 莱 特　你演了什么角色呢?

波 洛 纽 斯　我演过居里厄斯·恺撒。我在神殿里遭到了暗杀。勃鲁托斯把我杀了。

哈 姆 莱 特　勃鲁托斯太粗鲁了,把神殿里那么神气的一头公牛给杀死了。戏班子准备好了吗?

罗 森 克 兰　都好了,只等陛下一声吩咐呢。

王　　　　后　过来,我的好哈姆莱特,坐在我旁边。

哈 姆 莱 特　不行,好母亲,这儿是更有吸引力的磁铁呢。(向奥菲丽雅走去)

波 洛 纽 斯　(向国王,悄声)噢,哈,你瞧见没有?

哈 姆 莱 特　(在入座的奥菲丽雅的脚下躺下)小姐,我可以躺在你的腿上吗?

奥 菲 丽 雅　这不行,殿下。

哈 姆 莱 特　我是说,我把头枕在你的腿上呢?

奥 菲 丽 雅　嗯,殿下。

哈 姆 莱 特　(把头搁在她膝盖上)你以为我是在动什么坏主意吗?

奥 菲 丽 雅　我什么也没想过,殿下。

哈 姆 莱 特　想想吧,躺在姑娘的大腿中间,倒是挺有意思呢。

奥 菲 丽 雅　你说什么,殿下?

哈 姆 莱 特　没说什么。

奥 菲 丽 雅　你很会开玩笑,殿下。

哈 姆 莱 特　谁,我吗?

奥 菲 丽 雅　嗯,殿下。

哈 姆 莱 特　老天啊,找我开玩笑,你算是找对人了。做人不找点乐趣,那又干什么呢?你瞧我母亲,多么欢天喜地的,我父亲过世还不到两小时呢。

奥 菲 丽 雅　不,已经过了两个月了,殿下。

哈 姆 莱 特　已经这么久了? 哎哟,让魔鬼去穿丧服吧,我可要穿一身貂皮服装了。老天啊,死了两个月居然还没给忘了! 那么一个大人物死了,有希望在别人的记忆里再活上半年。可是,凭圣母娘娘起誓,他生前得造几座教堂,要不然,谁会去追念他呢——就像早被人忘掉了的一句歌词:"哎哟哟,哎哟哟,那骑木马的滑稽角色被忘掉了。"

　　[高音笛奏乐。哑剧登场]

　　一国王挽王后上,王后投入国王怀抱,状甚亲昵,又下跪向国王宣誓,自表忠贞。国王扶起王后,俯首偎王后颈际。国王就花坪躺卧。王后见国王入睡,悄悄离去。

　　一男子上,摘下国王头上王冠,亲吻王冠,注毒药于国王耳中,悄悄溜去。

　　王后重上,发现国王已死,作抢天呼地状。下毒者率三四人上,慰抚王后。从者抬尸体下。下毒者向王后献礼求爱。王后初推拒不从,后终于接受其求爱。双双同下。

奥 菲 丽 雅　这是什么意思呀,殿下?

哈 姆 莱 特　嘿,这是鬼鬼祟祟,杀人不见血的勾当。

奥 菲 丽 雅　也许是在交代戏剧的情节吧。

　　[致开场白的演员上]

哈 姆 莱 特　这家伙一开口,我们就明白了。做戏的肚子里就是藏不得东西,有什么都要说出来。

奥菲丽雅　他会开口向我们交代这哑剧是怎么一回事吗?

哈姆莱特　对啊,还有呢,你能干得出,他就说得出口,只要你好意思干
出来,他才不会不好意思说出来呢;他会向你交代你干了怎
么一回事。

奥菲丽雅　你真缺德,你真缺德。我要看戏了。

　　演员(致开场白)

　　　　我们这就要献上悲剧一出,

　　　　不到之处,务请多多照顾,

　　　　求各位且耐性听个清楚。

　　　　　　　　　　　　　　　　　　　　〔鞠躬下〕

哈姆莱特　这算是开场白? 还是刻在戒指上的一行小诗?

奥菲丽雅　是短了些,殿下。

哈姆莱特　可不,就像女人的爱情。

　　　　　　〔二演员扮国王及王后上〕

　　国王

　　　　金乌的火轮已三十回环绕

　　　　滚圆的地球和大海的波涛;

　　　　一轮圆月把借来的清辉,

　　　　照临人间,已满三百六十回;

　　　　自从两情相许,心心相印,

　　　　月老成全了我们俩恩爱婚姻。

　　王后

　　　　愿日升月落,又三十度春去秋来,

　　　　我们俩还是好夫妻,你恩我爱。

只可怜我夫君如今多灾多病，

再不见当年情怀，旧时豪兴；

好叫我担忧！我担忧，害得你

心烦意乱。愿一切都逢凶化吉！

女人的忧愁跟着她的爱情走，

要有全有，要没有，一齐丢。

你心里明白，我爱你有多么深，

爱得你越深，我越是要担心：

小小的不安，成了大大的惊恐——

惊恐越大，越显得情深意重！

国王

爱妻，我离别你的日子已不远，

近来四肢乏力，精神疲倦；

留下你在花花世界，受尊敬，

享荣华；有朝一日也是缘分，

你另结良缘——

王后　　　　　　　　　别说啦，我不要听！

若忘旧恋新，算不得我是个人，

天不会饶我，倘若我另嫁丈夫；

女人再嫁，就是杀害前夫的淫妇！

哈姆莱特　（悄声）苦得像黄莲！

王后

另嫁他人，决不是出于爱情，

那是贪图享受，只为了金银。

让第二个丈夫在床上把我亲吻，

我好比害已故的夫君第二次送命。

国王

我相信你说的一切，出于真情，

可尽管说得坚定，常会变了心。
要知道，决心不过是记忆的奴隶，
慷慨激昂开的头，收场却有气无力；
未熟的果子紧紧粘住在树梢，
一朝熟透，不摇它，自会往下掉；
许下了人情债，你本该去偿付，
趁早抛在脑后，掉头再不顾。
一时热情冲动，把宏愿许下，
一旦热劲儿过去，就不用管它。
不论是悲痛或欢乐，超过了极限，
许下的诺言，再也无力实现。
喜庆正闹得欢，悲哀哭得好苦恼，
一转眼却乐极生悲，破涕为笑。
人间哪有一成不变，这不奇怪，
处境变化了，随即转变了爱。
这是个问题，需要我们去验证——
爱情改变命运，还是命运摆布爱情？
大人物倒下了，他的心腹，都跑了；
穷人发了迹，昔日冤家，来讨好了。
爱谁恨谁，从来听命运支配，
有财有势，被朋友团团包围；
你落难了，去找虚情假意的朋友，
他对你，立刻有一肚子冤仇——
把说开去的话，重又拉回头，
我们的本意和命运，并不一块走。
一心想做到怎样，最后都碰了壁。
你想得很美，可由不得你做主意；
你说死了心，决不嫁第二个丈夫，

>　　只怕第一个死了，这决心就保不住。

王后

>　　地不给我粮食，天不给我光明，

>　　日日夜夜，得不到欢乐和安宁，

>　　活该我希望和寄托都断绝，

>　　让我的天地，只剩下一座牢狱，

>　　再没有称心如意的日子和笑容，

>　　心头的愿望，变成了心头的创痛。

>　　我生不得安宁，死不得超生——

>　　倘若我做了寡妇，重又当新人！

哈姆莱特　要是如今她背弃了誓言呢？

国王

>　　言重了！爱妻，且先回你的房，

>　　我神思昏倦，想借花坛做卧床，

>　　在此小睡片刻。（躺下入睡）

王后　　　　　　　　愿你得安睡，

>　　上天保佑我夫妇俩，无病又无灾。

〔下〕

哈 姆 莱 特　母亲，你觉得这出戏怎么样？

王　　　后　我觉得那女的表明心迹过火了。

哈 姆 莱 特　噢，不过她会说到做到的吧。

国　　　王　你知道这戏的情节吗？没有什么要不得的地方吧？

哈 姆 莱 特　没有，没有，他们只是开玩笑罢了——开个玩笑，下了毒药。
　　　　　　　一丁点儿也没有什么要不得的地方。

国　　　王　你说这出戏叫什么名字？

哈 姆 莱 特　"捕鼠机"——唉，简直在让人猜哑谜！这出戏搬演的，是发
　　　　　　　生在维也纳的一件谋杀案——贡札果是那公爵的名字，他

的夫人叫巴普蒂丝妲。你看下去就明白了。这本戏有点儿邪门儿，可那有什么关系呢？陛下和我们这些人，都是问心无愧的，所以跟我们毫不相干。让擦破了背脊皮的劣马惊慌得倒退吧，我们的一身皮肉，都是好好的，慌什么呢。

[一演员扮路西安纳上]

这人名叫路西安纳，国王的侄子。

奥 菲 丽 雅　你做讲解人真行，殿下。

哈 姆 莱 特　要是我看到你和你情人在玩你们的木偶戏，我也可以在一边给你们讲解。

奥 菲 丽 雅　殿下的一张嘴真尖利，真尖利。

哈 姆 莱 特　你先得叫一声痛，才能磨掉我的锋芒。

奥 菲 丽 雅　口才越好，就越坏！

哈 姆 莱 特　管它是好是坏，能抓住一个丈夫就行——你们女人不就是这样吗？① ——（向正在表演的演员）下手吧，凶手，别卖弄你那张该死的鬼脸吧。下手吧，来吧，大乌鸦在呱呱地喊着要报仇呢。

路西安纳

心狠，手快；药毒，时机来得巧，

机会很凑合，趁没有人知晓，

这毒药，半夜里采集的毒草，

青脸的魔女又念上毒咒三道，

快快发作你那凶猛的毒性，

一下子夺去他好好的生命。

（把毒药注入睡者耳中）

———————————

① 讽刺妇女把神圣的婚礼、庄严的宣誓不当一回事。

哈姆莱特　（向奥菲丽雅）他来到花园里谋害他的命，好篡夺他的权位。这人的名字叫贡札果。这本戏流传了下来，是用很好的意大利文写的。你再往下看，就是凶手求得了贡札果的夫人的爱。

（克劳迪斯从王位上直跳起来）

奥菲丽雅　王上站起来啦。

哈姆莱特　怎么，受虚惊啦，放的是空枪呀。

王　　后　陛下怎么样了？

波洛纽斯　（向演员们）戏不要演了！

国　　王　（怒容满面）来几个拿火把的，走！

波洛纽斯　火把，火把，火把！

〔众随国王下，留下哈姆莱特
和霍拉旭〕

哈姆莱特　　　中箭的母鹿躲开在掉泪，

　　　　　　　　没受伤的公鹿在逍遥；

　　　　　　　有人失眠了，有人在酣睡，

　　　　　　　　这就是世道：有哭也有笑。

老兄，凭我这点本领，再插上满头的羽毛，万一命运和我作对，我穿一双刺孔的鞋子，鞋头上缀上缎带做的花朵，难道我不能混在一帮子戏子里称兄道弟吗？

霍拉旭　　可以分半份包银。

哈姆莱特　我要拿全份。

　　　　　　你该知道，我的好伙伴，

　　　　　　　这荒凉破损的国土，

　　　　　　　本是天神统治的乐园，

　　　　　　　　而今高高在上——一头孔雀。①

霍　拉　旭　　本来可以押韵的,怎么不押呀?②

哈姆莱特　　好霍拉旭啊,阴魂所说的一切,真是一字千金啊。你都看在
　　　　　　眼里啦?

霍　拉　旭　　看得一清二楚,殿下。

哈姆莱特　　正说到要下毒药的那时候吗?

霍　拉　旭　　我就是盯着他看。

　　　　　〔罗森克兰及吉登斯丹从远处上〕

哈姆莱特　　(佯作不见)哈,来点儿音乐,来吧,吹笛子的。

　　　　　如果国王对喜剧并不喜欢,
　　　　　　那准是他不爱看喜剧——老天!

　　　　　来吧,奏乐吧!

吉登斯丹　　(走近)好殿下,请容许我跟你说一句话。

哈姆莱特　　老兄,讲一大箩都行。

吉登斯丹　　王上,殿下——

哈姆莱特　　啊,老兄,他怎么样了?

吉登斯丹　　他回房之后,很不自在。

哈姆莱特　　喝酒喝得太凶了吧,老兄?

吉登斯丹　　不,殿下,动了肝火啦。

哈姆莱特　　他肝火发作,你应该赶紧去通知大夫,才显得你懂事明理
　　　　　　呀;要叫我去给他清火,只怕给他火上添油呢。

----

① 当时认为孔雀性淫。

② 指如果不说"孔雀",换上蠢驴(ass),就很现成地和前句的"was"押上了韵。

吉登斯丹	好殿下,请你说正经的吧,别扯得这么远,有重要的话要跟你说呢。
哈姆莱特	我洗耳恭听,大爷。请开金口吧。
吉登斯丹	你的母后——王后娘娘,心里说不出的难受,打发我来找你。
哈姆莱特	(鞠躬)欢迎得很!
吉登斯丹	不,好殿下,来这一套礼节算什么意思呢?要是承蒙殿下正正经经的给一个回答,我就把你母后的吩咐向你传达。要不然的话,请殿下原谅,容我回去,我这就算把我的差使办完了。
哈姆莱特	老兄,使不得。
罗森克兰	使不得什么呀,殿下?
哈姆莱特	正正经经的给你一个回答呀。我的脑子坏了,不好使了。不过,老兄,凡是我答得上来的,你只管问吧——或者照你所说的——替我母亲问吧。好了,废话少说,来正经的吧,我的母亲,你说是——
罗森克兰	她是这么说的,你的所作所为,使她非常震惊,坐立不安。
哈姆莱特	噢,好一个儿子,居然把母亲惊动了!可是这位母亲在震惊之后,接下来就没有下文了吗?说吧。
罗森克兰	她要殿下在就寝之前,先到她房里去,她有话要跟你谈。
哈姆莱特	我一定听她的吩咐,哪怕她是第十回做我的母亲。① 你还有什么事要跟我打交道吗?
罗森克兰	殿下,我曾经蒙你见爱呢。
哈姆莱特	我现在还是爱你呀,凭我这扒儿手、偷偷摸摸的手起誓。
罗森克兰	好殿下,你心里这么不痛快,究竟为的什么呢?你这是关门落闩、自个儿把自个儿禁闭起来了,要是你不肯把自己的心

---

① 第十回做我的母亲,语带讽刺,意谓她目前是以婶娘的身份第二回做她的母亲。

　　　　　事说给你朋友听。

哈 姆 莱 特　老兄,没有人提拔我呀。

罗 森 克 兰　怎么能这样说呢? 王上不是亲口宣布立殿下为丹麦王位的
　　　　　继承人吗?

哈 姆 莱 特　不错,老兄,可是"但等青草长高了,早把马儿饿死了"。这
　　　　　已是一句发霉的老古话了。

　　　　　　　　　　[演员数人持笛子上]

　　　　　噢,吹笛子的来了。拿一支来给我瞧瞧——(拿着笛子)和
　　　　　你退到一边去说话吧。为什么你们总是拐弯抹角地摸我的
　　　　　底,好把我逼得无路可走呢?

吉 登 斯 丹　噢,殿下,我本想尽我的本分,却说了不知道进退的话,这都
　　　　　是我的一片爱心叫我忘乎所以了。

哈 姆 莱 特　这话我就不大懂了。你高兴吹这笛子吗?

吉 登 斯 丹　殿下,我不会吹。

哈 姆 莱 特　求你啦,吹吧。

吉 登 斯 丹　请相信我,我真的不会。

哈 姆 莱 特　(硬把笛子塞过去)我请求啦。

吉 登 斯 丹　(摇手推拒)我不懂得怎么按笛子,殿下。

哈 姆 莱 特　这跟撒谎一样容易呀。你只要用四个手指和一个拇指,按
　　　　　着这些笛孔,①把嘴凑上去,把气送进去,笛子就会发出挺动
　　　　　听的音乐了。瞧,这些都是音孔。

吉 登 斯 丹　可我按着音孔也不会叫笛子发出和谐动听的音调呀。我可
　　　　　没有这本领。

哈 姆 莱 特　嘿,现在你瞧,你把我看成了什么东西? 你们想玩弄我,你

————————————

①　高音笛(recorder)有七个音孔,用四指按;笛背另有一音孔,用拇指按。

们自以为摸到了我的窍门,你们要从我心底里挤出我的秘密来,你们要从我的最低音试探到我全部音域中的最高音;在这支小小的管乐器里有很动听的声音,有好多曲调呢。只可惜你没法让它开口。哼,见鬼去吧,你以为玩弄我比玩弄一支笛子容易吗?随便你把我叫做什么乐器好了,你只能挑拨我,①就是没法玩弄我。

[波洛纽斯上]

老天保佑你,大爷。

波 洛 纽 斯　殿下,王后有话要跟你说,请立刻就去。

哈 姆 莱 特　你看见天上那片云吗?——形状简真像头骆驼。

波 洛 纽 斯　(顺着他)我的天,可不是——是像一头骆驼,没错。

哈 姆 莱 特　我觉得它像一只鼬鼠。

波 洛 纽 斯　(敷衍他)它拱起了背,像一只鼬鼠。

哈 姆 莱 特　也许像一头鲸鱼?

波 洛 纽 斯　像极了——一条鲸鱼。

哈 姆 莱 特　那么一会儿我就去见母亲。——(悄声)他们欺人太甚了,耍弄得我好苦啊!——我一会儿就去。

波 洛 纽 斯　我这就去回话。

　　　　　　　　　　　　　　　　　　　　　　　　　　[下]

哈 姆 莱 特　(自语)"一会儿"说起来容易——朋友们,你们先走吧。

　　　　　　　　　　　　　　　　　　　　　　　　[众人退下]

黑夜正来到神出鬼没的时刻,

坟墓会裂开嘴,地狱会吐出瘴气,

———————————

① 　只能挑拨我,王子本来说的是吹奏乐器,现在意象转变为弹拨乐器了。"挑拨"又有"刺激","惹恼"之意。

来毒害人间。我简直喝得下热血，

干得出狠心的勾当，叫光天化日

不敢看一眼。且慢，先得去看母亲。

我的心，别丢了你本性。千万不能让

尼禄的灵魂钻进了我坚定的胸怀；①

我要凶，要狠，可不能连生母也不认！

冲着她，我说话像尖刀；可是我空着手，

不碰刀。这一回让舌尖和灵魂分家吧，——

　　出言吐语，我骂她个痛快淋漓，

　　动手动脚伤害她，决不是我本意。

[下]

第三景　宫　廷

［国王和罗森克兰，吉登斯丹边谈边上］

国　　王 我可不喜欢他；纵容他疯疯癫癫地

闹下去，对我太危险了。你们快准备吧。

我马上就把委任状送交你们，

由你们陪同他一起前往英吉利。

国家的安全最重要，怎能容得他

近在我身边，眼看他满脑子全是

疯狂，一天天膨胀成危险的威胁。

吉登斯丹 我们这就去准备。陛下的顾虑，

最仁慈，最圣明——多少人安居乐业，

身家性命，全寄托于陛下一身。

---

① 尼禄（Nero，37—68），古罗马暴君，杀母，杀妻，杀师。

罗森克兰　　凡夫俗子都知道看到了危险，
　　　　　　要加倍地小心，尽力去避免，何况
　　　　　　像陛下，千万人的安危祸福所仰赖，
　　　　　　更要时刻都警惕了。君主驾崩了，
　　　　　　不仅是死了一个人；像旋涡，像洪流，
　　　　　　把周围的一切都席卷而去——或者说，
　　　　　　像巨轮，高踞于高山的顶峰，轮辐上，
　　　　　　附装着、镶嵌着成千上万个小零件，
　　　　　　一旦那巨轮往下冲，轰然一声响，
　　　　　　那无数附属品，也跟着粉身碎骨了。
　　　　　　国王轻轻地叹口气，随之而来的
　　　　　　是全国的一片呻吟。

国　　　王　　　　　　　　　　请二位准备好，
　　　　　　立即扬帆出发；我们一定得给"威胁"
　　　　　　上脚铐，不容它太猖狂，像目前这样，
　　　　　　任意乱闯。

罗森克兰　　　　　　我们赶紧去办理。

　　　　　　　　　　　　　　　　　　　［二人鞠躬下］

　　　　　　　　　　［波洛纽斯上］

波洛纽斯　　陛下，他这就要到他母亲的房中去了，
　　　　　　我这就在挂毯后面躲藏起来，
　　　　　　听他们怎么说；我敢说，王后一定会
　　　　　　好好地教训他一顿，你说是——说得
　　　　　　也真是高明，做母亲的，出于母亲的天性，
　　　　　　难免有偏心，最好是，另外有个人，
　　　　　　悄悄地在一旁窃听。再见吧，陛下。

在陛下安寝之前,我还会来见你,

向陛下报告情况。

国　　　王　　　　　　　　有劳了,好大人。

[波洛纽斯下]

唉,我一身罪孽,臭气直冲天庭,

那原始的、最古老的诅咒;落到了我头上——①

我犯下杀兄的罪行。我休想祷告了,

尽管我有愿望,有意志,又那么迫切,

更凶狠的罪行压倒了我强烈的心愿;

就像一个人,同时要做两件事,

不知道该先做哪一件好,只落得

进退失据,无从下手,两头落了空。

这可诅咒的手,凝结着厚厚一层

兄长的鲜血,只怕慈悲的上天

降下大雨,也不能把它冲洗得

雪一般白;怎么办? 指望于慈悲的

不就是正视罪恶的面目吗? 再说到

祈祷,不是有双重的功能吗? 既防止

我们的堕落,又宽恕那失足的罪人。

那么,仰望上天吧。过错已犯下了——

可是唉! 我该怎么祷告才好呢? ——

"饶恕我犯下了杀人罪吧!"这可不行,

我仍然占有着我行凶抢劫的珍宝——

我头上的王冠,(野心啊!)和我的王后。

想得到饶恕,又要霸占着赃物吗?

_____

① 指人类的祖先亚当与夏娃的长子该隐杀害其兄弟亚伯,受上帝诅咒。(见《旧约·创世记》4,11—12)

在歪风邪气的人世,镀金的黑手

挡住了法律,用罪恶的脏物做贿赂,

买通了法庭。在天上,这可行不通啊。

不容你耍花招,一切勾当都赤裸裸地

暴露出真面目,我们逃不过要面对

犯下的罪行,一一都如实招认。

怎么办? 还有挽救吗? 试试忏悔吧。

忏悔能做到什么? 做不到的又是什么?

可是,对一个没法忏悔的人,

它管什么用呢? 噢,一团糟的处境!

一团漆黑,不见天日的心境呀!

噢,粘住在蛛网里的灵魂,越挣扎,

越缠得紧。天使啊,救救我吧! 试试吧!

跪下吧,倔强的膝盖;钢丝般的心弦,

软下来,像初生婴儿的筋脉一般吧。

也许还能得救呢。

(跪下,在神像前祈祷)

[哈姆莱特上]

哈 姆 莱 特 (蹑步走近国王身后,悄声)

报仇的机会来到了——他正在祷告呢。

我正好下手,把他送上天去吧。

(抽出佩剑)

这就算报了我的仇?[①]

———————————

① 这就算报了我的仇? ——此句一般版本作陈述语。译者倾向于勃拉德莱的意见,
作问句处理。

（剑举起又落下）那还得斟酌。

一个恶棍杀害了我父亲，为了这，

我，父亲的独生子，却把那恶棍

送上了天。

这是以德报怨了，可不是报仇。

他突然下手，可怜我父亲，没准备，

光想着吃喝的俗念，欲念熏心，

好旺盛，就像艳阳天怒放的花朵；

他生前这笔账怎么算？只有天知道了。

若是照我们人生的想法，只怕是

他一身孽债好重啊。那么，这算是报仇？——

正当他在洗涤他灵魂，我这时下了手，

他正好轻装上阵，去天国的路。

不行。（收剑入鞘）

收起吧，我的剑，守候着一个恶时辰，

只等他喝得烂醉，他暴跳如雷，

正当他在床上翻滚，纵欲乱伦，

在赌博，赌神罚咒；在干什么勾当，

让他别指望还会有得救的希望。

我趁机扳倒他，好叫他两脚朝天，

乱踢乱蹬，好叫他漆黑的灵魂①

　　直滚进地狱。

　　　　　　　　我的母亲在等待我；

这延命的药要叫你自食苦果。

　　　　　　　　　　　　　　　　［转身，悄悄下］

————————

① 两脚朝天，乱踢乱蹬，可看作违抗天命的一种侮辱性动作；又是倒栽葱似的一头撞
　　向地狱之门的象征性姿态。

国　　王　（起立，痛苦地）

　　　　　祷告飘云霄，心事停留在地面，

　　　　　有口却无心，祷告怎么飞上天！

〔下〕

第四景　王后寝宫①

〔王后及波洛纽斯谈话上〕

波 洛 纽 斯　他就来了。你可得好好地教训他啊，

　　　　　跟他说，他一味地胡闹，已无法容忍了，

　　　　　要不是你娘娘处处在替他担当着，

　　　　　王上早大发雷霆了。我悄悄地躲起来。

　　　　　请你对他要严厉些。

　　　　　　（传来哈姆莱特的呼唤：

　　　　　　　"母亲，母亲！"）

王　　后　都在我身上，你放心。赶紧躲好吧，

　　　　　我听得他来啦。

〔波洛纽斯躲进挂毯后〕

〔哈姆莱特上〕

哈 姆 莱 特　怎么，母亲，有什么事？

王　　后　哈姆莱特，你把你父亲大大地得罪了。

———————

① 　一般版本据第三幕第二景："她要殿下在就寝之前，先到她房里（her closet）去"把
　　场景定为：Queens closet（似可译："王后的内室"）。"寝宫"泛指王后燕居的宫室，
　　不一定特指卧房。"新亚登版"不赞同现代演出往往作为卧房处理。

哈 姆 莱 特　母亲,你把我父亲大大地得罪了。

王　　　后　得啦,你别油嘴滑舌地敷衍我。

哈 姆 莱 特　好啦,你倒恶口毒舌地责问我。

王　　　后　怎么啦,哈姆莱特?

哈 姆 莱 特　　　　　　　怎么啦,出什么事啦?

王　　　后　你把我忘了吗?

哈 姆 莱 特　　　　　　没有忘,我起誓,忘不了。

　　　　　　你是王后——你丈夫的兄弟的妻子,

　　　　　　你也是我的母亲——我但愿不是。

王　　　后　别说了,我去叫会说话的来跟你谈。

哈 姆 莱 特　(把准备起立的王后按回座位上)

　　　　　　来吧,来吧,坐下吧,不许你动一动。

　　　　　　你不能走,我要竖一面镜子

　　　　　　在你面前,(逼近她的脸)

　　　　　　　　　　　让你瞧瞧自个儿的灵魂。

王　　　后　(惊慌失措)

　　　　　　你要干什么呀? 你不是要来杀害我吧?

　　　　　　救命呀! 快来人呀!

波 洛 纽 斯　　　　(在挂毯后)喂,来人呀! 救命呀!

哈 姆 莱 特　怎么? 有耗子!

　　　　　　　(拔剑)活不成了,我打赌,没命了!

　　　　　　　　　　　　　　　　　　(向挂毯刺去)

波 洛 纽 斯　(在挂毯后)哎哟,我死于非命了!

　　　　　　　　　　　　　　　　　　(倒地而死)

王　　　后　天哪,你干下了什么啦?

哈 姆 莱 特　嘿,我不知道。是国王在幕后吗?

王　　　后　哎哟,不顾死活,杀人害命啦!

哈 姆 莱 特　杀人害命,真可恨! ——好母亲,这可恨就像杀了国王,再嫁给小叔子一个样。

王　　后　　（大吃一惊）

像杀了国王？

哈 姆 莱 特　　　　　　　　对，母亲，我就是这句话。

（掀起挂毯，发现波洛纽斯的尸体）

你这个多管闲事的倒楣蛋，再见了。

我还道是你的主子呢。你自认晦气吧。

现在你该知道了，管闲事，有性命出入呢。

（转向吓坏了的王后）

别只管扭你的手。别闹了，快坐下吧。

我当真不假，就是要扭住你这颗心——

只要你不是铁石心肠，只要人世的

歪风邪气还不曾叫你的心变得

厚颜无耻。

王　　后　　　　　　　我干了什么错事，

你竟敢大吼大叫，血口喷人地

冲着我吐出这一串不中听的话？

哈 姆 莱 特　　你干下的事，玷污了美德和廉耻，

使贞洁成了假正经，纯洁的爱情

被你摘去了她戴着的玫瑰花冠，

把烙印打上了她额头；使婚姻的盟誓①

像赌徒的罚咒一样地虚伪——唉，

这是把盟约掏空成没灵魂的躯壳；

叫神坛前的婚礼变成了谎话连篇。

苍天也羞红了脸，茫茫的大地

愁容满脸，煞像是末日来临了——

————————————

① 古代惩罚娼妓，在她额头打上烙印。

只因为想到了人间干下的好事！①

王　　后　　哎哟，一上来就吼叫，就暴跳如雷，

究竟为的什么呀！

哈姆莱特　　　　　　　　你瞧瞧这一幅肖像，

再瞧瞧这一幅，这是两兄弟的画像。②

你瞧这一个的容颜，多高雅庄重，

长着太阳神的鬈发，天帝的前额，

叱咤风雨的战神的威武的双眼，

像刚从天庭降落的神使，挺立在

高耸入云的摩天岭上，那仪表，那姿态，

十全十美，就仿佛每一位天神

都亲手打下印记，向全世界昭示：

这才是男子汉！他是你原先的丈夫。

再瞧瞧第二个吧——这是你眼前的丈夫，

像蔓延病毒的霉麦穗拿它的毒素

去毒害他健壮的兄长。你有眼珠吗？

走下了郁郁葱葱的山林，你居然③

去到荒野觅食！嘿，你有眼珠吗？

你说不出口：为爱情；到了你这年纪，

不该是欲火朝天了，该冷静下来了，

能听从理智的判断了；你的头脑

是怎么决定的呢？——叫你跨出这一步，

从高处堕落到窪地。当然，你行动，

---

① 指他母亲迫不及待地再嫁。

② 十九世纪英国舞台演出常这样处理（为奥利佛摄制的影片所采用）：王子拿起挂在自己胸前的细密画像，又从母亲胸前拉起克劳迪斯的细密画像，把二者并列在一起作对比。

③ 这里用无知的牲口作比喻，讽刺王后不辨好歹。

就有知觉,可是你这知觉一定是

麻木了——发了疯,也不会犯这个错;

神魂颠倒,也不至于黑白不分,

看不出这千差万别的天悬地殊。

哪一个魔鬼在跟你玩捉迷藏,

把你的两眼蒙住了? 有眼睛,没触觉;

有了触觉,偏又丢掉了视觉;

有耳朵,没眼睛,不生手,光剩下嗅觉,

别的都没有了——哪怕仅有的感觉

都残缺不全了,也不至糊涂到这地步!

丢丑啊! 你这张脸怎么不红一红?①

半老的大娘了,骨髓里居然燃烧起

地狱的孽火,那么在青春的烈火中,

让贞操像蜡一般融化吧!

顾什么脸面! ——挡不住热辣辣的淫欲,

横冲直撞地扑过来,连冰雪都着火了,

"理智"做跑腿,充当了"情欲"的牵线!

王　　后　　哎哟,哈姆莱特,别说下去了!

你叫我睁开眼直看到我灵魂深处,

看见了那里布满着斑斑的黑点,

这污秽再也洗不清了!

哈 姆 莱 特　　　　　　　　　这样不好吗? ——

日夜不分地泡在一张汗淋淋、

油腻腻的床上,在沸腾的淫欲里打滚,

守着肮脏的猪圈,又调情,又做爱!

王　　后　　噢,别冲着我说这些啦!

---

① 你这张脸,拟人化用法,指"丢丑"(Shame)而言。

这些话像一把把刀子,直刺我耳朵,

别说啦,好哈姆莱特。

哈 姆 莱 特　　　　　　　　　一个杀人犯,

一个奴才,不及你以前的夫君

二十分之一的十分之一。恶棍,

冒充国王的小丑,一个扒儿手,

他窃取的,塞进口袋的,是王国,是王座,

是镶满珠宝的王冠——

王　　　后　别说啦!

哈 姆 莱 特　一个打补丁的、穿百结衣的国王—— ①

[阴魂出现]

天上的守护神,保佑我,用你们的翅膀

庇护我吧!

(向阴魂)你英灵出现,为的什么呀!

王　　　后　(只见王子向空中说话)哎哟,他疯啦!

哈 姆 莱 特　(向阴魂)

你可是来责备你磨磨蹭蹭的儿子吗?　——

不该拖延了时光,消磨了意志,

把你那威严的命令搁置在一边,

耽误了大事?快说吧!

阴　　　魂　　　　　　　　　你不要忘记!

我此来,要磨快你那迟钝了的决心。

可是瞧,你母亲一脸惊愕的神情,

她正在跟揪住自己的灵魂挣扎,

———————————

① 当时宫廷小丑,穿红一块绿一块拼凑起来的花花衣。

　　　　　　你替她挡一挡吧。那最柔弱的身子

　　　　　　最容易被幻想支配。去跟她说话吧。

哈 姆 莱 特　你怎么啦,母亲?

王　　　后　　　　　　　　唉,你自己怎么啦? ——

　　　　　　睁大了双眼,只管向空中瞪着,

　　　　　　只管对无形的空气喃喃地说话,

　　　　　　狂乱的神情,从你的眼里露出来;

　　　　　　好比睡熟的兵士,听得一声警报,

　　　　　　你一头平伏的发丝,突然惊醒了,

　　　　　　一根根直竖起来。噢,好孩子,

　　　　　　快快借你的克制,向你那迷乱的、

　　　　　　狂热的心火,洒几滴清凉的甘露吧。

　　　　　　你究竟在瞧什么呀?

哈 姆 莱 特　　　　　　(指向空中)是他,是他呀!

　　　　　　你瞧,他瞪着两眼,脸色多苍白,

　　　　　　他这副神情,加上他的深仇大恨,

　　　　　　说给石头听,石头也会心酸啊!

　　　　　　(向阴魂)

　　　　　　不要只管瞧着我,你满脸的怜悯,

　　　　　　只怕会动摇、会转变我坚决的意志;

　　　　　　我决心干的事,会因之失去了本色——

　　　　　　让眼泪代替了殷红的鲜血。

王　　　后　你在跟谁说这些话呀?

哈 姆 莱 特　瞧那边,你什么也没瞧见吗?

王　　　后　有什么,我总看得见,可什么也没有呀。

哈 姆 莱 特　你什么也没听见吗?

王　　　后　什么也没听见,只听到我俩的声音。

哈 姆 莱 特　瞧,瞧那边,你瞧,它悄悄地走了。

我父亲,穿一身他生前所穿的服装!
瞧,他走啦,这会儿正从门口出去啦。

[阴魂消失]

王　后　（为他抹脸上的冷汗,爱怜地）
这全是你那发热的头脑在虚构!
神经错乱了,就会无影无踪地
虚构出种种幻象来。

哈姆莱特　　　　　　　神经错乱?
我的脉搏,也跟你一样,很平稳呢,
跳动得同样地正常,有节奏,方才
我说的决不是疯话,你考问我好了,
我一字不落地给你再说一遍,
让疯子来说,就颠三倒四了。母亲,
看上帝分上,快不要自欺欺人吧,
为了安抚你良心,说这是我疯了,
并不是你的失节在吐露真相。
那只是让脓包结一层掩盖的硬皮,
这底下,只是在腐败,在溃烂,在扩散。
向上天认罪吧,忏悔过去的行为吧,
躲避将来的惩罚吧;不要把肥料
去浇莠草,眼看它越长越旺盛。
原谅我义正词严地说了这一番——
可不是,当今这臃肿丑恶的时世,
"正义"也只得向"罪恶"乞求它原谅,
为了它的好,反向它磕头又求拜。

王　后　哈姆莱特啊,你把我的心劈成了两半!
哈姆莱特　那就把烂了的那一半扔掉吧!
留着另一半,从此过干净的日子。

晚安吧；可听着，别上我叔父的床。

哪怕你失节了，也装成贞洁的模样吧。

习惯，是妖魔，会把人的羞耻吞食了；

也可以是天使；日积月累地做好事，

时间长了，习以为常了，养成了好习惯。

熬过了今夜，第二夜要压制欲火，

就不那么难了；再下一次，更容易了；

习惯养成了，天性也随着改变了；

那力量可真大啊，不是把魔鬼迎进来，

就把它赶出去。再说一遍，晚安。

一旦你祈求上帝来为你祝福，

我也要祈求你为我祝福。

　　　　　　（指倒地的尸体）至于他，

这位大老爷，叫我好后悔，可是，

这也是天意，借他来惩罚我，①

借我来惩罚他。注定我该做一个

手舞皮鞭、执行天意的恶煞。

我先把他打发了，再去承担那

杀了他的罪名。再说一遍，晚安吧。

　　只为我存好心，顾不得发狠下毒手，

　　　　这事干错了，可还有更糟的在后头。

还有一句话，好母亲。

王　　后　　　　　　　　叫我怎么办呢？

哈 姆 莱 特　我可决不会撺掇你该这么办：——

让那臃肿的国王再把你骗上床，

---

①　借他来惩罚我，指王子授人以柄，国王有了处罚他的理由。"新亚登版"认为指误
　　伤人命后，良心所受的谴责。

　　　　　放肆地拧你的脸蛋,称呼你"小耗子",

　　　　　让他用臭嘴巴亲了你几下,还用他

　　　　　该死的手指儿在你的脖子上摸弄着,

　　　　　就哄得你把你知道的全都说出来,

　　　　　说其实我并没有疯,只是在装疯。

　　　　　你让他知道,那很好呀! ——哪一位王后,

　　　　　又漂亮,又懂事明理,会对一只癞蛤蟆,

　　　　　对一只蝙蝠,一只公猫,把一件

　　　　　关系这么重大的事隐瞒下来呢?

　　　　　哪一个肯不讲呢? 不,理智,不用管,

　　　　　机密,不用管;只管学寓言中的猴子,①

　　　　　打开屋顶上的鸟笼,放小鸟飞出去,

　　　　　就钻进鸟笼,好试试自己的能耐,

　　　　　结果摔下来,把你的脖子都摔断了。

王　　　后　　你放心吧,如果语言来自气息,

　　　　　气息来自生命;那来自我生命的气息

　　　　　决不会吐露你对我所说的半句话。

哈 姆 莱 特　我非去英国不可了,你可知道?

王　　　后　　哎哟,我忘了,确是这么决定的。

哈 姆 莱 特　文书已封了漆,派我那俩同学去递交;

　　　　　我对他们的"信任",就像我会"信任"

　　　　　蝰蛇的毒牙。由他们一路上奉命

　　　　　前呼后拥,送我去进牢笼。瞧他们吧,

　　　　　是不是做得到。这可是好玩的事儿:——

　　　　　开炮的给自己的炮弹轰了;不管怎样,

---

① 　这寓言已失传,大意似谓猴子看见鸟儿冲出鸟笼,飞向天空,它如法炮制,先钻进
　　鸟笼,然后"飞"出来,结果摔下而死。

我要在他们的地道下面挖地道，

把他们轰上天。噢，真是太妙了——

针锋相对，用诡计去顶住诡计。

（指着尸体）

这家伙要打发我背起包袱上路了，

我把这尸体拖到隔壁的房间去。

母亲，晚安吧。眼前这位枢密大臣

可是最安稳、最庄重、最守口如瓶了，

尽管这家伙生前是：愚蠢又多嘴。

来吧，老兄，我给你安排个结局吧。

晚安吧，母亲。

［拖波洛纽斯尸体下］①

第四幕

第一景　王后寝宫

［国王及王后上，罗森克兰、吉登斯丹随上］

国　　　王　一定有什么事叫你这么一声声

　　　　　　叹着大气，快给我说个明白吧——

　　　　　　你理该让我知道。我的儿子呢？

王　　　后　（向罗、吉二人）

　　　　　　请二位暂且回避一下。

［二人退下］

———————————

① 　在实际演出中，王后可不必下场，下一幕一开头就有她的戏。

我的好陛下啊,吓死我了,今晚的事儿!

国　　王　怎么,葛特露德,哈姆莱特怎么啦?

王　　后　他疯啦! 疯劲儿像狂风跟怒海搏斗;

他发作了,就无法无天,忽听得幕后

有动静,当即抽出了他的剑,嚷道:

"有耗子,有耗子!"没想到他神经错乱了,

刺杀了那幕后的老好人。

国　　王　　　　　　　　　　　有这等事!

要是我在场,我这条命也要送在他手里了。

由着他胡来,人人都提着性命过日子——

对你自己,对于我,对无论哪一个。

唉,这血腥的暴行该怎么交代呢?

人们会要我来担当这责任,埋怨我

明知道会闯祸,却没有趁早把这个

发疯的年轻人管起来,关起来,不让他

到处乱走乱闯。都是我太爱他了,

明摆着该怎么处置他,却想都不愿想;

像有人得了恶病,却害怕说有病。

听凭它把生命的元气都耗尽了。他呢?

他在哪儿?

王　　后　　　　　　　拖着他杀害的尸体

走开了——虽说他疯了,可就像矿渣里

闪亮出纯金,他一看到他闯的祸,

天良发现,就哭了。①

国　　王　　　　　　　　　哎哟,葛特露德,

---

① 　就哭了,应是王后救儿心切,过甚其词——王子只说"我后悔了"。不妨想像王后
　　说儿子哭了,她自己也着急得哭泣了,国王因而接着慰劝她:"快别这样。"

快别这样！只等到阳光一照上山头，
就用船把他打发走。对这一罪行，
我只得凭我的权威，用尽我手腕，
来保住体面，把事情掩盖过去——
喂，吉登斯丹！

　　　　〔罗森克兰及吉登斯丹上〕

你们二位再去找些人手帮忙。
哈姆莱特疯病发作了，杀死了波洛纽斯，
他把老人从母亲的房里拖走了。
快去找他来——要跟他好言好语的——
把遗体抬进教堂去。这事要赶紧办。

　　　　　　　　　　　　　　　　〔二人急下〕

来吧，葛特露德，最有见识的朋友们，
我都要请了来，让他们知道这事故，
和咱们打算怎么办；这样可免得
天南地北，散布着窃窃私语，
说长道短，连累到咱们的名声——
就像大炮把炮弹瞄准了目标，
　　结果却扑了空，一点没事儿。来，
　　我心里乱糟糟，焦急、烦恼满胸怀。

　　　　　　　　　　　　　　　　〔挽王后下〕

第二景　宫　中

［哈姆莱特上］

哈 姆 莱 特　安顿好了。

（传来呼唤声：“哈姆莱特！哈姆莱特殿下！”）

且慢，什么声音？谁在喊叫：“哈姆莱特！”——
噢，他们俩来啦。

［罗森克兰及吉登斯丹上］

罗 森 克 兰　殿下，你把那尸体怎么样了？

哈 姆 莱 特　它去跟泥土做伴了，泥土是他的本家。

罗 森 克 兰　跟我们说它在哪儿，我们也好把它抬到教堂去。

哈 姆 莱 特　你们可相信不得。

罗 森 克 兰　信不得什么呀？

哈 姆 莱 特　别以为我听了你们的“知心话”，会保不了自己心里的机密
话。再说，我可是一国的王子啊，现在一块海绵倒来向我问
话了，叫我怎么回答好呢？

罗 森 克 兰　你把我看成了一块海绵，殿下？

哈 姆 莱 特　哼，老兄，这海绵最会吸收君王的恩宠、赏赐和他的权势。
可是这一类官儿直到最后才对国王最得力。国王把他
们——就像猴子把硬果一般——先含在嘴里舔弄一番，最
后才一口咽下去。一旦他想要回那给你们吸收去的东西，
只消把他们挤一下就可以了——于是海绵啊，你又成了干

瘪瘪的一块了。

罗森克兰　我不懂你说的话，殿下。

哈姆莱特　听不懂，那就更好了，没正经的话在傻瓜的耳朵里睡大觉。①

罗森克兰　殿下，你可得告诉我们，尸体弄到哪儿去了，然后跟我们一
　　　　　起去见国王。

哈姆莱特　那尸体附在国王的身上，可国王并没附在尸体身上。国王
　　　　　是一件东西——

吉登斯丹　一件东西，殿下？

哈姆莱特　不是东西的东西。带我去见他吧。

[同下]

第三景　宫　中

[国王及二三大臣上]②

国　　　王　我派人去找他，去寻找那具遗体了。
　　　　　由着这家伙胡来，有多么危险啊！
　　　　　可是又不能用严厉的法律惩办他，
　　　　　那不明事理的群众，就是爱戴他。
　　　　　他们喜欢人，凭眼睛，不是凭理性，
　　　　　因此只看到，犯法的被判了重刑，
　　　　　却不管犯的法有多重。要四平八稳，
　　　　　这么局促地把他打发走，就必须
　　　　　显得郑重考虑过。正像人所说的，

---

① 意谓对牛弹琴。

② 二三大臣上，从"新亚登版"，代表国王方才跟王后所说的要请来"最有见识的朋友
　们"。

重病得用重药医,否则不用谈了。

［罗森克兰、吉登斯丹及侍从上］

怎么啦,事情怎么样啦?

罗森克兰	陛下,尸体给他放到哪儿去了, 我们问不出来。
国　　王	可是他人在哪儿?
罗森克兰	在外边,陛下,有人看着,听候你吩咐。
国　　王	带他来见我。
罗森克兰	喂! 带殿下进来。

［哈姆莱特上,后随卫士数人］

国　　王	来,哈姆莱特,波洛纽斯呢?
哈姆莱特	吃晚饭去了。
国　　王	吃晚饭去了? 去哪儿?
哈姆莱特	不在他吃东西的地方,在东西吃他的地方。来了一帮子上蹿下跳的蛆虫,开了个联席会议,正在一起对付他呢。你知道,蛆虫才算得上大王呢——它是头号天吃星。我们喂肥了牛羊来养肥我们自己,我们养肥了自己,来喂蛆虫。你那个胖胖的国王和你那瘦瘦的乞丐,只是口味不同的两道菜,端上了一张食桌。最后就落到这下场。
国　　王	唉,唉!
哈姆莱特	有人可以用一条拿国王当点心的蛆虫去钓鱼,鱼吃了蛆虫,人又吃了那条鱼——
国　　王	你这一番话是什么意思?
哈姆莱特	没什么意思,无非要你看到,一位国王怎么会进入一个乞丐

的肠胃里周游一番。

国　王　波洛纽斯在哪儿？

哈姆莱特　上天去了，派个人去天上瞧瞧吧。万一天上找不到他，那么你另换一个场所，亲自找他去吧。① 不过，说实话，要是你找了他一个月还没找到，那么你登上了楼梯，跨进了走廊，你的鼻子自会把他嗅出来了。

国　王　（向侍从）快到那边去找他！

哈姆莱特　他走不了，在盼望你呢。

[侍从急下]

国　王　哈姆莱特，你干出了这种事，好叫我痛心！

我还得为你的安全，好不担心；

因此我必须打发你火速出走。

事不宜迟，你自己赶紧去准备吧。

船已经装备好了，又刚好是顺风，

陪同的人员在等候你，只等你一到，

就出发去英格兰。

哈姆莱特　去英格兰？

国　王　　　　对，哈姆莱特。

哈姆莱特　　　　　　　好吧。

国　王　怎么不好呢，要是你知道了我一番苦心。

哈姆莱特　我看见了一位天使，天使看见了你的"苦心"。可是，走吧，去英格兰。再见了，亲爱的母亲。

国　王　我是你慈爱的父亲呀，哈姆莱特。

哈姆莱特　我的母亲。父母是夫妇，结为夫妇是结成为一体；所以说，我的母亲，走吧，去英格兰！

（下，卫士随下）

————————

① 意谓你下地狱去找他吧。

（向罗森克兰）

国　　王　紧紧地跟住他。哄他赶紧上船去，

　　　　　切不可耽搁——我要他今夜就出发。

　　　　　去吧，凡是跟这件事有关的一切

　　　　　都办妥了。二位务必要速去速回。

　　　　　　　　　　　　　　　　　　　　　　［罗、吉二人下］

　　　　　英格兰啊，如果你想求取我的恩惠，①

　　　　　我的威力能叫你心有余悸——

　　　　　丹麦的利剑给你留下了疮疤，

　　　　　那一道道紫痕，至今还没消退，

　　　　　何况你又自愿向我低头臣服，

　　　　　那你怎么敢怠慢了我的意旨；

　　　　　这事该怎么处置，一清二楚地

　　　　　都写明在公函：立即把哈姆莱特处死。

　　　　　照办吧，英格兰；他是我发烧的心病，

　　　　　　全靠你来治好了。直到大事已办成，

　　　　　　我坐立不安，想笑也笑不出声。

　　　　　　　　　　　　　　　　　　　　　　　　　［下］

第四景　丹麦原野

［福丁布拉率挪威军士列队上］

福丁布拉　队长，替我去向丹麦国王致意，

　　　　　说是事先得到过他同意，福丁布拉

　　　　　请求他派人前来给军队领路，

————————

① 英格兰，这里指英国国王。

通过丹麦的国土。你知道咱们
回头在哪儿集合。如果丹麦王
有话要跟我说，我也可以当面
去向他陈述我担负的使命。去吧，
就这么对他说吧。

队　　　长　　　　　　　　　　是，将军。

福 丁 布 拉　缓步前进。

[除队长外，众下]

[哈姆莱特，罗森克兰、吉登斯丹及随从等上]

哈 姆 莱 特　好长官，这是谁家的军队？

队　　　长　是挪威的军队，大爷。

哈 姆 莱 特　请问长官，为什么要出兵？

队　　　长　攻打波兰的一块土地。

哈 姆 莱 特　谁统率你们，长官？

队　　　长　挪威老王的侄子，福丁布拉。

哈 姆 莱 特　长官，这是向波兰本土进军呢，
还是攻打边境？

队　　　长　不瞒你说，这话一点也不夸张，
我们此去要争夺一小块土地——
徒有虚名而并无实利，你要我
出五块钱租下当农场，我不干。
不管这块地归挪威，还是归波兰，
拿去卖，你也卖不出更好的价。

哈 姆 莱 特　这么说，波兰人根本不会去守住它了。

队　　　长　哪里，波兰军早已在那里设防了。

哈 姆 莱 特　赔上两千条生命，两万两银子，
也解决不了这一根稻草般的问题！
繁荣、太平的日子过腻了，就长出

这么个脓包，外表可一点看不出，

死亡已经临头了。多谢了，长官。

队　　　长　再见了，大爷。

〔下〕

罗森克兰　　　　　　殿下，咱们走吧。

哈 姆 莱 特　我随后就来，你们先走一步吧。

〔众下〕

哈 姆 莱 特　我耳闻目睹这一切，都在谴责我，

鞭策我：快醒来，快报仇。一个人还算人？——

要是他一辈子的乐趣和受用，就在于

吃了睡，睡了吃。不过是畜生罢了。

老天造我们，让我们明理懂事，

又思前想后，给了我们这智慧，

这神明般的理性，决不是为了

让它霉烂，白白浪费。不知道这究竟

由于禽兽般浑浑噩噩；还是呢，

顾虑重重，把后果越想越严重——

三倍的懦弱，压倒了一份的理智。

我可不明白，我一天又一天活下去，

只说是"这件事应该做"——明明我有理由，

有决心，有力量，有办法这么做啊！

天大的榜样指点我：这儿有一支

浩浩荡荡的大军，带队的是一位

娇生惯养的王子，那雄心壮志

叫他不可一世地不屑一顾，

那不可预测的后果，全不管前途

多么凶，多么险，硬是跟命运、死亡，

跟危险，去拼搏，哪怕为了个鸡蛋壳！

真正的伟大，并不是不分皂白，
就轻举妄动；可要是事关荣誉，
哪怕为一根稻草，也要慷慨激烈，
争一个分晓。可是再看我，怎么样呢？——
我父亲惨遭杀害，我母亲被污辱了，
这深仇大恨，本该叫热血沸腾，
怒气冲天，可我，却像在睡大觉！
我能不害臊吗？——看到两万名壮士
只为了一点儿虚名，视死如归，
下坟墓，只当上床去。争夺一块地，
还容纳不下这么多人当战场；
当坟墓，还不够落葬那许多阵亡者。
噢，从今以后，让我满脑际
再没有杂念，只一股杀人的动机！

[下]

第五景 宫 中

[王后，霍拉旭及一侍臣上]

王　　后　我不想跟她说话。

侍　　臣　　　　　　　　她一定要见你，
半疯半痴的，那模样儿真让人可怜。

王　　后　她要怎么样呢？

侍　　臣　她老是说到她父亲，说是她听说
这世界真坏；又哼哼，又捶着胸口，
鸡毛蒜皮的小事都惹她生气，
她说话含含糊糊，你只能懂一半，

猜一半；虽然说的话不知所云，

无非东拉西扯，可触动了听的人，

他们会拼拼凑凑，半猜半想地，

牵强附会地，去凑合自己的想法；

她说话，又眨眼，又点头，又做手势，

使人总觉得尽管拿不准，这里边

可大有文章——决不是什么好事。

霍 拉 旭　还是跟她谈谈的好，也免得她招来了

人家的胡思乱想，说三道四。

王　　　后　让她进来吧。

〔侍臣下〕

（自语）

我内疚的灵魂，体会着罪孽的本性，①

为一点小事，不由得肉跳心惊。

犯罪的犯了心病，猜疑满心田，

越想瞒得紧，可越是露了馅。

〔奥菲丽雅披头散发、边唱边上〕

奥 菲 丽 雅　美丽的丹麦王后在哪儿呀？

王　　　后　怎么啦，奥菲丽雅？

奥 菲 丽 雅　（唱）

为你把真心的情哥哥来认

叫我怎知道他是谁？——

但看他穿草鞋，持手杖，

———————

①　我内疚的灵魂，表明王子对她的责备已触动了她的灵魂。

一顶贝壳帽儿头上戴。①

王　　后	哎哟,好姑娘,这支歌儿是什么意思呀?
奥 菲 丽 雅	你说呢? 别管它了,请听我唱吧:——

姑娘可知道,他离开人间了,

他离开人间魂归天,

头上盖着黄土长青草,

石碑竖立他脚跟边。

啊,呵!

王　　后	别唱了,可是,奥菲丽雅——
奥 菲 丽 雅	请你听好了——（唱）

白色尸衣像山头的雪——

［国王上］

王　　后	唉,陛下,你瞧!
奥 菲 丽 雅	（唱）

雪白尸衣撒满了那鲜花,

带露的鲜花在淌泪,

情妹妹的珠泪如雨下!②

---

① 穿草鞋,持手杖,戴贝壳帽,都是朝圣者的装束。以贝壳饰帽,表示曾去西班牙拜见圣徒詹姆斯的神龛。当时诗歌常把忠诚的情郎比作虔诚的朝拜者。
② 在奥菲丽雅的错乱恍惚的神思里,她失去的情郎（哈姆莱特）已经死了,而她就是泪如雨下的"情妹妹"。

国　　　王　你好吗,美丽的姑娘?

奥 菲 丽 雅　很好呀,上天保佑你。听人说,猫头鹰是面包师的女儿变的。① 天啊,咱们知道咱们目前是这个样,将来怎么样,就难说了。愿上帝坐到你的食桌边。②

国　　　王　(向王后)她心里在想着父亲啊。

奥 菲 丽 雅　咱们别提这个了,要是有人问到你,这是怎么一回事,你就这么说吧:

(唱)

明天来到了情人节,

有情人一早都起身,

我大姑娘来到你窗口前,

一心想做你意中人。③

情哥下了床,衣服披上身,

赶快拔闩开房门,

让进去的是位大姑娘,

送出门的,已不是女儿身。

国　　　王　美丽的奥菲丽雅——

奥 菲 丽 雅　真是的,不用赌咒了,我且把它唱完吧——

天上的神明发慈悲,

干下的事儿太丢人;

小伙子有便宜总要沾,

都怪他那股亲热劲。

――――――――――

① 传说耶稣曾乞求面包,而遭到面包师的女儿拒绝,她被罚为猫头鹰。
② 意即款待上帝,不要像面包师的女儿拒绝上帝。
③ 传说在情人节(二月十四日)少男会爱上他第一眼看到的姑娘。

姑娘说:"你把我按倒前,
　　本答应娶我做新娘。"

那哥儿回答道:——

"太阳在头上,我心里本这么想,
　　只怪你自己,上门又上我的床。"

国　　王　她这个光景已经多久了?

奥 菲 丽 雅　我只巴望最后会有好收场。我们可得学会忍耐啊。可是叫
　　　　　　我怎么能不哭呀！想想吧,他们要把他埋进寒冷的地底下
　　　　　　了呀！这事一定得让我哥哥知道。我多谢各位了:给我出
　　　　　　的好主意。来,我的马车。晚安,夫人——晚安,可爱的小
　　　　　　姐们——晚安——晚安……

［喃喃地走出大厅］

国　　王　紧紧地跟住她,好好当心她,请你快去吧！

［霍拉旭追下］

　　　唉,这心碎肠断的悲伤,害苦了她,
　　　都为了她父亲的死亡。现在你看吧——
　　　葛特露德,葛特露德呀,
　　　祸不单行,它先是派出个密探,
　　　随后就涌来了大队人马。一开头,
　　　她父亲被杀害,接着你儿子出远门了——
　　　送他去海外,也是他闯下了大祸。
　　　自取其咎。老百姓却不明真相,
　　　一肚子猜疑,到处在窃窃私议,
　　　都为了好人儿波洛纽斯的暴死。
　　　只怪我做事欠考虑,就这么私下里

　　草草地把他埋葬了;可怜的奥菲丽雅,
　　受不住打击,丧失了清明的理智——
　　理智丧失了,人徒有其表,成了禽兽了;
　　最后,超过这一切,最使我头痛啊——
　　她哥哥已经悄悄地从法兰西回来了,
　　包围在一团疑云里,越想越心乱,
　　少不了那些嚼舌头的,来搬弄是非,
　　拿他父亲的死,大做其文章,
　　把挑拨的语言尽往他耳朵里灌。
　　他们拿不出事实根据,就只好
　　随心所欲地把罪名栽在我头上,
　　还到处去散布。唉,我亲爱的葛特露德,
　　就像被开花炮击中了,可怜我,只落得
　　血肉横飞,死了一次都不够呢。

　　　　　　　(宫外传来喧闹声)

王　　后　　哎哟,外面在闹什么哟!

国　　王　　　　　　　　　　　你听!
　　我的瑞士兵呢? 叫他们把守好宫门。①

　　　　　　[一使者匆忙上]

　　出了什么事啦?

使　　者　　　　　　　　快躲避一下吧,陛下。
　　冲破了堤防,淹没了平原的海浪,

------

① 当时有很多瑞士人在欧洲各国充当雇佣军,尤其是充当皇室的警卫队。

来势汹汹,也比不上年轻的莱阿提斯;

一帮子人,他带头,造反了,压倒了

宫门的警卫队。暴徒们呼唤他王上,

仿佛这个世界,到目前刚开始,

历来的老规矩全忘了,那习俗不要了,

维护传统的金玉良言丢掉了;

只听得他们高呼道:"我们选定了!

拥护莱阿提斯做国王!"扔帽子,举手,

一阵阵吹呼声高入云霄:"我们

拥护莱阿提斯做国王! 莱阿提斯,国王!"①

王　　后　叫得多起劲,可鼻子的嗅觉全错了,

你们错乱了跟踪追迹的方向啦——

迷路的丹麦狗。②

（继续传来喧闹声）

国　　王　宫门被冲开了,

[莱阿提斯持剑直冲进来,后随群众]

莱 阿 提 斯　国王在哪儿? ——弟兄们都退到外边去。

众　　人　不,放我们进来吧!

莱 阿 提 斯　求你们啦,让我独个儿来对付吧。

众　　人　听从你的,我们听从你。

---

① 古代丹麦国王由选举产生。在贝尔福莱所著小说中,哈姆莱特为父报仇后,得到
　 群众一致拥护,继承王位。

② 王后在这里以猎狗凭嗅觉追踪猎物作比喻,并非侮辱性语言。

莱 阿 提 斯　多谢各位了。把守住宫门。

［众下］

（直冲到王座前）

噢，你这残暴的国王，还我父亲！

王　　后　（拉住他）安静些吧，好莱阿提斯。

莱 阿 提 斯　要是我身上有一滴血能安静下来，

我就是野种，我父亲就是王八，

我亲生母亲的冰清玉洁的额头上，

打上了臭婊子的烙印。

国　　王　　　　　　　究竟为什么呀？——

你这么声势汹汹，无法无天？

放开他吧，葛特露德。别为我本人担心，

君王四周自有一道圣光围护着，

"叛逆"，心怀鬼胎，只能是偷看，

却休想到手它看中的。我说，莱阿提斯，

你干吗暴跳如雷？——放开他吧，葛特露德。

你说呀，汉子。

莱 阿 提 斯　我的父亲呢？

国　　王　　　　　　死啦。

王　　后　（把手伸向国王）可跟他不相干呀。

国　　王　他要问的，让他尽量问好了。

莱 阿 提 斯　他怎么会死去的？想哄我是哄不过去的。

忠心，见鬼去吧——向漆黑的魔鬼宣誓吧！

良心，仁义，滚到无底的地狱去吧！

下地狱？我不怕！我站稳了我的立足点，

不管天堂地狱，全跟我不相干。

有什么报应就什么报应，我只要

替父亲痛快地报仇！

国　　王	谁阻拦你了？
莱 阿 提 斯	全世界休想阻拦我——除非我自己。 我自有好手段，不费吹灰之力， 就达到我的目的。
国　　王	好莱阿提斯， 你一旦弄清楚了原因：你的好父亲 是怎么死的，难道你的报仇方式 是不分冤家朋友，来一个统吃？—— 管他是输家，赢家。①
莱 阿 提 斯	我只找我冤家算账。
国　　王	想认识那个人吗？
莱 阿 提 斯	我父亲的好朋友，我张开双臂欢迎他， 而且要学那舍生哺雏的塘鹅，② 向他们不惜献上我生命的鲜血。
国　　王	这就对啦，现在你说话像一个好孩子， 一个真正的君子了。你父亲的死， 我是清白无辜的，而且感到了 万分的痛心！只要你好好想一下， 这事儿对于你就该像光天化日般 一清二楚。

（官外传来奥菲丽雅的歌声）

莱 阿 提 斯	怎么啦，是什么闹声？

---

① 统吃，赌场用语。按理只能"吃"输家，不能"吃"赢家，意即只能向仇人，不能向朋友报仇。

② 传说塘鹅以自己的鲜血喂养幼雏。

| 国　　王 | 放她进来吧。① |

［奥菲丽雅满头戴花，疯疯癫癫上］

| 莱 阿 提 斯 | 火烧吧，烧干了我脑髓，七倍浓的苦泪，|

泡瞎了我的眼睛吧。老天明鉴，

害你发疯的，我决不会便宜他，

要一报回一报。噢，五月的玫瑰啊！

亲爱的姑娘——好妹妹——可爱的奥菲丽雅！

天哪，难道说一个少女的理智

就像老年人的生命一般脆弱吗？

充满了爱心的人，感觉最敏锐，

最敏感的人，会把本性中最珍贵的

献给所爱的人。②

| 奥 菲 丽 雅 | （唱） |

他光着脸儿躺在枢架上，

　嗨，喏呢喏呢，嗨，喏呢——

泪如雨下，洒在他坟头上……

再见了，我的鸽子呀。

| 莱 阿 提 斯 | （痛心地） |

即使你用清明的理性恳求我报仇，

也不能像眼前这情景打动我！

| 奥 菲 丽 雅 | 你得唱："当啊当"，于是你"称呼他当啊当"。噢，这垫底的 |

衬词配合得多好！听！这歌儿唱的是坏心眼儿的管家偷了

---

① 这里几行文字各版本处理不尽相同，此处从贝文顿编全集本。
② 最珍贵的，当指理智而言。所爱的人，莱阿提斯指她的父亲，不知道其实王子更是
她所爱的人。

他东家的小姐。

莱 阿 提 斯　这不知所云的胡扯,更说明了问题。

奥 菲 丽 雅　(玩弄手里的花束)这是迷迭香,表示心里有个我——求你啦,我的亲亲,要记得我啊,——这又是三色堇,表示的是相思。

莱 阿 提 斯　疯话有疯话的道理——相思,纪念,配合得好啊。

奥 菲 丽 雅　(伸向莱阿提斯)这是给你的茴香——还有这蓝花儿。(伸向国王)这是给你的芸香花——(又拿起一枝花)这是留给我自己的。(指着芸香)我们可以叫它做"慈悲草",①你得把你的芸香戴得别致些。这儿是一支雏菊,我本想给你几支紫罗兰,②可惜我父亲一死,全凋谢了。听人说,他得了一个好收场。

（唱）
　　英俊可爱的罗宾是我的亲亲——

莱 阿 提 斯　哀伤,苦恼,悲痛,甚至是地狱,
都给她点化成了优雅动人的妩媚。

奥 菲 丽 雅　（唱）
　　难道他再也不回来?
　　难道他再也不回来?
　　　不会了,他离开人世了,
　　　你也可以办你后事了。
　　他去了,再也不回来。

————————————————

①　芸香,原文"rue",另有"悔恨"之意,因此芸香象征"忏悔"。星期日,基督徒崇拜上帝,忏悔,祷告,祈求慈悲。
②　紫罗兰象征忠贞不渝;雏菊则是虚情假意的象征。

他的胡须好比是白银，

　他一头白发像乱麻

他走了，他一去无踪影，

　活着的，枉流泪，空伤心。

　　愿上帝宽恕他灵魂吧。

也宽恕普天下基督徒的灵魂吧！上帝和你们同在！

　　　　　　　　　　　　　　　　[下。王后随下]

莱 阿 提 斯　（望着妹妹的背影）

　　看见了这情景吗？——噢，上帝呀！

国　　　王　莱阿提斯，你哀痛，我应该分担一份，

　　否则你剥夺了我权利。你不妨挑几个

　　你认为最有见识的朋友，让他们

　　听了你的，再听我的，然后在你我之间

　　评一个谁是谁非。要是他们发现了

　　这血案，我乃是主谋，或者是同谋，

　　我情愿把我的王国，我的王冠，

　　连同我这条命——凡是一切属于我的，

　　都归你，没第二句话；要不是这样，

　　那你得耐性些，听我的劝导，我跟你

　　就同心协力，想办法，务必让你

　　出这一口气。

莱 阿 提 斯　　　　　　也好，就这么办吧。

　　他死得不明白，下葬又这么潦草——

　　坟头没装饰，不挂剑，也不用盾徽，

　　不举行隆重的葬礼，致哀的仪式，

　　从天上到地下，响彻了愤怒的呼声：

　　我一定要追求个明白。

| 国　　王 | 会让你明白的。 |

罪孽落在谁身上,让无情的斧头

落到谁头上吧。请你跟我一起走。

〔同下〕

第六景　室　内

〔霍拉旭及一仆人上〕

霍　拉　旭	要见我说话的是些什么人?
仆　　人	几个船老大,大爷。他们说有信要交给你。
霍　拉　旭	带他们进来吧。

〔仆人下〕

我不知道天南地北,会有谁

给我写一封信,除了哈姆莱特殿下。

〔水手数人上〕

水　手　甲	愿上帝保佑,大爷。
霍　拉　旭	愿上帝也保佑你。
水　手　甲	只要上帝高兴,他自会保佑我们。这儿有一封写给你的信,大爷。这信是派往英格兰的特使托我转交的。① ——人家说的没错,你的大名当真是霍拉旭吧。

（交给他一封信）

| 霍　拉　旭 | （读信） |

见此信后,你安排一下,让他们见到国王。 他们有

———————

① 托水手把信带回的是哈姆莱特,水手代他隐瞒身份,说是"派往英格兰的特使"。

信要呈交国王。

我们出海才只两天,就遭到一艘耀武扬威的海盗船追逐,我们的帆船走不快,终于被他们追上了,只得挺身迎战。在一场混战中,我跳上了对方的船。他们立即撇下我们的船,掉头而去。只有我一个人当了他们的俘虏。

他们对待我很有礼貌,像一帮讲义气的海盗。不过他们这么做自有他们的用意。那就是想要得到我的回报。你先设法把我那封信送到国王手里,然后就像逃命一般火速前来看我。我有话要凑在你耳边说,叫你听了张口结舌,话都说不出来。尽管这样,语言的分量还是太轻了,事实的真相才真是可怕呢。

这几个好伙计会把你带到我目前安身的地方。罗森克兰和吉登斯丹继续乘船向英格兰航驶。他们俩的事,我有许多话要跟你谈呢。再见吧。

和你肝胆相照的

哈姆莱特

来,我带你们去送交你们的信,
然后你们得赶紧带我去见一见
那一位托你们送交这些信的人。

〔同下〕

第七景　宫　中

〔国王及莱阿提斯上〕

国　　王　现在你总得凭良心,承认我无罪了吧。

那你就该把我看作心腹的朋友——

既然你已经听说了,而且也听进去了,

那个杀害你高贵的父亲的人,

本想要我的命。

莱 阿 提 斯 　　　　　　听起来头头是道,

可是告诉我,明摆着罪大恶极,

你干吗不立即严厉惩办那暴行呢。

你的安全感,见识和种种考虑

都在催促你姑息不得啊!

国　　王　　　　　　　　　唉!

为的是有两个特殊的缘故——也许呢,

你听来,微不足道;可是对于我,

是天大的理由啊:王后,他的母亲,

眼前没有他,简直活不成;我自己呢——

算我的德性也罢,算灾星也罢——

我的生命和灵魂都少她不得,

星球的运行离不开它的轨道,

我也离不开她。另外一个理由,

为什么我不能送他去受公开的审判呢?——

只因为老百姓把他爱戴得了不得,

他一切的过错,他们都用好感包涵了,

像泉水有魔力,把木头变成了石头;①

他们会把他的镣铐看成是光荣;

我的箭,太轻了,顶不住这呼呼的大风,

这样,非但射不到我瞄准的目标,

---

① 在莎翁故乡的郡内,有一石灰水矿泉,木头浸于其中,表面积聚一层石灰石,终于
　　成为石化木。

还会倒过来反击那拉弓的人。

莱阿提斯　难道我高贵的父亲就白死了吗？
　　　　眼看我妹妹被逼疯了，也就算啦？
　　　　凭她原先的容貌品德，那真是
　　　　十全十美，可称得人间无双，
　　　　古今少有啊。这冤仇是一定要报的！

国　　王　放心吧，你只管睡你的觉。别以为
　　　　我是这么个软弱、不中用的料子，
　　　　让人家揪住了我的胡子死命拉，
　　　　还只当开玩笑。要不了多久就可以
　　　　让你听好消息了。我是爱你父亲的，
　　　　我也爱我本人，就凭这一点，我希望
　　　　你可以想得到——

[一使者持信上]

怎么？有消息？

使　　者　　　　　　陛下，哈姆莱特有信，
　　　　这封信是给陛下的，另一封给王后。

国　　王　（震惊）
　　　　哈姆莱特的信！是谁送来的？

使　　者　听说是船老大，陛下，我没看见他们。
　　　　克劳迪奥把信交给我，又有人把信
　　　　交给他。（把信呈上）

国　　王　　　　　莱阿提斯，你可以听我读一读。
　　　　（向使者）退下去吧。

[使者下]

（朗读）

启禀至高无上的陛下,我光着个身子,踏上了你的
国土,伏请陛下恩准拜见天颜,得以当面请罪,并面陈
此番我不召而来,自有种种离奇曲折的缘故。

哈姆莱特

是怎么一回事? 同去的人都回来了?

莫非是谎话连篇,并没这回事!

莱 阿 提 斯   认得出笔迹吗?

国　　　王　　　　　　　　是哈姆莱特的手笔。

（又读信）"光着个身子"——

这儿还有附笔呢,他说是"独个儿"。

你说这是怎么一回事?

莱 阿 提 斯   我给搞糊涂了,陛下。不过让他来吧,

我快要憋死了,这一下好出一口气啦。

我总算盼到了这一天,当面对他说:

"我向你讨命来啦!"①

国　　　王　　　　　　　　果真是这样——

怎么会这样呢? 不这样又能怎样呢? 莱阿提斯,

你能听我的支配吗?

莱 阿 提 斯　　　　　　　好,陛下,

只要你不硬是支使我向他去求和。

国　　　王   你只管放心好了。要是他回来了,

是中途而返,而且打定主意,

送他走也不走了,那我已想好个计谋,

怂恿他去干一件事,一旦他钻进去了,

---

① 我向你讨命来啦! ——据"新亚登版"译出:"Thus diest thou."一般版本作:"Thus
did'st thou."（你干的好事!）

<table>
<tr><td></td><td>管叫他有去无回;而且他送了命,
没有半句话可以怪到咱们的头上。
就连他母亲,也猜疑不到这里边
耍了花招,只道是发生了意外。</td></tr>
<tr><td>莱阿提斯</td><td>陛下,我听候你支配。最好是设法
叫他死在我手里,我更乐于听命了。</td></tr>
<tr><td>国　　王</td><td>正好我也有这条心。你出国游学,
人们常谈起你,哈姆莱特常听说,
你有了不得的一手,你多才多艺,
可全部加起来也比不上这一手更能
激起他的妒忌心,虽然照我看,
这其实是你最不足道的本领。</td></tr>
<tr><td>莱阿提斯</td><td>说的是什么本领呀,陛下?</td></tr>
<tr><td>国　　王</td><td>不过是年轻人帽子上的缎带罢了——
倒也少不了,年轻人自该穿戴得
轻松,潇洒些,正像年长的就该
貂裘披身,显示出他庄重、懂保养。
两个月以前,诺曼底来了位绅士,
我本人见到过法国人,而且较量过,
马背上的功夫他们可真来得,而这一位,
简直是神了,好像在马背上生了根,
指挥他的坐骑创造出种种奇迹,
仿佛他和那高贵的畜生联成了一体,
他自己成了半人半马。他马上的功夫,
像飞,像腾云驾雾,甚至超出了
我天花乱坠的想像。</td></tr>
<tr><td>莱阿提斯</td><td>　　　　　　　　是个诺曼底人吗?</td></tr>
<tr><td>国　　王</td><td>是诺曼底人。</td></tr>
</table>

莱 阿 提 斯	我敢说,一定是拉蒙了。
国　　王	对了,正是他。
莱 阿 提 斯	我很熟悉他。可不,整个法兰西
	把他看成了一个国宝呢。
国　　王	他口服心服,承认你好不厉害,
	极口赞美你武艺多么高强,
	尤其钦佩你使得一手好剑,
	他当众宣称,谁跟你势均力敌,
	那一番交锋会叫人把眼睛都看花了。
	他发誓,他本国的剑客落到你手里,
	连招架都不会了,呆若木鸡地干瞪眼。
	老弟,他对你的这番夸奖,却惹恼了
	哈姆莱特,他妒忌得要命,咽不下这口气,
	巴不得哪一天你忽然回来,好跟你
	比个高低。走了这一步——
莱 阿 提 斯	走了这一步,又怎么样呢,陛下?
国　　王	莱阿提斯,你心里真是爱你的父亲?
	还是你只是装一副悲哀的模样?——
	哭丧着的是脸,不是心。
莱 阿 提 斯	为什么问这个?
国　　王	并不是我疑心你不爱你的父亲,
	只是要知道,爱心是时间的产物,
	我看在眼里的事,也真是太多了;
	爱的火花,会随着时间而冷下来,
	爱的火焰即使在燃烧,火焰里
	那烧焦的烛芯也会叫火光暗下来;
	花好月圆的好事儿,长久不了啊,
	要知道,太好了,太美了,却正因为

爱得过了分,而给毁了。要干的事,

趁着"要",就把它干了;这个"要"是会变的。

有多少口舌,多少手,多少意外,

就会有多少动摇,多少犹豫;

那时候,那"应该",白白浪费了叹息,

聊以自慰,却伤了身体。不谈了。①

回到问题的要害吧:哈姆莱特回来啦,

你打算怎么办? ——以行动来表示:

不只是口头上,你是你父亲的儿子。

莱阿提斯 在教堂,对准他喉咙,一刀子扎进去。

国　　王 当然啰,教堂也不能庇护杀人犯,

复仇可不受地点的限制。可是,

好莱阿提斯,你想下手,你就得

躲在家里,不出门。哈姆莱特回来后,

会听说你也回来了,我叫人当着他,

夸耀你武艺,那法兰西人称赞你,

他们添油加酱地捧得你更厉害。

总之,把你们两个拖到了一起,

比一个高低,赌一个输赢。他这人,

不斤斤计较,气量大,没有心眼儿,

不会去检查那比武的剑;所以你,

轻而易举地——或者耍一个小花招,

就可以挑一把开了口的剑。于是

就在你来我去的比剑中,趁机

报了你杀父之仇。

莱阿提斯　　　　　　　我就这么干!

---

① 当时认为叹息消耗心头的血液,有伤身体。

为了达到这目的,我要在剑头上

涂了药——我在走江湖的卖药人手里

买到剧毒的药膏,把刀尖蘸一下,

只消擦破一层皮,只要见了血,

就是死;哪怕在月光下采集的药草,

提炼成妙药,也休想救得了他的命。

我把这毒药涂一点在剑头上,只消

在他皮肉上轻轻地刺一下,看吧,

他难逃一死。

国　王　　　　　　让我们再推敲一下吧,

看什么时候,用什么办法下手

最方便。只怕手忙脚乱的坏了事,

露出了破绽,那么这一着还是

不要试为好。我说,怕万一失手,

总还得一计不成又来一计啊,

务必要万无一失。且慢,让我想。

你们是好功夫,刀来剑往;我呢,

有重赏——有主意啦!

你跟他交锋,拿出你火辣辣的本领,

每一个回合都斗得汗流浃背,

但等他热得要讨水喝,我这里

就为他准备好一杯毒药,即使他

逃过了你恶狠狠的剑锋,只消他

喝一口酒,咱们的目的就达到了。

且慢,是什么声音?

[王后上]

怎么样，我的好王后？

王　　后　　祸不单行！伤心的事儿一下子

都接踵而来。莱阿提斯，你妹妹淹死啦。

莱 阿 提 斯　　淹死啦！噢，在哪儿？

王　　后　　河岸边，有一株杨柳伸向了河心，

嫩绿的叶子倒映在明镜般的水面，

她编织了形形色色的花环，用的是

金凤花，柠麻，雏菊，还有是长颈兰——

正经的姑娘称它为"死人的指头儿"，

牧羊人说粗话，给它起了不中听的名字。——

她来到小河边，爬上了杨柳树，要把那

野花编织的花冠，挂上倾斜的柳树枝，

正爬到河面上，可恨那枝条却折断了，

她连人带花，掉进了呜咽的溪流里。

她的长裙铺展在水面上，有那么一会儿，

把她像美人鱼似的托起来，她只顾

哼着一段又一段古老的民谣，

一点儿不觉得自己落进险境了，

仿佛她本来就是水里生，水里长；

可是这漂浮在水面的情景长不了，

她的衣裙浸透了水，沉甸甸的，

把正自唱着美妙的歌儿的薄命人，

拖进了死亡的泥潭。

莱 阿 提 斯　　唉，那么她是淹死了？

王　　后　　　　　　　　　　　淹死了，淹死了。

莱 阿 提 斯　　太多的水淹了你，可怜的好妹妹啊，

我就忍住了泪水吧。可是，这也是

人之常情，人性总是要流露的，

我也顾不得出丑了。（哭泣）

　　　　　　　　　泪水哭完了，

男子汉的儿女气也就出尽了。陛下，

再见吧。我空有一肚子火烧般的言语，

都叫那傻眼泪浇熄了。

　　　　　　　　　　　　　　　　　　　[下]

国　　　王　　　　　（向王后）我们跟上去。

我好不容易才平下了他一口气，

现在只怕他的怒火又要爆发了。

因此，让我们快跟上去吧。

　　　　　　　　　　　　　　　　　　　[同下]

第五幕

第一景　墓　地

[掘墓人和伙计持铁锹、锄头上]

掘　墓　人　是按照基督徒落葬的仪式来埋葬她吗？——可
她是自个儿直闯天堂的呀！①

伙　　　计　告诉你，她是这么回事，所以赶紧掘她的坟吧。
验尸官已经验明，她没错，应该按照基督徒的仪式下葬。

掘　墓　人　这怎么行呢？——除非她投河是为了自卫。

伙　　　计　呃，验明了，是为了自卫。

---

① 基督教义，严禁自杀，自杀者不得举行基督徒的葬礼，也不能在教堂墓地落葬。

掘 墓 人	那一定就是法律上所说的"se offendendo"①了，还能是什么呢？问题就在这里：要是我存心要叫自己淹死在水里，那就构成一个行为，一个行为由三个部分组成——那就是去干，去做，去实行；所以说，她是存心叫自己淹死的。
伙　计	不能那么说，你听着，掘坟的老大爷——
掘 墓 人	你让我说。这儿是一条河——好。这儿站着一个人——好。要是这个人下水了，因之淹死在这条河里了，那么他有意也好，无意也罢，总归是他自己下水的；你给我听好了。可要是河水冲过来，把他淹死了，那就不是他自己要去淹死在这条河里，所以说，一个人把命送了，不能怪他的不是，那么他就并不曾缩短自己的一条命。
伙　计	这可是写明在法律上？
掘 墓 人	对啊，可不是，验尸官有这条法规。
伙　计	你要听我说句老实话吗？要是死去的不是有体面人家的娘儿，人家才不会用基督教仪式给她落葬呢。
掘 墓 人	呃，这话给你说对了。说来也真是气人，在这个世界上，大人物就是有这个特权；投河，没事儿，上吊，没事儿；咱们老百姓，基督徒兄弟姐妹，就犯禁了。来，拿来——我的锄头。要数家世悠久，谁也不能跟咱们种地的、开沟的和掘坟的比了——是他们把亚当的行业，一代代传了下来。（继续掘坟）
伙　计	亚当是上等人吗？
掘 墓 人	他呀，第一个佩戴家徽呢。
伙　计	说什么家徽，他就是没有。
掘 墓 人	怎么，你是不信基督的异教徒吗？你的《圣经》是怎么念的？

---

① 拉丁文，"侵犯"之意。掘墓人把话说反了，"Se defendendo"才是自卫。

《圣经》上写明了：亚当掘地。^①没有一双手臂，他能掘地吗？^② 我再考你一下，要是你回答得文不对题，那你给我承认，你是——

伙　　计 来吧。

掘　墓　人 谁造下的东西，比泥水匠、比造船匠、比木匠造下的，更结实？

伙　　计 造绞刑架的人呀，你瞧，来到绞刑架上借宿的，死掉了一千个，它却还是竖立在那里。

掘　墓　人 说实话，我喜欢你这份聪明劲儿。好样的绞刑架！——可是它又好在哪里呢？它干得好，好就好在对付那不干好事的人。你瞧，你现在不干好事，胡说什么绞刑架造得比教堂还结实；让绞刑架来对你做一件"好事"吧。得啦，重新回答过。

伙　　计 谁造下的东西，比泥水匠、比造船匠、比木匠造的，更结实？

掘　墓　人 对了；你回答对了，我就放过你。

伙　　计 噢，我有啦。

掘　墓　人 快说吧。

伙　　计 我的老天，我说不上来。

掘　墓　人 别再绞你的脑汁了吧，你这头蠢驴，再怎么用鞭子赶你，反正是迈不开步子的。下回有人拿这个问题问你，就回答他："掘坟的！"他手里造的住宅好一直住到世界末日呢。去吧，去约翰酒店给我要一壶酒来。

［伙计下］

---

① 亚当和夏娃被逐出伊甸乐园，上帝惩罚亚当操劳苦役，以耕地为生。

② "一双手臂"原文"arms"，在英语中和"家徽"是同一个词。家徽是身份门第的标志。

［哈姆莱特穿水手服，及霍拉旭
　自远方上］

掘 墓 人　（边掘坟边唱）

想当初，正年轻，我把小娘儿爱，

她正是我心中好宝贝；

乐得我，日和夜都想不起来，

再没有比小娘儿更开我的怀。

哈 姆 莱 特　（走近，向霍拉旭）这家伙无动于衷吗？也不想
想他手头在干什么活——一边儿掘坟一边儿唱。

霍 拉 旭　他经年累月干这活儿，也就不以为意了。

哈 姆 莱 特　说得也是，一个四肢不勤的人，才多愁善感呢。

掘 墓 人　（唱）

谁想一转眼，老年已来到，

一把抓住我，再不放；

打发我，黄土下面去安身——

只算我，白活了这一场。

（抛起一骷髅）

哈 姆 莱 特　这骷髅本来还有一根舌头，还能唱——看这家伙把它往地
面上一抛，倒像这是第一个杀人犯该隐的牙床骨。这也许
是什么政客的脑袋瓜吧，现在倒听凭这蠢驴来摆弄了；而他
生前居然摆弄上帝呢。会有这回事吗？

霍 拉 旭　很有可能，殿下。

哈 姆 莱 特　也许呢，是一个出入朝廷的大臣，他一开口就是："早安，好
大人。你好，亲爱的大人？"他也许是某某大老爷，嘴巴上只
顾赞赏另一个某某大老爷的马儿，心里头，其实只想把它讨
了来。会有这回事吗？

霍 拉 旭　是啊，殿下。

哈 姆 莱 特　呃,正是这回事,现在倒好,去给蛆虫夫人当相好了。下巴也掉了,天灵盖给掘墓的拿一把铁锹敲来打去。这就是生命无常的轮回呀;也叫我们开了眼界。难道说,这些白骨,生前受教养,被供养,就为了到头来,给人当木棍儿扔着玩吗?——想到这里,我好难受。

掘 墓 人　(唱)

> 一把锄头一把锹,一把锹,
> 　少不了盖一方遮尸布;
> 要掘泥坑堆沙丘,堆沙丘,
> 　正好打点堂客来投宿。

（又抛出一骷髅）

哈 姆 莱 特　又是一个,谁知道这不会是律师的骷髅呢——他能言善辩的本领,到哪儿去啦?——还有他诉讼的案件,他的租赁契约,他玩弄法律的好手段,都到哪儿去了呢?他倒是容忍这个疯疯癫癫的奴才,用一把肮脏的铁锹乱敲乱打他的头颅,却为什么不去控告他一个"殴打罪"呀?哼,这家伙生前也许是收买土地的大主顾,懂得搬弄他的法律条文、契约文书,勒索他的罚金,坚持他的双重担保,他的赔偿金。他罚得人家称心,叫人家赔个痛快,现在他总该称心了吧——有够多的泥土塞满了他的脑袋壳,他的保证人,哪怕是双重担保,也保证不了他再收买什么土地——只除了一式两份的文书那么长、那么短的一小方土地。这么一个小木匣,怎么装得下他那么多田地的契约?可如今只落得这么一丁点儿地盘,给这位大地主安身吗?

霍 拉 旭　就限于这么一丁点儿了,殿下。

哈 姆 莱 特　地契是写在羊皮上的吧?

霍 拉 旭　对,殿下,也有写在小牛皮上的。

哈 姆 莱 特　想拿羊皮、小牛皮来保住你自己的身价,他自己先就是头羊,是头小牛。我要跟这家伙说几句话——(向掘墓人)这是谁家的坟呀,喂?

掘 墓 人　(站在坑底挖土)是我的,大爷。

(唱)

要掘泥坑堆沙丘,堆沙丘,

正好打点堂客来投宿。

哈 姆 莱 特　我看你说得倒也是,是你的,你在这里边转嘛。

掘 墓 人　你在那外边转,大爷,所以这坑不是你的了。说到我,我不在里头转,不在里头躺,可这坑还是我的。

哈 姆 莱 特　你这是在说胡话了,跳了进去就算你的了?这是死人的坑,不是给活蹦乱跳的活人住的;所以我说,你这是不顾死活地在说胡话。

掘 墓 人　这胡话也是活蹦乱跳的啊,它会从我这儿跳到你那儿,变成了你的胡话呢。

哈 姆 莱 特　你是在给什么人掘坟呢?

掘 墓 人　不是为什么男人,大爷。

哈 姆 莱 特　那么是为哪一个女人掘坟吧。

掘 墓 人　也不是为了哪一个女人。

哈 姆 莱 特　那么究竟要把谁葬在坑里边呢?

掘 墓 人　她本来是个女人,可是——但愿她的灵魂得到安息吧,现在她是个死人了。

哈 姆 莱 特　这家伙倒是挺会抠字眼。看来我们只好说一是一,说二是二了,绝对含糊不得,否则一开口就会出乱子。老天,霍拉旭,这三年来,我注意到,这时代变得咬文嚼字了,乡巴佬的脚尖已经紧逼着朝廷贵人的脚跟,快要擦破他们脚后跟的冻疮了——你做这掘坟的,已经多久啦?

掘 墓 人　我干这营生,不早不晚,恰好就在那一年的那一天,老王哈姆莱特打败了福丁布拉。

哈 姆 莱 特　　那是多久以前的事啦？

掘　墓　人　　难道你不知道吗？就连傻瓜都能告诉你,那就是小哈姆莱
　　　　　　　　特出世的那一天啊——他已经疯啦,给打发到英格兰去啦。

哈 姆 莱 特　　啊,我的天,为什么要把他送到英格兰去呢？

掘　墓　人　　啊,因为他发疯了呀。他到了那一个国家,神志自会清楚起
　　　　　　　　来。即使好不了,在英格兰就没关系了。

哈 姆 莱 特　　为什么呀？

掘　墓　人　　英国人不会看出,原来他是个疯子。他们自己也跟他一样
　　　　　　　　地疯呀。

哈 姆 莱 特　　他怎么会发疯的？

掘　墓　人　　这病可来得好奇怪啊,人家说。

哈 姆 莱 特　　怎么奇怪？

掘　墓　人　　不瞒你说,他神志不清啦。

哈 姆 莱 特　　毛病出在哪儿呢？

掘　墓　人　　毛病出在这儿丹麦呀。我在这儿干这掘坟的营生,从小到
　　　　　　　　大,已干了三十年啦。

哈 姆 莱 特　　一个人落了葬,要多少天才腐烂呢？

掘　墓　人　　说实话,一个人还没死去,先就腐烂了,那是另一回事
　　　　　　　　了——如今害杨梅疮死的太多了,他们埋葬的时候,尸体简
　　　　　　　　直连不到一块儿了。——否则可以拖上八九年。一个硝皮
　　　　　　　　匠可以给你拖上九年呢。

哈 姆 莱 特　　为什么他能比别人拖得长久呢？

掘　墓　人　　呃,老兄,他干他那一行,他那层皮也连带着硝过了,可以好
　　　　　　　　一阵不渗水——再没有比水更能叫你那个婊子养的尸体腐
　　　　　　　　烂了。

　　　　　　　　(捡起一个骷髅)这儿又是个骷髅,埋在地底下二十三年了。

哈 姆 莱 特　　这骷髅是谁？

掘　墓　人　　是婊子养的疯小子。你以为他是谁呢？

哈 姆 莱 特　不,我不知道。

掘 墓 人　这个该遭瘟的疯无赖！有一回,他把一大坛莱茵葡萄酒倾倒在我头上。这个骷髅,老兄,是约立克的骷髅呀——国王跟前打诨的小丑。

哈 姆 莱 特　(接过骷髅)就是这一个?

掘 墓 人　就是这一个。

哈 姆 莱 特　哎哟,可怜的约立克,我认识他,霍拉旭,这家伙,有说不完的玩笑呢,头脑最灵活。他有上千次把我驮在他背上;可现在——我一想起来心里就不是滋味,就要作呕。这儿本来挂着两片嘴唇,我也不知道吻过它多少回。这会儿你那些挖苦话到哪儿去了?还有你的连蹦带跳呢?你那一首首小曲儿呢?你心血来潮、即兴发挥,博得哄堂大笑的俏皮劲儿呢?你没留下一个讥笑来嘲弄你目前这一副鬼脸吗?你把下巴都掉落了吗?现在,你给我去到贵夫人的闺房里,跟她说,尽管把脂粉往脸上涂吧,哪怕有一寸厚,反正到最后,她总会落到这么一副尊容。让她听了好笑吧。——霍拉旭,请你告诉我一件事。

霍 拉 旭　什么事呀,殿下?

哈 姆 莱 特　你可认为亚历山大在地下也会是这么个光景吗?

霍 拉 旭　免不了这么个光景。

哈 姆 莱 特　也发出同样一股气味吗?呸！(掷下骷髅)

霍 拉 旭　也就是这股气味了,殿下。

哈 姆 莱 特　我们会堕落到多么卑下的地步啊,霍拉旭！要是我们顺着想像一路想下去,谁知道亚历山大大帝的贵体化成的一堆尘土,不就是人家拿来给酒桶塞孔眼的泥巴?

霍 拉 旭　你的想像也未免想得太远了。

哈 姆 莱 特　不,说真的,一点也不牵强,而是情理之中——跟踪追迹,他终于会落到这一步啊。你听着,亚历山大死了,亚历山大落葬了,亚历山大归于尘土了,这尘土,我们拿来做泥浆,泥巴;那么亚历山大变成的那一块泥巴,为什么不能用来去堵塞啤酒桶的孔眼呢?

> 恺撒雄主,身后化成了泥土,
> 只配去堵塞漏风的门户。
> 别看这泥土,生前称霸称雄,
> 只落得挡风防雨,填补墙洞。

可是且慢,别做声,国王来到啦。
还有王后,公卿大人——

[数人抬灵柩前行,后随牧师、
　国王、王后、莱阿提斯、仆从等,
　　自远方列队而来]

是给谁送葬呀?
仪仗就这么简便? 瞧这个情况,
他们送葬的那个人,是寻了短见,
自杀身亡。倒是个有身份的人呢。
我们且躲在一旁看着吧。

(与霍拉旭退后)

(牧师主持了简单仪式,准备落葬
奥菲丽雅的遗体)

莱 阿 提 斯　还有什么仪式吗?
哈 姆 莱 特　(在一旁,悄声)

那是莱阿提斯,好一个高贵的青年。听着。

莱 阿 提 斯　还有什么仪式吗?

牧　　师　她目前这葬礼,已经分外通融了,

不能再破格了。她的死,不明不白,

要不是有上面嘱咐,从宽处理,

本不该把她葬在教会的墓地。

她只能躺在荒郊,直到吹响了

最后审判的号角。没有谁为她

做祷告,只有砖砾、石块、石卵

扔向她尸体;现在,贞女的花环

给她做装饰,鲜花撒落在处女身,

敲起了丧钟把她送入土。

莱 阿 提 斯　再不能有其他的仪式了吗?

牧　　师　　　　　　　　　不能够了。

我们要亵渎教会的神圣葬礼了——

如果为她唱起了安魂曲,像对于

平安死去的灵魂那样。

莱 阿 提 斯　那就安放她入土吧。

但愿她洁白无瑕的肉体开放出

紫罗兰鲜花吧。跟你说,刻薄的牧师,

我妹妹将要升天去,做天使,却罚你

在地狱里号叫。

哈 姆 莱 特　　　　　(悄声)怎么,美丽的奥菲丽雅!

王　　后　(撒鲜花在已下土的遗体上)

美好的鲜花献给鲜花般的美人儿,

永别了。原希望你和我的哈姆莱特

结为夫妻,好把鲜花撒上你的

合欢床,谁想却撒在你的坟前!

莱 阿 提 斯　　痛苦啊,心如刀割,但愿千百倍痛苦

都落到那罪该万死的头上！是他,

害得你失去了智慧的灵性——等一下,

且慢把泥土盖上去,我要再把她

在怀里抱一回。(跳进墓坑,扑向遗体)

(恸极呼号)

现在,把泥沙盖下来,把活的死的

一起埋了吧！让平地堆起了高山,

超过了古代的佩里翁、或是奥林匹斯

插入云霄的青峰。①

哈 姆 莱 特　　　　　　(冲上去)是谁的悲痛

抵得上千言万语,那一句句伤心话

叫周游太空的星星也停步不前,

就像听得发了呆——是谁？那是我！——

丹麦的哈姆莱特。②

莱 阿 提 斯　　(跳出墓坑,揪住哈姆莱特)③

魔鬼抓你的灵魂！

哈 姆 莱 特　　你祷告错啦。你的手指儿别掐住

我喉头;别看我并不是火爆的性子,

可一旦发作了,有点儿危险呢。小心吧,

还是放聪明些好。快松开你的手。

国　　　　王　　快把他们俩拉开。

---

① (希腊神话)巨人族与天上诸神抗争,堆起佩里翁(Pelion)山,高与诸神所居的奥
林匹斯山峰相齐。

② 西方习惯以国名代表元首,哈姆莱特在这里自称"丹麦",似表示将取篡位者而代
之的决心。

③ 有些版本(依据"第14开本")加导演词"哈姆莱特跳进墓坑"。但在墓坑中很难
展开扭斗,也难于劝架;葛兰维尔-巴克指出,应是莱阿提斯跳出墓坑。

王　　后	哈姆莱特！哈姆莱特！
众　　人	两位大爷！
霍　拉　旭	好殿下，且息怒吧。

（众人把双方拉开）

哈 姆 莱 特	嗐，就为了争个明白，我准备
	跟他斗到底，直到我眼皮都睁不开了。
王　　后	哎哟，我的孩子要争个什么呀？
哈 姆 莱 特	我爱奥菲丽雅，四万个兄弟的爱
	全都合起来，那分量也抵不上我的爱！
	你能为她干什么呢？
国　　王	噢，他疯了，莱阿提斯。
王　　后	（向莱阿提斯）看在上帝的分上，由他去吧。
哈 姆 莱 特	哼，我倒要看看你能干出什么来！
	你哭吗？打架吗？绝食吗？扯你的头发吗？
	一口气把醋喝下去？吞一条穿山甲？
	我做得到。来这儿为的是哭哭啼啼，
	跳进她的坟坑，好丢我的脸？
	活埋了，好跟她在一起？我也做得到！
	说什么高山峻岭，让亿万亩泥土
	全压在我们的头上，直到大地
	隆起来，碰到了天顶的烈火，把头皮
	都烧焦了，叫奥萨峰成了个小肉瘤。①
	夸夸其谈，我跟你一样行！
王　　后	（向莱阿提斯）疯话罢了。
	有时候，他一发作，就是这个样。
	过一会，就安静下来了，温驯得就像

————————

① 奥萨（Ossa）峰和前面所说的佩里翁山，同为希腊神话中的高山。

母鸽刚孵出一对金绒毛的小雏鸽。

哈 姆 莱 特 你听着，老兄，凭什么这样对待我？

我一向爱你——可是不用提这个了。

让天大的英雄爱怎么干就怎么吧——

猫总是要叫，狗总要耍它的威风。

〔下〕

国 王 好霍拉旭，请你多照看他吧。

〔霍拉旭下〕

（向莱阿提斯）

且耐性吧——我们昨夜不是谈好了？

这回事，我不会延误的，要马上动手干——

好葛特露德，要些人看住你儿子。

这个坟，要立一个活生生的纪念碑。①

不多久，平静无事的时刻就到临，

眼前呢，处理这一切可得有耐性。

〔同下〕

第二景 宫 中

〔哈姆莱特及霍拉旭谈话上〕

哈 姆 莱 特 这，不多谈了。现在你且听一听

另一回事吧。当初的情景你还记得吗？②

霍 拉 旭 记得，殿下。

---

① 活生生的，意即生动地保存在记忆里；但莱阿提斯听来，有弦外之音，"活生生的纪念碑"，指需要一条人命来殉葬。

② 指哈姆莱特在给他的信中所提到的"我有话要跟你说……"。

哈 姆 莱 特	当时,我的心里斗争得很激烈,
	觉也睡不好,只觉得我的处境
	比叛变而给上了脚铐的水手更糟;
	我什么也不顾了——这不顾一切来得好;
	要知道,有时候冒失反而成了事,
	而思前顾后,却一无作为。可见得
	我们只管去盘算,结局怎么样,
	却自有天意在安排。
霍 拉 旭	的确是这回事。
哈 姆 莱 特	我从舱里爬起来,
	披上了水手的短大衣,我摸着黑,
	摸到了他们的床位;果然,按照我
	事先想好的,摸索到他们的公文袋,
	再退回自己的房里;我满腹猜疑,
	顾不得应该不应该,把心一横,
	拆封了那好气派的国书——哎哟,霍拉旭,
	冠冕堂皇的阴谋! 我发现是一道
	严厉的密令,列举了一大堆理由,
	为丹麦的利益,也为了英格兰好,
	吓! 我这个害人虫,这么个妖孽,
	留不得! 一见到文书,不得耽误,
	不,也不必挨到把斧子磨快了,
	就把我立即斩首。
霍 拉 旭	会有这等事?
哈 姆 莱 特	这就是那一道密令,有空再念吧。
	现在你要不要听听我怎么对付的?
霍 拉 旭	请快说吧。
哈 姆 莱 特	一旦我陷入了这重重阴谋的罗网,

不等我开动脑筋,先想好了主意,
行动已开始了——我坐下身来,另外
拟一道密令,字写得可必端必正——
我也曾跟那些干政治的人物一个样,
认为字写得太端正,就没了气派,
拼命想忘了这一手本领;可是看,
这一下它却帮了我大忙。想知道
我写了些什么吗?

霍 拉 旭　　　　　　　　　　是什么呀,好殿下?

哈姆莱特　是来自国王的迫切的要求,既然
英格兰是他忠诚的藩属,何况
双方的友善应该像常绿的棕榈,
"和平"理该头戴着麦穗的花冠,
成为个钩链,巩固两国的邦交。——
一大堆"既然","何况",好郑重的口气,
请见此公函后,不得有片刻犹豫,
把两个送信的使者立即处死,
连忏悔的时间都不给。

霍 拉 旭　　　　　　　　　　国书上的印章呢?

哈姆莱特　就连盖章,也显示了上天的意旨,
钱包里正好有我父王的印章,
丹麦的国玺就仿照它的图形;
我按照原来的格式把文书折好,
签了名,盖了章,把它放回了原处,
掉了包,却不露半点痕迹。第二天,
碰上了海盗,那以后发生的情况
你早知道了。

霍 拉 旭　这么说,吉登斯丹他们俩是送死去了?

哈 姆 莱 特　老兄,这差使是他们自己讨来的呀。

他们跟我的良心没什么关系。

一心想巴结,只落得赔上了小命。

这有多危险啊,区区小人物一个,

却插身在敌对双方、两大巨人

刀来剑往的中间。

霍　拉　旭　　　　　　　这算什么国王!

哈 姆 莱 特　你看,现在不是有这个责任——

他杀了我父王,奸污了我的母后,

剥夺了我即位的权利,践踏了我希望,

抛下了钓钩,要钓取我这条命,

就更阴险毒辣了;我可是问心无愧

去亲手跟他算这笔账? 难道

老天能容忍我吗? ——让这个人类中的败类

只管作他的恶,造他的孽?

霍　拉　旭　要不了多久,他就会从英国方面

得到消息,这回事是怎么收场的。

哈 姆 莱 特　快了;可在他还没有得知之前,

这一段时间是归我的。一个人的生命

数不到“一”,就完蛋了。好霍拉旭啊,①

可我好后悔,我不该冲着莱阿提斯

忘乎所以地大吼大叫,因为

从我切身经受的痛苦,我看到了

他悲愤的情景。要不是这么地卖弄②

---

① 数不到“一”,王子意谓:我掌握的时间虽短(对方很快就会知道真相了),但人的生命更短。

② “新亚登版”说,这里有反讽的意味,哈姆莱特要找国王报仇,现在他自比于悲愤的莱阿提斯,却看不到对方报仇的对象正是他自己。

他的悲哀,我也不至于一下子

发作了火性子。

霍 拉 旭　　　　　　　　　　别做声,有人来了。

[廷臣奥里克穿时髦服装上]

奥　里　克　　(脱帽挥舞,一躬到底)欢迎殿下回丹麦来。

哈 姆 莱 特　　(模仿他做作的腔调)不敢,不敢,多谢大爷。

　　　　　　　　(向霍拉旭,悄声)认识这只水苍蝇吗?

霍　拉　旭　　(悄声)不认得,好殿下。

哈 姆 莱 特　　(悄声)这算你运气好,认识他才真是作孽啊。他广有田地,
　　　　　　　　而且很肥沃。只要一头畜生做了众畜生的主子,他就可以
　　　　　　　　把食槽搬上了国王的餐桌。① 这是个哇哇乱叫的乌鸦——
　　　　　　　　不过我说了,在他名下拥有一大片粪土呢。

奥　里　克　　(又鞠一躬)亲爱的好殿下,要是殿下闲来无事,我奉陛下之
　　　　　　　　命,有一事奉告。

哈 姆 莱 特　　大爷,那我就洗耳恭听了。

(奥里克开言之前,又一番挥帽鞠躬)

　　　　　　　　(阻止他)把你的帽子放在它该放的地方吧,它是给戴在头
　　　　　　　　上的呀。

奥　里　克　　多谢殿下的指教,天气很热呢。

哈 姆 莱 特　　不,相信我,天气很冷呢,刮北风了。

奥　里　克　　(慌忙改口)可不是,殿下,是有点儿冷。

————————

① 意谓只要"广有田地"(有财富),哪怕他跟他所拥有的牛羊一样,只是个畜生,也可
　　以进宫受到款待。

哈姆莱特　可是对我的体质来说,我觉得太闷热了。

奥　里　克　闷热得厉害,殿下,是太闷热了——好比得——好比得什么,我可说不上来。殿下,陛下吩咐我前来奉告,陛下已为殿下下了个大大的赌注。殿下,是这么一回事——(又挥舞帽子,又鞠躬)

哈姆莱特　(提醒他戴上帽子)求你啦,刚才我不是说了——

奥　里　克　你不知道,我的好殿下,我不戴帽子更舒服——这可是真心话。殿下,莱阿提斯新近来到了宫廷——请相信我好了,是一个地道的有体面的绅士,上等人的不同凡俗的种种美德,他都有,仪表谈吐,真让人赏心悦目。不是我有心偏向他,他真是上流社会的仪范和典型。在他身上,你可以看到一个有教养的绅士的每一种品德。

哈姆莱特　你这一番描摹把他夸得十全十美,他也确实担当得起。把他的好处一宗一宗地开列出来,只怕会把我们搞得眼花缭乱,好比落进一只摇摇晃晃的小船,想去追赶他那乘风破浪的快艇。说一句从心底里钦佩的话,我认为他集美德的大成,他的禀赋真是少见罕有,不可多得,叫人一言难尽! 他只有在镜子前,才找到了和自己媲美的人。别人想要追随他的后尘,不过是他的影子罢了。

奥　里　克　殿下把他说得最确切也没有了。

哈姆莱特　不知你用意何在,老兄? 干吗我们要用粗俗的气息去冒犯这位绅士呢?

奥　里　克　殿下怎么说?

霍　拉　旭　难道到了别人的嘴里,你就听不懂了吗?[1] 你会听进去的,老兄,不是吗?

哈姆莱特　提起这位大爷的大名,用意何在呢?

① 讽刺奥里克说话矫揉浮夸,现在王子以他那一套说话方式回敬他,他却目瞪口呆了。

奥 里 克　　是说莱阿提斯?

霍 拉 旭　　(向哈姆莱特悄声)他的钱袋已掏空了,那些金光闪亮的字
　　　　　　眼儿都给挥霍光了。

哈 姆 莱 特　说的正是他,大爷。

奥 里 克　　我知道殿下不是不知道——

哈 姆 莱 特　好得很,你知道我"不是不知道";可是说实话,大爷,即使让
　　　　　　你知道了我知道不知道,也并不能给我脸上添光彩啊,好
　　　　　　吧,怎么说,大爷?

奥 里 克　　你不是不知道,莱阿提斯最了不起的是——

哈 姆 莱 特　我可不敢这么说,要不然,人家还道我是要跟他比一比谁最
　　　　　　了不起。其实要明白别人,先得明白他自个儿才行。

奥 里 克　　我是说,殿下,他的一手好武艺。大家都称道:凭他的真功
　　　　　　夫,谁都及不上。

哈 姆 莱 特　他使用的是什么武器?

奥 里 克　　长剑和匕首。

哈 姆 莱 特　那是他使用的两种武器,那又怎样呢?

奥 里 克　　殿下,王上跟他打了赌,押下了六匹巴巴里骏马;他那一边
　　　　　　呢,就我所知,拿出的押宝是六把法兰西宝剑和宝刀,连同
　　　　　　吊带、吊钩等等的附件。那三副"拖拉器",没说的,尤其精
　　　　　　雕细琢,跟考究的剑柄旗鼓相当,真是精巧绝伦,别出心裁。

哈 姆 莱 特　你说的"拖拉器"是什么玩意儿?

霍 拉 旭　　(悄声)殿下要听懂他的话,想必得借光"注解"才行。

奥 里 克　　"拖拉器",殿下,就是吊钩。

哈 姆 莱 特　要是我们腰际挂一尊大炮,那么用"拖拉器"这个词儿,还差
　　　　　　不离①——这一天来到之前,最好还是叫它作"吊钩"吧。不
　　　　　　谈了,说下去吧。六匹巴巴里骏马对六把法兰西宝剑,外加

①　当时大炮装在拖车上,拉着走。

附件,连同三副别出心裁的"拖拉器"——那一边是法兰西,跟这一边的丹麦对抗——呃,究竟为的什么,像你所说的要"押宝"呢?

奥 里 克　殿下,王上打赌的是,殿下跟他交手十二个回合,他赢你决不能超过三个回合;于是就跟他讲定了:十二比九,①赌个输赢。如果承蒙殿下开一声金口,比赛就立即举行。

哈 姆 莱 特　要是我开口答一声"不"呢?

奥 里 克　殿下,我是说,你答应亲自出马比一个高低。

哈 姆 莱 特　大爷,我就在这儿大厅里走走。要是陛下不介意的话,这正是我一天里松散一下的时间。叫人把钝头剑拿来吧,只要对方接受,王上的主意没有改变,那么我愿意尽力为王上争取做个胜家;万一输掉了,那么无非我丢了一次脸,做了活靶子,身上挨几下罢了。

奥 里 克　我能不能就拿你这话去回报呢?

哈 姆 莱 特　就照我这意思去说,大爷,添油加酱,随你的便吧。

奥 里 克　(挥帽鞠躬)小的乐于为殿下效劳。

哈 姆 莱 特　岂敢岂敢!

[奥里克戴帽退下]

让他的舌尖为自己效劳吧,别人可帮不了忙。

霍 拉 旭　这只小鸡顶着个蛋壳跑掉了。

哈 姆 莱 特　他吃一口奶,都要先向奶头打躬作揖。这个轻薄的时代的宠儿,就是他这类人——以及我所知道的许多的这一类家伙。全靠流行的时髦话,那挂在嘴边的几句口头禅,从渣滓里泛起的一堆泡沫,蒙混过了那有鉴别力的目光;可是只要把他们试一下,吹一口气,那些泡沫就全都完蛋了。

---

① 意谓在十二个回合中,莱阿提斯必须取胜九回才能成为胜家;而王子只消取胜四回,即成胜家。

[一大臣上]

大　　臣　殿下,陛下方才打发年轻的奥里克前来致意,他回报说,你在大厅里候驾。现在陛下派我问一下,不知你可愿意现在就较量,还是过些时间再说。

哈姆莱特　我始终如一,主意没变,听候王上怎么安排,只看王上的方便,我随时都准备着。不论现在,还是什么时候,都好,只要我像目前一样,手脚还灵活。

大　　臣　王上和王后娘娘,许多随从,都下楼来啦。

哈姆莱特　来得正好。

大　　臣　王后请你在比赛开始前,先跟莱阿提斯说几句礼节性的话。

哈姆莱特　多谢母后的教导。

[大臣下]

霍　拉　旭　你会输的,殿下。

哈姆莱特　我想不见得吧。自从他去了法兰西,我一直把练习击剑当一回事。他让了我几着,我会赢的。你不会想到,眼前这一切叫我心里乱糟糟的——不过不去管它了。

霍　拉　旭　不行,好殿下——

哈姆莱特　这无非是胡思乱想罢了,不过如果是女人,这种没来由的忧虑,也许会叫她坐立不安吧。

霍　拉　旭　要是你心里不踏实,提不起劲,那就别勉强吧。我可以替你去挡一下,请他们不必来了,说你目前不适应比赛。

哈姆莱特　绝对不要。预兆有什么好怕的? 哪怕一只麻雀掉下来,这里也自有天意。注定在眼前,就不会挨到将来。注定挨不过明天,那就该是今天。逃过了今天,可逃不过将来。坦然处之就是了。既然一个人对他身后之事,一无所知,那么早些晚些离开人世,又有什么关系呢,随它去吧。

［喇叭手、鼓手前导,国王挽王后上,

　莱阿提斯,侍从等捧钝头剑、匕首随上］

国　　王　来,哈姆莱特,我来给你们拉拢,

　　　　　握住这只手吧。

（牵莱阿提斯手,置于他手中）

哈 姆 莱 特　（和对方握手）

　　　　　请你原谅我吧,大爷,我对你不起;

　　　　　你是位正人君子,会有这雅量吧。

　　　　　在场的都知道,想必你也已听说了,

　　　　　严重的神经错乱可把我害苦了。

　　　　　我的所作所为,有什么地方

　　　　　得罪了你感情、荣誉,激起你反感,

　　　　　我这里声明,都是发疯造成的。

　　　　　哈姆莱特对不起莱阿提斯? 没有的事。

　　　　　哈姆莱特自己作不得自己的主,

　　　　　他是身不由己,才得罪了莱阿提斯——

　　　　　那不是哈姆莱特干的事;不是我,我否认。

　　　　　谁干的呢? 是他的疯狂。如果是这样,

　　　　　那么哈姆莱特也是受害的一方。

　　　　　他的疯狂,是可怜的哈姆莱特的敌人。

　　　　　大爷,当着在场的众人,

　　　　　我郑重否认,我对你曾心存不良,

　　　　　请宽宏大量,不再计较了吧,只当我

　　　　　隔墙射箭,误伤了自己的兄弟。

莱阿提斯　　　为了情面,我满意了。虽说这回事
　　　　　　　最足以激动我天性,热血沸腾的
　　　　　　　要报仇。可还有我的荣誉要考虑,
　　　　　　　还得有保留。不能就这么和解了;
　　　　　　　除非有受尊敬的前辈为我指出
　　　　　　　这么办有先例可援,我的名誉
　　　　　　　决不会因之受妨害。就目前而言,
　　　　　　　我且把你这份友情,当作友情
　　　　　　　来接受,决不会辜负它。

哈姆莱特　　　　　　　　　　　　　你让我太感动了,
　　　　　　　我愉快地陪你玩这场兄弟般的比赛,
　　　　　　　把钝头剑给我们。

莱阿提斯　　　来,也给我一把。

哈姆莱特　　　我给你做陪衬,莱阿提斯。我的荒疏
　　　　　　　益发显得你技艺像黑夜的星星,
　　　　　　　光彩夺目。

莱阿提斯　　　　　　　　　　你这是在取笑我了。

哈姆莱特　　　不开玩笑,我发誓。

国　　　王　　　把钝头剑给他们,小奥里克。哈姆莱特侄儿,
　　　　　　　你知道下什么赌注吗?

哈姆莱特　　　　　　　　　　　　　听说了,陛下。
　　　　　　　陛下把赌注押在软档子一边了。

国　　　王　　　我才不担心呢。你们俩的剑术我知道;
　　　　　　　只是他又有了进步,所以讲定了
　　　　　　　让几着。

莱阿提斯　　　(试剑)这把剑太重了,我另换一把。

哈姆莱特　　　这把剑还称手。这些剑都一样长短吗?

奥 里 克　对,好殿下。

（双方准备比剑）

[侍从端酒壶上]

国　　王　给我倒几杯酒放在桌子上。
　　　　　要是在第一个或是第二个回合,
　　　　　哈姆莱特击中了,或是在第三个回合
　　　　　反击得手,那么让四周的碉堡上①
　　　　　大炮齐鸣,国王将举杯祝饮,
　　　　　为哈姆莱特助威。我还要在酒杯里
　　　　　放下一颗大珍珠,它的珍贵胜过了
　　　　　丹麦四代国王的王冠上的珍珠。
　　　　　把杯子拿来——让鼓声向喇叭传令,
　　　　　喇叭又通告城头守卫的炮兵手,
　　　　　大炮上达天庭,天庭又向大地
　　　　　呐喊:"瞧,国王为哈姆莱特祝饮!"
　　　　　来,就此开始吧。你们做评判的
　　　　　要留心观看。

（喇叭齐鸣）

哈 姆 莱 特　请吧,大爷。
莱 阿 提 斯　请吧,殿下。

（两人比剑。哈姆莱特击中对方）

哈 姆 莱 特　中了。

———————————

① 反击得手,意谓王子输了两个回合后,在第三回合取胜。

莱 阿 提 斯　没有中。

哈 姆 莱 特　评判员呢?

奥 里 克　中了,很明显地击中了。

莱 阿 提 斯　好吧,再比下去。

国　　　王　且慢,拿酒来。(把珍珠投入另一酒杯)

　　　　　　　　　　　哈姆莱特,这珍珠是你的了。

　　　　(鼓声,喇叭声,远处传来炮声)

　　　　祝你健康!(干杯。举起放珍珠的酒杯)
　　　　　　　　把这杯酒端给他。

哈 姆 莱 特　让我先比完这一局。把酒杯放着。
　　　　　　请吧。(继续比剑)
　　　　　　　　又中了,你怎么说?

莱 阿 提 斯　碰了一下,碰了一下,我承认。

国　　　王　(向王后)
　　　　　　咱们的儿子要赢啦。

王　　　后　　　　　　　　　　　他满脸是汗,
　　　　　　有些喘不过气来。来,哈姆莱特,
　　　　　　拿我的手巾去,抹你头上的汗吧,
　　　　　　(举起王子的酒杯)
　　　　　　母后要为你的幸福干杯,哈姆莱特。

哈 姆 莱 特　好母亲。

国　　　王　(恐慌地)葛特露德,不要喝!

王　　　后　我要喝,陛下,我请你原谅。

　　　　　　　　　　(喝下几口,把剩酒授与王子)

国　　　王　(悄声,痛苦地)
　　　　　　这杯酒有毒;唉,已经来不及啦!

哈姆莱特　　这会儿,我还不敢喝,母亲——等会儿吧。

王　　　后　　过来,我替你把脸抹一下。

　　　　　　　　　　　　　　　　（俯身为半跪在座前的王子抹汗）

莱 阿 提 斯　（偷换开口的剑,向国王）

　　　　　　　陛下,这一回我要击中他。

国　　　王　　　　　　　　　　　　　　不见得吧。

莱 阿 提 斯　（悄声自语）

　　　　　　　可我这么干,硬是违背了我良心。

哈 姆 莱 特　来第三回合吧。你只是在敷衍我。

　　　　　　　求你啦,使出你浑身的狠劲,刺过来吧。

　　　　　　　我只怕你是存心在跟我开玩笑。

莱 阿 提 斯　你说这样的话? 好,来吧。

　　　　　　　　　　　　（双方第三次比剑）

奥　里　克　这一个回合,双方都没有得分。

　　　　　　　　　　（莱阿提斯趁双方暂停,突然偷袭）

莱 阿 提 斯　这一下叫你挨着了!（刺伤王子,见血）

　　　　　　　（比剑爆发为激烈的决斗。王子打落对方的

　　　　　　　　开口剑,把手中的钝头剑抛给他）

国　　　王　　快把双方分手! 他们动火啦。

哈 姆 莱 特　不行,比下去!（使用开口剑刺伤莱阿提斯）

　　　　　　　　　（王后支撑不住,晕倒了）

奥　里　克　哎哟,瞧,王后怎么啦!

霍　拉　旭　双方都流血了,你怎么啦,殿下?

奥　里　克　你怎么啦,莱阿提斯?

莱阿提斯　　　　　　　　　　　　唉,唉,奥里克,

　　　　　　我好比一只山鸡,是自投罗网。

　　　　　　报应啊,下毒手害人,又害死了自己。

哈姆莱特　（扶起母亲）

　　　　　　王后怎么啦?

国　　王　（慌忙掩饰）她看到流血,晕过去了。

王　　后　（愤怒地看国王一眼）

　　　　　　不是,不是! 是酒,是酒! 好儿子呀!

　　　　　　是酒,是那杯酒! 我喝下毒药了!

　　　　　　　　　　　　　　　　　　（在王子怀抱中死去）

哈姆莱特　（跳起来,怒吼）

　　　　　　好毒辣的阴谋! 来人,把宫门锁上了。

　　　　　　阴谋诡计! 定要把奸贼查出来!

　　　　　　　　　　　　　　　　　　　　　［奥里克下］

莱阿提斯　（倒地喘息）

　　　　　　就在这里。哈姆莱特,你活不成了。

　　　　　　天下没哪种解药可以解救你。

　　　　　　你这条命已经挨不到半小时了。

　　　　　　那阴险毒辣的凶器就在你手里。

　　　　　　开了口,涂上了毒药;这奸诈的一手,

　　　　　　反过来,毒死了我的命。你瞧,我倒下了,

　　　　　　再也起不来了。你母亲喝下的,是毒酒——

　　　　　　我说不下去了。国王,就是这国王,

　　　　　　他一手策划。

哈姆莱特　　　　　　　　这剑头也涂了毒药!

　　　　　　好,毒药,发挥你的毒性吧!

　　　　　　　　　　　　　　　　　　（举剑猛刺国王）

众　　人　好阴险啊! 好阴险啊!

国　　　王　（倒地惨呼）

　　　　　　快来保护我呀！朋友们，我不过受了伤。

哈 姆 莱 特　看这儿,(举起酒杯,用毒酒灌他)

　　　　　　你这个乱伦的凶手,丹麦的魔王,

　　　　　　给我干了这一杯毒酒吧。这儿是

　　　　　　你的珍珠吧？追我的母亲去吧！①

　　　　　　　　　　　　　　　　　　　　　（国王死去）

莱 阿 提 斯　他恶有恶报。酒杯里下的毒药

　　　　　　是他亲手调配的。高贵的哈姆莱特,

　　　　　　我们互相宽恕了吧。杀了我和父亲,

　　　　　　这冤仇不记在你头上,我杀了你,

　　　　　　你也别把我诅咒吧。

　　　　　　　　　　　　　　　　　　　　　　　（死去）

哈 姆 莱 特　上天赦免了你的罪吧！我跟你来啦。

　　　　　　（在王后遗体边倒下）

　　　　　　我死了,霍拉旭。苦命的王后,永别了。

　　　　　　（环顾四周肃然无声的人们）

　　　　　　你们,这惨剧的见证人,成了哑角,

　　　　　　脸色变了,在颤抖;只要我有时间——

　　　　　　可恶的死神来抓人,绝不留情面——

　　　　　　我可以跟大家说一说——唉,随它去吧。

　　　　　　霍拉旭,我死了,你活下去,请替我

　　　　　　把我的行事和胸怀,公布于天下

　　　　　　不明真相的人们。

---

① 这儿是你的珍珠吧？(Is thy union here?)——双关语。国王把珍珠投入酒杯时
　(实际上下毒),称之为"union"(上好的珍珠)。此词又可作"婚姻"解,有讽刺意
　味:"到地下去和我母亲做夫妻吧。"

霍 拉 旭 　　　　　　（呜咽）谁想得到啊！

我这丹麦人，宁可做古罗马人。①

（从地上捡起酒杯）

这儿还剩一点酒呢。（举杯欲饮）

哈 姆 莱 特 （一跃而起，夺取酒杯）你若是男子汉，

把酒杯给我。放手，一定要给我！

（扔掉酒杯，重又倒地）

上帝呀，霍拉旭，让事情不明不白，

我身后的名声，该受到多大损害！

要是你真把我放在你心头，慢些儿

去寻找天堂的安乐，你就暂且

忍耐着，留在这冷酷的人间，也好有人

来交代我的事迹。

（远处传来进军声，炮声）

怎么有步伐声啊？

［奥里克上］

奥 里 克 小福丁布拉在波兰得胜回来，

向英格兰派来的特使放了

这一阵礼炮。

哈 姆 莱 特 　　　　　　唉，我死了，霍拉旭。

猛烈的毒药在咆哮，把我给打垮了。

我等不到听得英国来的消息了；

---

① 丹麦信奉基督教，严禁自杀。古罗马人，以荣誉为重，宁可自杀，不愿忍辱偷生。

　　　　　但我能预言：被推选为丹麦国王的

　　　　　将是福丁布拉。他得到我临终的推举。

　　　　　你就把这发生的大小事件告诉他，

　　　　　我想要表明——一切都归于沉默。①

　　　　　　　　　　　　　　　　　　　（死去）

霍　拉　旭　一颗高贵的心灵，现在破裂了。

　　　　　晚安，亲爱的王子，愿成群的天使，

　　　　　歌唱着，送你去安息吧。

　　　　　（传来进军声）

　　　　　怎么回事？——鼓声越来越近了。

　　　　　〔福丁布拉，英国特使，

　　　　　　众兵士持军旗击鼓上〕

福 丁 布 拉　我来到哪儿了？——满眼是触目的景象！

霍　拉　旭　你想看什么呢？只有悲痛和灾难，

　　　　　别的你不用找了。

福 丁 布 拉　　　　　　　　　　这堆积的尸体

　　　　　高喊着"杀呀！杀呀！"凶横的死神啊，②

　　　　　在你那阴府里要办什么人肉宴？——

　　　　　也不怕血腥，一下子残杀了这么多

　　　　　君主公卿！

————————

① 王子没能来得及吐露他所想表达的，就已断气。"一切"当指他还有许多来不及留
　 下的遗言。

② "杀呀！杀呀！"指军队在冲锋陷阵时的喊杀声。

特　　使　　　　　　　惨不忍睹的景象！
　　　　　　我等奉命从英国前来——可来迟了，
　　　　　　本是要禀报他的命令已执行了：
　　　　　　罗森克兰,吉登斯丹,都已被处死了；
　　　　　　可他已听不见了,我们向谁去讨谢呢？

霍　拉　旭　从他的嘴里别想听到了——即使
　　　　　　他还活着,还能开口说一声"多谢"。
　　　　　　他从不曾下令处死他们俩。
　　　　　　可你们,一个从波兰来,一个从英国来,
　　　　　　正好碰上了眼前这血淋淋的惨案,
　　　　　　就下令把这些遗体抬到高台上
　　　　　　供人凭吊吧。我也好向不明真相的
　　　　　　外界讲一讲事件的来龙去脉——
　　　　　　有荒淫,有凶杀,有背天逆理的暴行,
　　　　　　冥冥中的判决,也有那死得好冤枉——
　　　　　　死于那借刀杀人的阴谋诡计；
　　　　　　那一心害人的,把自己的命也赔上了——
　　　　　　我能把这一切为你们一一地说来。

福丁布拉　让我们赶快听你说吧；最尊贵的重臣,
　　　　　　把他们也请来听听:对于这王国,
　　　　　　大家还记得,我自有继承的权利。
　　　　　　目前又情况非常,在催促我提出
　　　　　　我的权利。我怀着沉痛的心情,
　　　　　　拥抱这降临的机会。

霍　拉　旭　　　　　　　　　关于这一点
　　　　　　我受死者的嘱托,也有话要说——
　　　　　　他所要表达的,会得到多方的响应。
　　　　　　可是且先把眼前这一切收拾好吧,

眼前正人心惶惶,再不能出乱子,

来什么错误和阴谋了。

福 丁 布 拉 　　　　　　　　　　　　来四个队长,

以军队的礼节,抬着哈姆莱特上高台,

要是他有机会发挥他才智,一定会

成为贤明的君主。我们要用军乐、

用战事的威严的仪式,大声地表达

对他的悼念。

　　把这些遗体都抬起来,这样的情景

　　只适于战场,在这里,却触目伤心!

去,传令军士们鸣炮。

　　　　　　　　　　　　　[军士抬众尸体,众列队同下。

　　　　　　　　　　　　　　　远处传来鸣炮声]

考　证

版　本

《哈姆莱特》有三种原始版本。最早出现的是 1603 年的"第 1 四开本",这是一个很糟糕的,可说面目全非、残缺不全的盗印本,只有二千零六十八行,被称为"劣四开本";可能是根据演员们的回忆,拼凑而成,没有版本价值。不过它的存在,使学者们揣测,在目前我们所读到的《哈姆莱特》之前,可能另有一个供去外地演出用的早期简本;例如"活着好,还是别活下去了"那一段著名的独白,竟像是另一篇文字。

1604 年出现的"第 2 四开本"可能已是莎翁重加修订充实的本子,将近四千行,几乎比"劣四开本"扩大一倍。书名页上声明:"根据可靠的本子"排印。现代莎学家很看重"第 2 四开本",认为最可信赖,称之为"好四开本"。

它比后出的"对开本"(1623)多出二百行,例如王子的最后一段独白:"我耳闻目睹的一切,都在谴责我……"(第四幕第四景)为"对开本"所无。

另一方面,"对开本"也有九十来行是"好四开本"所没有的,例如王子所说"丹麦是一座监狱"等三十来行,以及有关当时伦敦两类戏班子的矛盾冲突等四十多行,都是"对开本"所独有。

学者们认为"第 1 对开本"系根据演出本排印,因此舞台导演词比较充实。

现代编家编纂这个悲剧,常以"第 2 四开本"作为底本,和"对开本"进行校勘,并根据"对开本"补入"四开本"的缺文。

写作年份

莎翁的同时代人米尔斯(F. Meres,1565—1647)对于莎士比亚有高度的评价,在他的《才子宝库》(*Wit's Treasury*,1598)里,列举了莎士比亚的六种喜剧和六种悲剧,而《哈姆莱特》不在其内;可以认为莎翁创作这一悲剧,当在 1598 年后的事。

1602 年 7 月 26 日,由和莎翁的剧团有密切关系的出版商向"书业公所"申请登记《丹麦王子哈姆莱特复仇记》出版事宜,并说明"新近为侍从大臣剧团演出"。1604 年这一戏剧出版,即"第 2 四开本"。

因此《哈姆莱特》的写作年份应在 1598—1602 年之间。学者们根据第二幕第二景,谈到露天剧场的演员们"在城里待不下去了,那是因为发生了新的麻烦"等和当时历史情况可以相印证的剧词,推断莎翁有可能在 1599 年写完罗马剧《居里厄斯·恺撒》后,接着就动手写这一悲剧,当完成于 1601 年初之前。一般认为 1600 年是《哈姆莱特》最有可能的写作年份。

取材来源

哈姆莱特复仇的故事很早就在北欧流传着,到十二世纪下半叶,丹麦史学家把它记载入丹麦史籍,已经包含悲剧《哈姆莱特》的一些基本情节,如杀兄夺嫂,假疯,遣送英国等。1576 年,法国作家贝莱福斯特(Belleforest)采取这一题材,写成短篇小说,收入他的《哀史》第五卷,他增添了一些情节,如王后在老王生前,即和小叔通奸。

十六世纪八十年代,伦敦舞台上演出了哈姆莱特复仇的故事,有的学者认为很可能出于基特(T. Kyd,约 1557—1595)的手笔。根据经营剧团的亨斯娄的剧场日记,1594 年 6 月,这一戏剧再次上演。1596 年,文人洛奇(T. Lodge)在他的文章也提到此剧在"大剧场"(The Theatre)上演,并说剧中有阴魂出现,阴惨地呼号着:"哈姆莱特,要报仇啊!"

在哈姆莱特故事的演变过程中,亡魂的出现是一个有意义的发展。在丹麦故事里,杀兄夺嫂,是人尽皆知的,无需亡魂出来揭发。亡魂的出现在舞台上,说明了在这一戏剧中,"弑兄"已是紧紧包藏起来的一个秘密,因此增添了复仇的难度。引入鬼魂的情节,应是基特(或是另一位不知名的剧作家)的一个贡献。

"大剧场"当时由莎翁所属剧团经营,这意味着这一旧剧已归他的剧团所有,莎翁可以很方便地利用它来改编或重写。学者们认为这个现已失传的旧剧是莎翁的杰作的最直接的取材来源。至于这一旧剧的故事轮廓,今天已无从查考了。从基特留传下来的复仇剧《西班牙悲剧》看来,这应该同样是一部充满血腥味的地道的复仇剧。最后,在莎翁的手里,这个刀光剑影、充满刺激的复仇剧提升为一个进入人物内心世界,对于人生的意义作哲理性思考的大悲剧。

方平译事年表

1921 年

出生于上海,祖籍苏州,原名陆吉平。

1939 年

毕业于上海大经中学高中部。后来考取上海美专,但因家境贫寒,无力入学。

1947 年

在《文汇报》《文萃》《诗创造》等进步刊物上发表散文和诗歌。1947 年10 月上海星群出版公司出版了他的诗集《随风而去》。良好创作功底为他成为翻译家打下了坚实的基础。

1948 年

考入浙江兴业银行,先后被分派至南京、厦门分行工作。在业余时间,他坚持进行文学创作和文学翻译。

1952 年

《维纳丝与阿童妮》,莎士比亚的叙事诗,上海文艺联合出版社出版,1954 年出第二版。

1953 年

《捕风捉影》,莎士比亚喜剧,平明出版社出版,是中国最早的诗体翻译莎剧之一。方平在《捕风捉影》的"译者的话"中积极地提倡了以诗译诗。在方平翻译的莎剧中,除了为 1978 年出版的《莎士比亚全集》补译的《亨利五世》为散文体,其余都是诗体。

1954 年

《威尼斯商人》,莎士比亚喜剧,平明出版社出版。

1955 年

《亨利第五》(后易名《亨利五世》),莎士比亚历史剧,平明出版社出版。

《白朗宁夫人抒情十四行诗集》(20 世纪 80 年代修订再版),英国诗人白朗宁夫人的诗歌集,上海文艺联合出版社出版。该诗集受到读者的高度喜欢,后来"文革"期间还出现了手抄本,是译者自己最喜欢的两部译作之一。

1958 年

《十日谈》(与王科一合译,20 世纪 80 年代修订再版),意大利薄伽丘的小说,新文艺出版社出版。该译作是译者最喜欢的两部译作之一,贾植芳、曹辛之、黄永玉等对其评价甚高。

60 年代

积极参加《莎士比亚全集》的校译工作,校订了朱生豪翻译的八部莎剧,还补译了《亨利五世》的散文译本,但遗憾的是就在该全集即将出版的前夜,"文革"爆发了,出版计划被迫取消。本来方平计划将莎剧全部重译,但由于"文革"的严重干扰,他只偷偷地断续翻译了三部莎剧(有的停留在不成熟的初稿阶段),写了少量论文,浪费了很多时间。

1978 年

《莎士比亚全集》,方平校对其中 8 册,翻译 1 册,人民文学出版社出版。

1979 年

《莎士比亚喜剧五种》,包括《仲夏夜之梦》《威尼斯商人》《捕风捉影》《温莎的风流娘儿们》和《暴风雨》,上海译文出版社出版。

1980 年

《大屠杀》,美国小说家杰拉德·格林著,方平等翻译,上海译文出版社出版。

《奥瑟罗》,莎士比亚悲剧,上海译文出版社出版。

方平翻译的《威尼斯商人》在北京公演,但有人指责这个戏"违反公德,有伤风化",他写了一篇《和莎士比亚交个朋友吧》为之辩解。

1981 年

《十日谈》(选本),方平与王科一合译,上海译文出版社出版。

《战争与回忆》(第 1 册),美国小说家赫尔曼·沃克著,方平等翻译,人民文学出版社出版。

1983 年

《和莎士比亚交个朋友吧》,莎士比亚研究论文集,四川人民出版社出版。

1984 年

国际莎学权威刊物《莎士比亚季刊》1984 年第 35 期的《1983 年世界莎士比亚论著目录注释》中第一次收录了方平的一部著作和三篇论文,标志着以方平为代表的中国莎学论著已经引起世界莎学界的关注。

1986 年

《呼啸山庄》,英国小说家艾米丽·勃朗特著,上海译文出版社出版。

1987 年

《三个从家庭出走的妇女——比较文学论文集》,外国文学出版社出版。

1988 年

《一条未走的路——弗罗斯特诗歌欣赏》,上海译文出版社出版。

1989 年

4 月,在河北省石家庄市举办的关于英语诗歌翻译的座谈会上,方平发表了《莎士比亚诗剧全集的召唤》的演讲,强调了翻译诗体莎士比亚全集的紧迫性。

1991 年

《李尔王》,上海译文出版社出版。

《伊索寓言》(插图本),方平编译,上海译文出版社出版。

1993 年

在武汉大学国际莎学会议上,河北教育出版社表示愿意投入资金,并与方平签订了出版合同。在年逾古稀之时,方平终于有机会实现自己最宏大的愿望。

1994 年

《英美桂冠诗人诗选》,方平、李文俊主编,上海文艺出版社出版。

《为什么顶楼上藏着一个疯女人——〈简·爱〉〈呼啸山庄〉研究及其

他》,上海译文出版社出版。

1996 年

《爱情战胜死亡——白朗宁夫人的故事》,传记,上海译文出版社出版,同时也在台湾出版。

1997 年

《青春》,英国约瑟夫·康拉德中短篇小说选,方平等译,上海译文出版社出版。

1998 年

《谦逊的真理》,外国文学、翻译论文集,辽宁教育出版社出版。

1999 年

出任中国莎士比亚研究会会长,成为继曹禺先生之后的第二任会长;出任国际莎协执行委员,系中国进入国际莎协担任执行委员的第一人,引起了国内莎学界和主要媒体的高度重视。

2000 年

《新莎士比亚全集》,第一套中文诗体莎士比亚全集,共 12 卷,河北教育出版社出版,台湾猫头鹰出版社也于同年出版。方平任主编,翻译了 23 部剧作和叙事诗《维纳斯与阿童妮》,合译了 3 部莎剧,校订了 2 部剧本;其他译者为阮坤、汪义群、覃学岚、屠岸、屠笛、张冲和吴兴华。这套全集还根据莎学研究的新发现,增加了《两贵亲》这个剧本。因诗体翻译难度极大,该全集引起了国内外学界的高度重视,被誉为中国莎士比亚翻译史上的里程碑。

2002 年

《他不知道自己是一个诗人》，英美文学、翻译学论文集，湖北教育出版社出版。

2005 年

《欧美文学研究十论》，外国文学论文集，复旦大学出版社出版。

《百万英镑：马克·吐温中短篇小说选》，美国马克·吐温著，方平、鹿金译，上海译文出版社出版。

2008 年

2008 年 9 月 29 日下午 5 点 50 分，方平先生不幸因病逝世，享年 88 岁。

2014

《莎士比亚全集》，在《新莎士比亚全集》的基础上有一定的修改和提高，增加了剧作《爱德华三世》和诗歌《悼亡》，上海译文出版社出版。

中華譯學館·中华翻译家代表性译文库

许 钧 郭国良／总主编

第三辑

图书在版编目(CIP)数据

中华翻译家代表性译文库. 方平卷 / 何辉斌,邹爱
芳编. —杭州:浙江大学出版社,2022.6
ISBN 978-7-308-22566-3

Ⅰ.①中… Ⅱ.①何… ②邹… Ⅲ.①社会科学－文
集 ②方平－译文－文集 Ⅳ.①C53 ②I11

中国版本图书馆 CIP 数据核字(2022)第 071687 号

中华翻译家代表性译文库·方平卷

何辉斌 邹爱芳 编

出 品 人	褚超孚
丛书策划	张 琛 包灵灵
责任编辑	徐 旸
责任校对	田 慧
封面设计	闰江文化
出版发行	浙江大学出版社
	(杭州市天目山路 148 号 邮政编码 310007)
	(网址:http://www.zjupress.com)
排 版	浙江时代出版服务有限公司
印 刷	杭州高腾印务有限公司
开 本	710mm×1000mm 1/16
印 张	24.25
字 数	313 千
版 印 次	2022 年 6 月第 1 版 2022 年 6 月第 1 次印刷
书 号	ISBN 978-7-308-22566-3
定 价	88.00 元